——股市投资进阶——

基本面分析的
40个财务指标

陈金强◎著

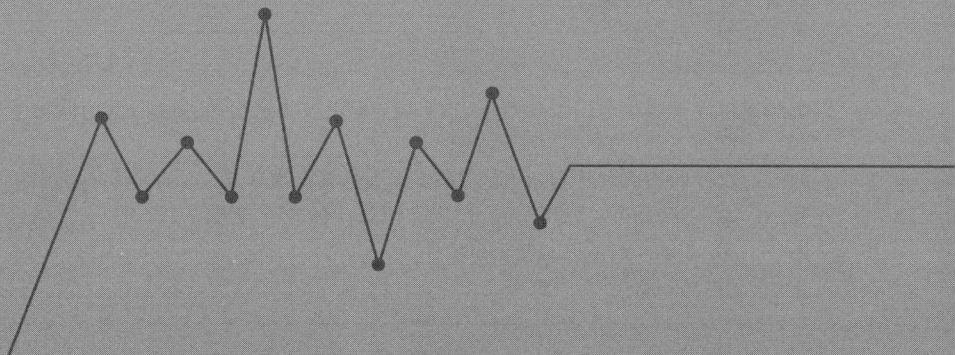

中国铁道出版社有限公司
CHINA RAILWAY PUBLISHING HOUSE CO., LTD.

内 容 简 介

上市公司的经营状况会通过定期披露财报的方式呈现出来。而一家公司经营的好坏，估值的高低，是否有成长性，需要通过公司的财务指标来衡量。本书共阐释了 40 个财务指标，每一个财务指标都从其定义出发，包括在实战中怎样应用，同时结合具体的案例进行分析。

由于作者推崇的是价值投资，所以选取的这些案例基本上都是上市 10 年以上的公司，这些公司由于上市时间长，基本上都经过了时间的检验，是不是好公司，是不是能为投资者带来回报，结合其财务指标来分析其 10 年来的股价走势历程，基本上能够还原一家公司的真实经营状况。

曾经有人说过，投资是每一个人最后的一份职业。既然如此，那么不如从现在就开始学习。本书用通俗易懂的语言阐述了 40 个财务指标，基本上涵盖了市场上常用的财务指标，如市盈率、市净率、股息率等，特别适合想要学习投资的小白。如果你渴望通过投资来赚钱，那么这本书将是你的首选。

图书在版编目（CIP）数据

股市投资进阶：基本面分析的 40 个财务指标 / 陈金强著 . —北京：中国铁道出版社，2019.6（2022.1 重印）
ISBN 978-7-113-25508-4

Ⅰ . ①股… Ⅱ . ①陈… Ⅲ . ①股票投资－基本知识
Ⅳ . ① F830.91

中国版本图书馆 CIP 数据核字（2019）第 025675 号

书　　名：股市投资进阶：基本面分析的 40 个财务指标
作　　者：陈金强

责任编辑：张亚慧　　编辑部电话：（010）51873035　　邮箱：lampard@vip.163.com
封面设计：MXK DESIGN STUDIO
责任印制：赵星辰

出版发行：中国铁道出版社有限公司（100054，北京市西城区右安门西街 8 号）
印　　刷：三河市兴达印务有限公司
版　　次：2019 年 6 月第 1 版　2022 年 1 月第 8 次印刷
开　　本：700 mm×1 000 mm　1/16　印张：18.75　字数：287 千
书　　号：ISBN 978-7-113-25508-4
定　　价：59.00 元

　　这辈子如果只做一件事，那这件事就是投资。说起和投资的缘分，那得从我的出身说起。我出生在黄河入海的地方，叫黄三角。黄三角起步晚，并没有长三角和珠三角那样发达，特别是我出生时的 20 世纪 80 年代末，这里还是很原始的状态。袅袅炊烟，长河落日，清澈小河，牛羊遍地，这绝不是假话。即使到了 2000 年，这时我已经 12 岁，这里也依然是这样。

　　我的童年虽然生活差，吃着高粱面，住着土屋，喝着村里池塘的水，但是无忧无虑，无拘无束，很快乐。放了学，回到家，第一件事就是写作业，写完作业后，开始和同村的小伙伴一起捉迷藏，玩游戏。现在回想起来，那个时候我在游戏中表现出一种能力，就是组织能力。因为在所有的游戏中，基本上我都是组织者，现在看来，小时候养成的很多习惯，长大后都会在所做的事情中呈现出来。

　　小时候也没有什么理想，但是却有了职业的追求，每每被问到你长大了想做什么，要当警察，要开挖掘机。现在想来好像在开玩笑，但是小孩子就是这样，他只有见过才会去追求，如果从来没有见过，基本上就不懂得去追求。我女儿就和我小时候完全不一样，她 3 岁，经常说的话是我们去北京、上海玩吧，因为虽然生活在小城，但是从她 2 岁开始我们就经常带她去北京、上海等大城市。小城市虽然这些年发展的也很快，但是和北京、上海等一线城市相比，还是有一定的差距。我到了 30 岁才去过的地方，女儿不到 3 岁就去过了，这种视野肯定不一样。

　　上面说了很多我的经历，其实就是想说说我和这本书的渊源。在那样的环境下长大，家里虽然穷点，父母也是农民，但是做事还是挺坚韧的，任劳任怨。特别是我母亲，虽然大字不识一个，但是看问题却能看得很长远，这一点对我影响很大。虽然家里没钱，但是却坚持让我读书，即使如此，我的学习还是一塌糊涂，虽然不能把所有因素都归结为环境的原因，但是不可否认，大环境对于一个人的影响还是很深远的。

在我初中的时候，有一大半同学退学了，要么出去打工，要么游手好闲，要么就回家种地，当然后来这些同学也有做老板的，但是还是极少数。我那个时候虽然也混日子，但是我也学习，基本上能够保持在班级前十名。但是在那样的条件下，上课基本上都是代课老师，应付一下就完事。基本上全靠自学，可想而知，怎么会考上高中呢？确实如此，初中毕业后，我去了县城的中专，但是在 2003 年的时候，中专生还是能够考大学的。尽管现在也能考，但是省内外的重点高校不会再招生。

所以后来我能够有机会在中专的时候考大学，中专的课程中就有财务管理、会计学、经济法等内容，我那个时候学习是很拼命的，因为一心想着考上大学，不想在农村待下去了，如果考不上，人生就完了，很可能去蓝翔技校学挖掘机，当然我没有职业歧视，但确实如此，这真不是玩笑话。在拼命学习的状态下，我终于考进了一所比较不错的大学。

我中专学得最好的专业是财务管理，就是觉得财务管理很容易，什么资金成本，筹资管理，投资管理，营运资金管理等，学起来特别轻松。所以说人生没有白走的路，每一步都算数，这成为后来我写这本书的基础。

尽管我读的在职研究生是旅游管理，但是我职业的主线却一直是会计。大学毕业后，通过校招我进入了农村商业银行工作，工作依然是会计。所以有两个证书很管用，大学时理财行业刚刚兴起，我就考取了一个叫作助理理财规划师的证书，不管它的含金量，也不要考虑它的作用，我只是想告诉大家，之所以是因为有了这个证书，我才开始接触到投资。之所以接触到了投资，才有了这本书的雏形，之所以学习了会计专业，才会想到把我的兴趣投资理财和自己的专业会计相结合，才有了这本书的诞生，才能让我写起这本书来没有那么费力。

这本书我写了整整 5 个月的时间，由于白天要上班，只能晚上写。经常写到很晚，做 PPT，整理表格，搜索数据，组织文字，查阅资料，这些都是由我一个人独立完成，所以工作量相当大，尽管我也不是什么牛人，但是我深信这样一本如工具般的书，一定会对想要学习投资的"小白"有所帮助，这是我深信不疑的。当然由于时间紧，任务重，难免会有所疏漏，望读者海涵。

市场上关于财报分析的书有不少，但是像这本书一样，把财务指标的实用价值和股市投资结合起来，写得这么全面，这么系统，这么完整的，市场上却是很少的。

所以想要学习投资，想要学会投资股票，想要看懂上市公司，那么这本书绝对适合你，一个人一辈子最后的一份职业是投资，也就是靠钱来赚钱，那么早晚都得学，为什么不从现在拿起这本书开始呢？

编　者

2019 年 3 月

| 目 录 |
CONTENTS

第 5 章　现金流量指标　/　**191**

第1章

偿债能力指标

○────────────────────────────────○

本章主要内容包括:

➤ 一、流动比率

➤ 二、速动比率

➤ 三、现金比率

➤ 四、总资产负债率

➤ 五、利息保障倍数

➤ 六、产权比率

➤ 七、权益乘数

一、流动比率

1. 指标释义

　　流动比率是流动资产与流动负债的比率。这个指标是衡量企业短期偿债能力最常用的指标。一般情况下，这个指标越高，说明企业的短期偿债能力越强，反之则越弱。一般认为，这个指标在 2 以上比较合理。若流动比率为 2，意思也就是说流动资产是流动负债的两倍，若出卖一半的资产变现，则企业就能偿还所有的流动负债。

　　在计算流动比率之前，先来了解一下什么是流动资产，什么是流动负债。

　　流动资产是指企业在一年之内能够变现的资产。包括现金、应收账款、应收票据、存货、预付账款等，这些科目都在资产负债表中列支。

　　流动负债是指在一年之内需要偿还的短期债务。包括短期借款、应付账款、应付票据、应付工资、应付股利、预收账款等，这些科目也都在资产负债表中列支。

　　当然在看这个指标的时候，一定也要注意到并不是这个指标高的企业就一定是短期偿债能力强，因为流动资产之中除了拥有现金等流动性强的资产，也有像存货这样的流动性差、变现能力差的资产。

　　所以当流动比率太高时，很可能出现的状况就是企业的存货积压，同时也有可能是企业持有的现金太多了，或者两者同时出现。

　　企业的存货积压太多，说明企业可能经营不善，造成产品积压，而现金持有太多，则说明企业不善于投资理财，资金的整体效率利用太低。

　　当然也有一种极端情况，那就是很多龙头企业的流动比率达不到 2，但是它们的财务状况却并没有问题，究其原因，一是这些公司在行业中的地位是无法撼动的，二是公司的竞争能力极强，可充分利用上下游企业作为短期资金的提供者。

2. 指标实战应用

（1）流动比率和资产负债率有很多相似的地方，对股价的影响是间接的，但是在特殊情况下也会对股价产生直接的影响。若是你在阅读财报时，看到这个指标严重失衡，引起资金链的问题，影响企业的正常运行，若是被那种做空公司盯上，那么股价就会受到剧烈的冲击而引起波动。

在股市投资的过程中，若是出现流动比率急剧恶化的情况，那就要尽快规避风险。

（2）作为投资者，可以从流动比率的异常中寻找"黑马"股，当流动比率出现异常，说明企业会出现某种变数，投资者需要根据其他的指标和信息来判断企业是否有经营策略上的转变，是否有资产战略重组或者大股东注入流动性等方面的可能等。

可以根据股价是否出现方向性的转变，特别是在成交量上，若是出现了量的激增，则可以考虑介入。

（3）价值投资者可以考虑那些在同行业中相对较低的流动比率，同时这些公司在行业中起到龙头作用，这类个股一般会给投资者带来不菲的收益，价值投资者可以选择这些个股进行长期投资。但是若是这家企业在行业中不是处于龙头地位，或者行业竞争激烈导致流动比率一直处于较低的水平，那么说明公司可能处于流动性风险，投资者应该规避这类公司。

（4）投资者可以根据流动比率来判断投资这家公司的风险值。由于流动比率主要用于判断企业的短期偿债能力水平，所以如果上市公司的流动比率较行业的正常水平相差较大，那么公司的正常经营会受到巨大的挑战，经营的不确定性就会增加。这样不仅会从基本面上使股价波动，而且还会影响企业的盈利能力，进而对公司股价的长期走势产生影响。

3. 案例分析：格力电器和深康佳 A 流动比率分析

下面就以格力电器（000651）和深康佳 A(000016) 为例，利用该公司的流动比率和速动比率指标来分析该公司的投资价值和投资风险。

1）财务数据分析

根据格力电器（000651）和深康佳 A（000016）两家白色家电公司2007 年至 2016 年的年度财务报告，可以获得该公司各年度的流动资产与流动负债数值，并通过计算得出两家公司各年度的流动比率指标值。从这些数据可以得出格力电器的流动比率一直处于相对稳定的状态，但是流动资产和流动负债每年也以 10% 以上的速度在增加，同时从表 1-1 中也能看出格力电器的流动比率和速动比率几乎一样，这说明公司的流动性非常好，存货积压少。

而深康佳 A（000016）的流动比率也保持在 1 附近，但是从表 1-1 中可以看出其流动比率呈现出逐年下降的趋势，当流动比率低于 1 时，一般认为这家公司的流动性是很差的，同时其流动资产和流动负债最近七八年几乎没有增长。速动比率也呈逐年下降的趋势。

表 1-1　两家公司流动比率对比图（单位：亿元）

年份	格力电器（000651）				深康佳 A（000016）			
	流动资产	流动负债	流动比率	速动比率	流动资产	流动负债	流动比率	速动比率
2007	210.1	196.85	1.07	0.64	76.73	54.58	1.41	0.84
2008	232.77	229.55	1.01	0.76	89.29	64.74	1.38	0.94
2009	426.11	408.39	1.04	0.86	116.46	93.82	1.24	0.83
2010	545.33	496.75	1.1	0.81	141.73	116.01	1.22	0.86
2011	717.56	641.93	1.12	0.81	139.54	118.92	1.17	0.81
2012	850.88	788.3	1.08	0.84	133.04	117.57	1.13	0.77
2013	1037.5	965.08	1.07	0.91	125.04	112.94	1.11	0.78
2014	1201.43	1083.89	1.11	1	128.7	113.17	1.14	0.71
2015	1209.49	1126.25	1.07	0.95	105.6	109.27	0.97	0.63
2016	1429.11	1268.76	1.13	1.02	134.08	136.49	0.98	0.61

2）流动资产分析

根据表 1-1 中格力电器（000651）和深康佳 A（000016）两家公司 2007 年至 2016 年的流动资产数值，可以绘制出折线图，如图 1-1 所示。

图 1-1　格力电器（000651）和深康佳 A（000016）流动资产折现图

从折线图中，可以非常清晰地看出格力电器的流动资产呈逐年上升态势。通过查看格力电器的资产负债表，其现金从 2007 年的 41.31 亿元增长到 2016 年的 956.13 亿元，而存货从 2011 年峰值时的 175.03 亿元下降到现在的 90.25 亿元。说明格力电器保持了足够的流动性，现金回收效率较高，存货积压少，流动资产充足。

而从折线图中看到深康佳 A 的流动资产在接近 10 年的范围内，几乎没有涨。同时其存货也从 2007 年的 29.35 亿元涨到了 42.87 亿元，存货在逐年增加，应收账款和应收票据也从 2007 年的 36.92 亿元上涨到 2016 年的 51.81 亿元，这说明深康佳 A 的资金回笼不是很理想。

3）流动负债分析

根据表 1-1 中格力电器（000651）和深康佳 A（000016）2007 年至 2016 年的流动负债数值，可以绘制出折线图，如图 1-2 所示。从折现图中，可以看出格力电器的流动负债一直稳步上升，看流动负债一定要结合流动资产的涨幅来看。通过看格力电器的资产负债表，发现流动负债的增加是由短期借款和应付账款增加所致。流动负债的涨幅一直低于流动资产的涨幅。

而结合表 1-1 深康佳 A 的流动负债涨幅看，其流动负债涨幅明显大于流动资产，同时由于其所处的白色家电行业属于竞争非常激烈的行业，而深康佳 A 的主要产品彩电又受到智能化等业态的影响，所以流动性欠佳，导致深康佳 A 的现金流入为负。

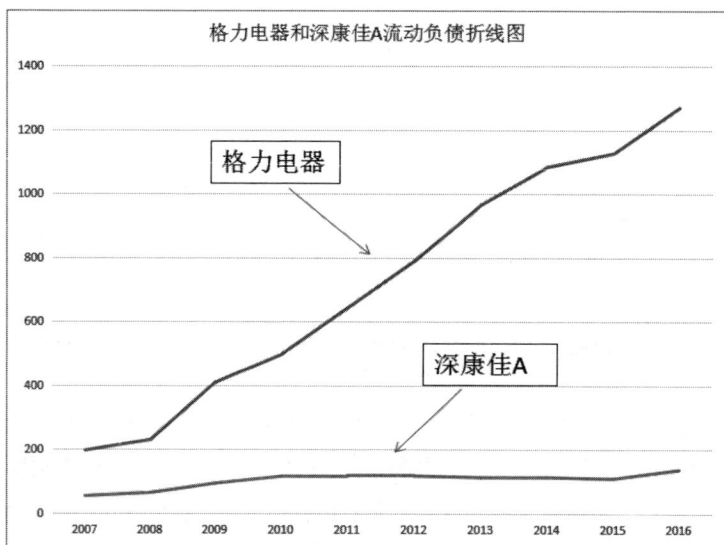

图 1-2　格力电器（000651）和深康佳 A（000016）流动负债折现图

4）流动比率分析

根据表 1-1 中的格力电器（000651）和深康佳 A（000016）两家公司 2007 年至 2016 年的流动比率数值，可以绘制出折线图，如图 1-3 所示。从折线图中可以看出，该公司的流动比率由缓慢的下降趋势到 2014 年出现拐点，然后开始反弹上升，其流动比率一直保持在较低水平。但是由于格力电器是家电的龙头企业，经过前些年的充分竞争，格力电器已经有了足够的话语权，所以当流动性不足的时候，它可以充分利用上下游企业作为短期资金的提供者。

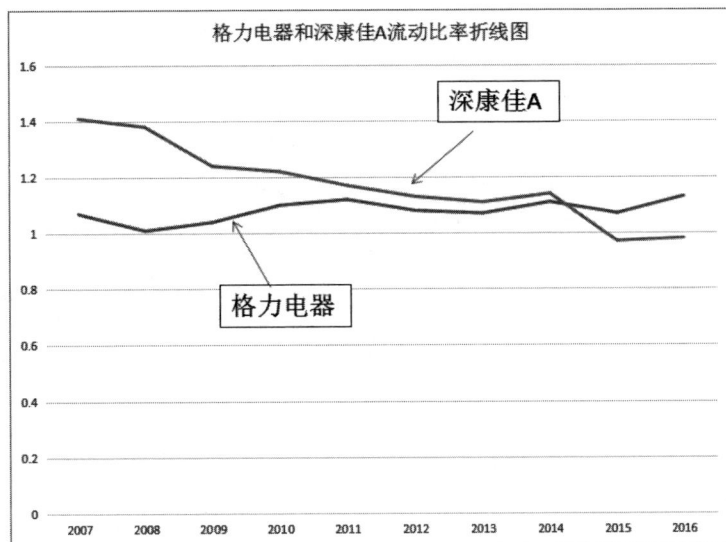

图 1-3　格力电器（000651）和深康佳 A（000016）流动比率折线图

　　但是也一定要关注其流动性不足所带来的投资风险。特别是在相关行业 48 家公司的指标对比中，格力电器的流动比率排名为 41 位，排名处于较靠后的位置。同时行业的流动比率平均值为 2，但是也要看到格力电器（000651）的流动比率多年来一直保持在 1 左右，这说明其经营较稳定，由于是龙头企业，其销售渠道，销售回款速度很快，能够产生充足的现金流量，保证按期偿还流动负债。而且公司盈利能力非常强，能够快速产生较多的利润，足以保证还债能力。越是赚钱的公司，流动资产周转速度越快，流动资产占用资金量越小，流动比率反而越低，低于 2 甚至低于 1。所以说流动比率是 2 的标准值，要区分公司，甚至要区分行业来看待。

　　而深康佳 A（000016）其流动比率一直处于下滑的态势，其在白色家电这个大的品类中一直处于较靠后的位置，甚至其在细分领域彩电这个行业中也排名较差，这几年深康佳 A（000016）甚至出现了每股现金流负值的情况，特别是从图 1-4 中可以看出其速动比率呈直线下滑态势。虽然流动比率一般只是间接地影响公司的股价，但是当出现这种极端的情况还是会直接影响到其股价的走势。

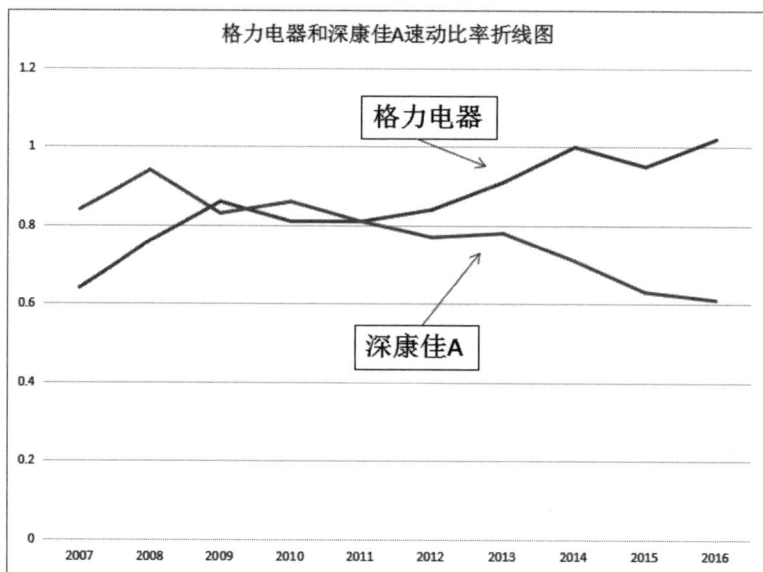

图 1-4　格力电器（000651）和深康佳 A（000016）速动比率折线图

4. 股价走势分析

　　图 1-5 所示为格力电器（000651）的日 K 线图，虽然流动比率一直在同行业中一直处于较低水准为 1 左右，此比率远低于行业 2.49 的平均水准，但是由于格力电器经过多年的充分竞争，在空调这个细分领域已经处于绝对的龙头地位，从图 1-5 格力电器（000651）2011 ～ 2017 年日 K 线图中可以看出，除了行情暴涨暴跌受到市场的影响外，格力电器的股价一直在震荡中上行，为投资者带来较稳定的收益。

　　而从如图 1-6 所示的深康佳 A（000016）2011 ～ 2017 年日 K 线图中，可以看出除了市场炒作情绪外，其股价一直在低位徘徊，基本处于横盘状态，虽然不是受流动比率等短期偿债能力的直接影响，但是还是压制了其股价的中长期走势。

　　所以作为投资者，当看到流动比率低于同行业的标准，或者一直处于下滑状态时，对于这样的公司，就要结合公司的其他经营指标或者公司的行业地位等进行分析，来判断其投资价值和投资风险。

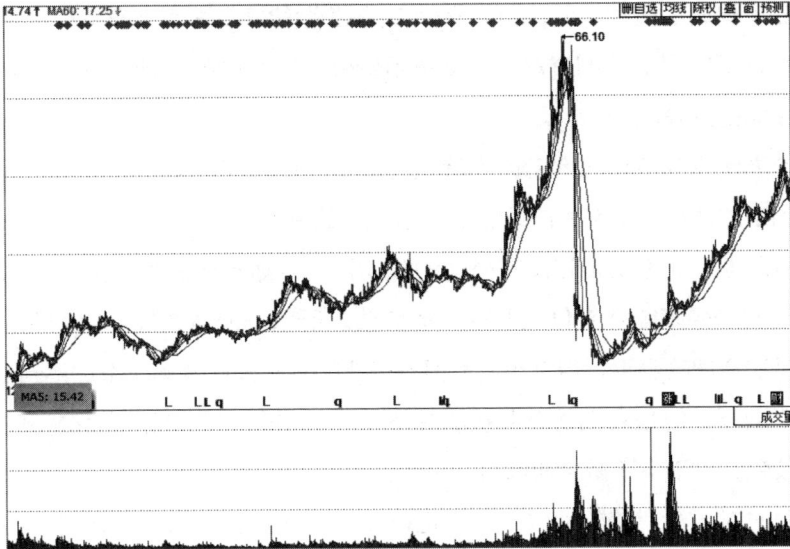

图 1-5　格力电器（000651）2011 ～ 2017 年日 K 线图

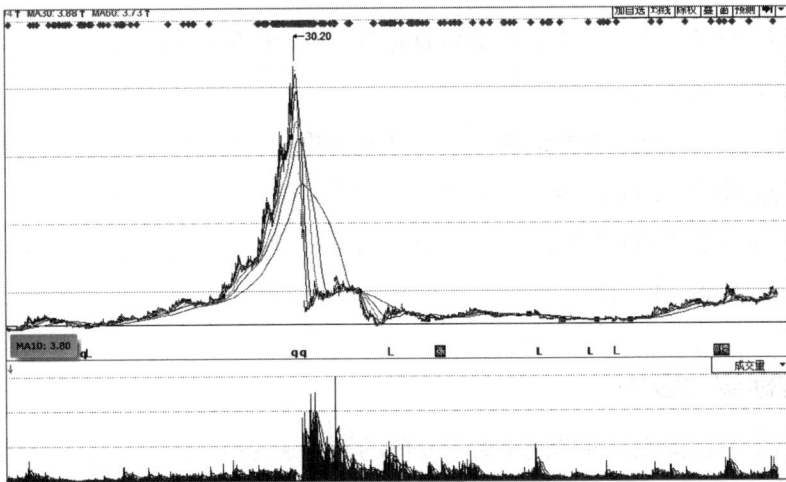

图 1-6　深康佳 A（000016）2011 ～ 2017 年日 k 线图

二、速动比率

1. 指标释义

速动比率就是速动资产与流动负债的比率。

在计算速动比率之前，首先看什么是速动资产。速动资产是相对于流动资产来说更容易变现的资产，包括货币资金、应收账款、预付账款、应收票据、短期投资等。

速动比率与流动比率的区别就是速动资产剔除了流动资产中的存货，一年内到期的非流动资产等流动性稍微差一点的资产。

所以速动比率更能够反映公司的流动性，当速动比率为 1 时，表明企业的流动资产刚好能够支付企业的流动负债。所以一般认为速动比率保持在 1 左右是较合理的水平。当然也发现很多行业的龙头公司速动比率达不到 1，或者高于同行，但是它们的财务状况并不差，其中的核心就是因为公司的竞争能力较强，对于上下游企业都有一定的议价能力。

同时对于没有垄断地位，也不是行业的龙头企业，对于这样的公司，在判断公司的流动比率是不是合理的时候，就要结合其他的财务指标。

特别需要注意的是，速动资产中包括应收账款，所以有些企业的速动比率很高，但是却可能存在大量的应收账款，资金回流不畅，投资者在购买股票的时候应该注意。

所以，速动比率指标的使用并不是孤立的，一定要结合行业的特性，资产结构等来进行分析。并且分析时要注意在同行业内进行比较，不要与行业差别较大的公司进行比较。大多数财务指标对于不同的行业有着不同的评价标准，只有将分析对象在同行业内进行比较才有意义。

2. 指标实战应用

（1）一般来说，速动比率对于股价的影响是间接的，但是也不排除有特殊情况，当速动比率出现严重失调时，投资者需注意，这时容易引起企业的资金链断裂，从而影响企业的生产经营，导致股价暴跌。特别是当持有某只股票，该公司的速动比率出现明显的恶化，那就要规避这样的风险。

（2）由于速动比率中没有了流动比率中包含的存货，现金比率中没有速动比率包含的应收账款，所以速动比率最好结合流动比率以及现金比率来看，才能更加真实地反映公司的财务状况。因为在公司的总负债不高的情况下，也可能遇到困难，那就是流动性的风险，而流动比率、速动比率、现金比率就是衡量公司短期财务风险的重要指标。

（3）分析速动比率时要了解行业特性和公司规模，并在同行业中进行比较，一定不要与行业性质较大的公司进行对比。大多数财务指标对于不同的行业有着不同的评价标准，只有将所分析的公司在同行业中进行对比才有意义。一般情况下，商业流通企业的流动比率和速动比率要大于流动性较差的生产性企业，具有一定垄断地位的企业相比规模小、缺乏竞争力的企业，其流动比率和速动比率要低。

（4）投资者在分析速动比率指标时，一定要结合其他指标来分析，速动比率一般是基于财务报表上某一时点的数据来计算的，这样就会带来两种不确定性，一种是这些数据有没有反映公司的真实情况，二是该比率无法对公司未来的流动性作出客观的评估。所以在关注速动比率的合理性时，也要结合现金流量等指标的变化来作出合理判断。

3. 案例分析: 万科 A 和鲁商置业速动比率分析

根据万科 A（000002）和鲁商置业（600223）2007 ～ 2017 年的年度财务报告，可以分别获得两家公司各年度的速动资产和流动负债数值，并通过计算得出两家公司各年度的速动比率的指标值，如表 1-2 所示。

表 1-2　两家公司速动比率比率对比图（单位：亿元）

年份	万科 A（000002）				鲁商置业（600223）			
	速动资产	流动负债	速动比率	现金比率	速动资产	流动负债	速动比率	现金比率
2007	289.6	487.74	0.59	0.35	16.89	64.35	0.26	0.07
2008	275.57	645.54	0.43	0.31	12.52	33.43	0.37	0.25
2009	402.38	680.58	0.59	0.34	22.14	49.82	0.44	0.17
2010	721.88	1296.51	0.56	0.29	41.74	85.64	0.49	0.17
2011	743.12	2007.24	0.37	0.17	30.01	142.56	0.21	0.09
2012	1076.1	2598.34	0.41	0.2	68.81	182.03	0.38	0.13
2013	1109.14	3289.22	0.34	0.13	60.69	226.33	0.27	0.17
2014	1430.04	3456.54	0.41	0.18	45.23	250.05	0.18	0.09
2015	1709.45	4200.62	0.41	0.13	52.64	278.47	0.19	0.07
2016	2452.64	5799.98	0.42	0.15	82.82	296.91	0.28	0.14
2017	4211.9	8473.55	0.5	0.21	86.42	346.75	0.25	0.07

1）财务数据分析

从表中可以看出万科 A（000002）的速动比率一直保持在 0.5 左右，并没有达到通常的 1 左右，但是由于万科 A（000002）是行业的龙头，对上下游企业有一定的议价能力，所以依然能够保持较好的流动性。从图中看出其速动资产保持了快速增长，10 年间增长了 14 倍多，而流动负债增长了 17 倍多。鲁商置业（600223）的速动比率保持在较低水平，其偿债压力较大，同时更能反映其流动性的现金比率也更低。

2）速动资产分析

根据表 1-2 中万科 A（000002）和鲁商置业（600223）2007 ～ 2017 年的速动资产数值，可以绘制出折线图，如图 1-7 所示。从折线图中可以看出，万科 A（000002)的速动资产一直处于上升状态，而鲁商置业（600223）的速动资产虽然也有一定的涨幅，但是与行业龙头万科 A 相比，它的涨幅可以忽略不计。在 2007 年，万科 A(000002) 的速动资产只是鲁商置业（600223）的 17 倍左右，而到了 2017 年，这个比率扩大到了 48 倍多。

图 1-7　万科 A 和鲁商置业速动资产折线图

3）流动负债分析

根据表 1-2 中万科 A（000002）和鲁商置业（600223）2007～2017 年的流动负债折线数值，可以绘制出折线图，如图 1-8 所示。从折线图中可以看出万科 A（000002）的流动负债增长较快，而鲁商置业（600223）的流动负债增长较慢。由于房地产行业的特殊性，特别是由于需要大量的流动性才能扩大规模，所以房地产行业的负债增长一般是与资产的增长成正比的，负债越多，规模越大。

图 1-8　万科 A 和鲁商置业流动负债折线图

4. 速动比率分析

根据表 1-2 中万科 A（000002）和鲁商置业（600223）2007～2017 年的速动比率和现金比率数值，可以绘制出折线图，如图 1-9 和 1-10 所示。

从折线图中可以看出，从 2007 年至 2017 年，万科 A（000002）的速动比率一直高于鲁商置业（600223）的速动比率，2017 年万科 A（000002）的速动比率为 0.5，与行业平均值持平，而鲁商置业（600223）的速动比率低于行业平均值。再结合现金比率来分析其流动性，发现除 2013 年鲁商置业

（600223）的现金比率超过万科 A（000002）之外，万科 A 的现金比率一直高于鲁商置业。由于地产行业的特殊性，保持足够的流动性是地产公司的首要任务，所以投资者在选择股票时要结合相关的财务指标来作出判断。

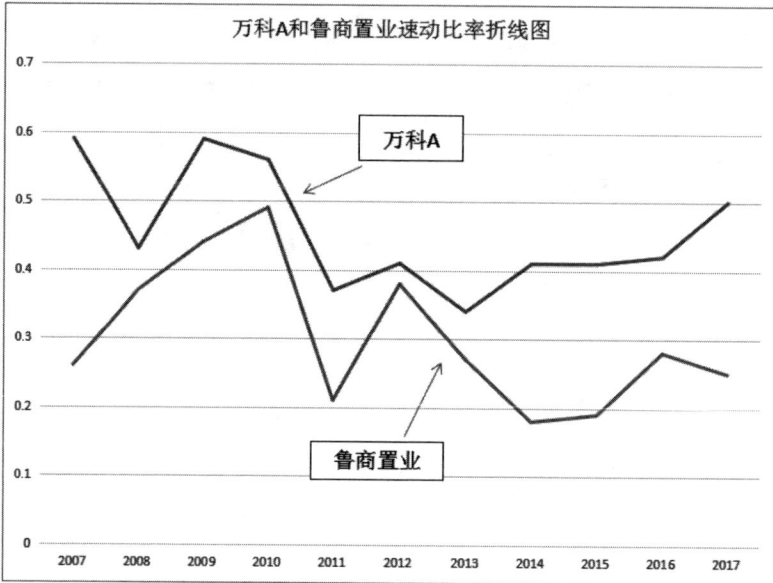

图 1-9　万科 A（0000002）和鲁商置业（600223）速动比率折线图

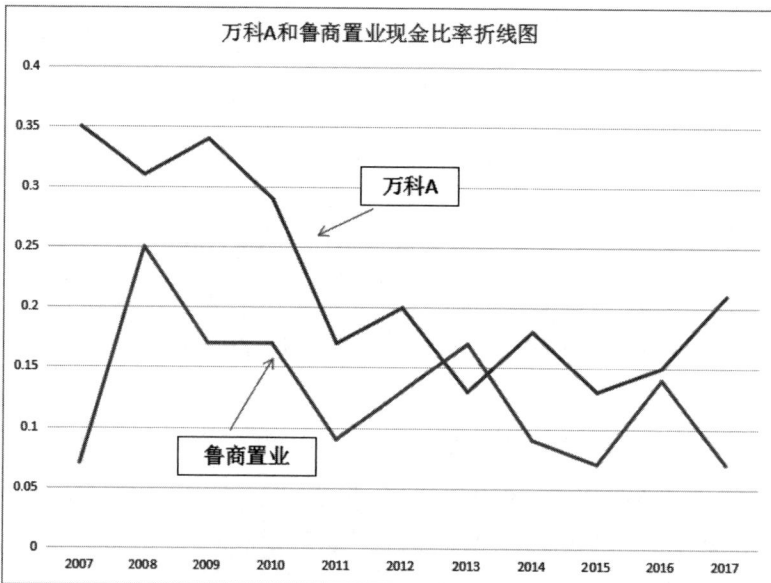

图 1-10　万科 A（0000002）和鲁商置业（600223）现金比率折线图

5. 股价走势分析

图 1-11 所示为万科 A（000002）2007 ～ 2017 年日 K 线图，从图中可以看出，万科 A(000002) 的股价从 2007 年开始，除了受到市场情绪的影响外，一直在震荡中上行，特别是从 2014 年开始，股价开始一路上行走高。当然速动比率与股价并不是直接关系，只是反映公司流动性的一个指标。所以分析上市公司时，一定要结合其他的财务指标来分析。从中也可看到速动比率从 2013 年开始也出现了一个稳步回升的迹象。

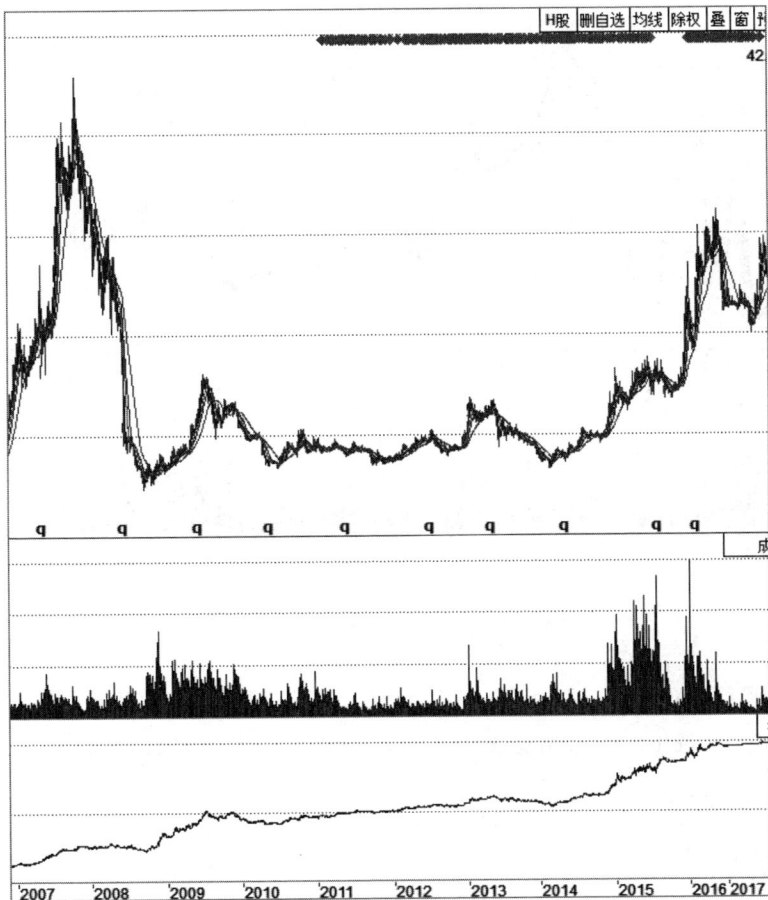

图 1-11　万科 A（000002）2007 ～ 2017 年日 K 线图

图 1-12 所示为鲁商置业（600223）2007 ～ 2017 年日 K 线图，从图中可以看出，鲁商置业（600223）的股价除了极个别极端的行情外，其股价最

近总体的走势是向下的，而反映其流动性的速动比率和现金比率也是处于较低状态，其股价的走势也可能与流动性吃紧，投资者信心低迷有关。当然在分析鲁商置业的投资逻辑时，也要结合其他相关指标作出判断，是经营不善还是有可能出现反转。

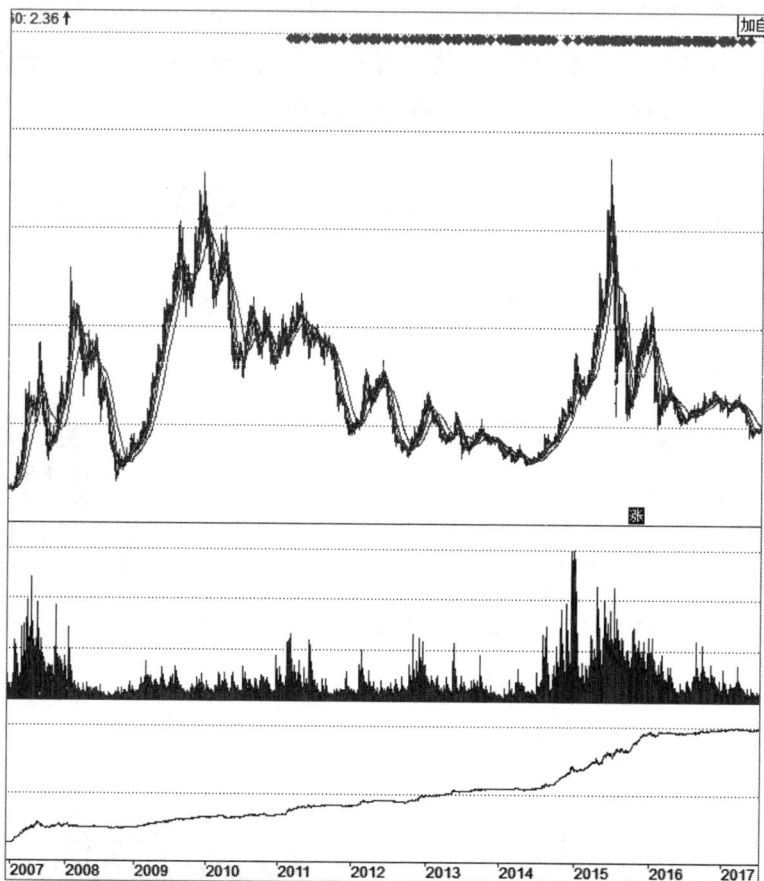

图 1-12　鲁商置业（600223）2007 ～ 2017 年日 K 线图

三、现金比率

1. 指标释义

现金比率是公司所拥有的现金及现金等价物之和与流动负债的比率。现金等价物是指企业持有的期限短、流动性强、易于转化成现金、价值变动风险很小的投资。现金比率是反映公司及时偿债能力的指标，现金比率比速动比率更能反映公司的短期偿债能力，现金比率越高，说明公司的变现能力越强，短期偿债能力越强。而现金比率越低，说明公司的变现能力越弱，短期偿债能力越弱。通常情况下，现金比率保持在 20%，就说明公司的现金存量基本保持在合理水平，能够应对公司的流动性负债。

当然现金比率也并不是越高越好，在保持一定流动性的情况下，如果现金比率过高，反而说明公司的精细化水平不高，不能够充分地利用资源，造成资源的浪费，资金利用效率低下，影响到公司的盈利能力。

所以说当公司的现金比率保持在较高或者较低水平时，此时意味着公司可能面临着某种经营方式或者资金面上的改变，公司可能要解决当前流动资金紧张或者闲置带来的问题。投资者要注意分析公司的经营结构和重大决策，着重分析造成现金激增或者减少的原因是什么。并在行业间进行横向对比，把公司与行业平均水平比，处在一个什么样的水平。当然仅仅看现金比率并不能够反映公司的经营状况，还要结合其他指标做进一步的分析。

现金比率与现金流量又是两个完全不同的概念，现金比率是相对于流动负债来说的，反映及时偿债能力，而现金流量是所有能够给公司带来现金的可能性，如经营活动、筹资活动、投资活动，只要能够产生现金的流入流出，就是现金流量。现金比率是某一个时点上的数值，是静态的。而现金流量是一段时间内的流入流出值，是动态的。

现金比率并不能够直接影响股价，但是当公司经营恶化，或者现金比率过低时，投资者就要具体分析公司的经营状况，如查看公司利润表和现金流量表，从中找出公司的现金流量来源、支出现金的目的和方式，进一步判断公司是不是值得投资。

2. 指标实战应用

（1）对于现金比率明显偏低的企业，投资者要引起重视，因为这样的公司可能面临严重的财务风险，甚至是资金链断裂。当然很多龙头公司的现金比率可能明显偏低，那是因为这些公司在行业中的地位是无法撼动的，它们可以充分利用上下游企业作为资金的提供者。而对于没有垄断地位，行业竞争又非常激烈的企业，却是另外一番景象。它们从银行贷款或者与上下游企业发生业务时，如果没有足够的信用和商誉，债权人对于现金比率等财务指标的评估将更加严格，当公司向银行贷款时，由于现金比率等财务指标不符合银行的评估要求，就会遭到拒绝。当公司向上下游企业赊账购入生产所需的原材料时，对方也会因这些指标产生担忧，从而拒绝赊账或者减少赊账比例，更会加剧公司资金链的紧张。

（2）包括现金比率在内的短期流动性评价指标，一般情况下对公司的股价影响都是间接的。对股价影响较为直接的是公司利润的创造能力，因公司的净利润可以直接转化为股东的收益，可以以股利的形式分配给股东，所以公司利润的增加直接推动股价的上涨。而当公司包括现金比率在内的短期财务指标如果保持在合理水平，充分利用了包括流动负债在内的流动资产，提高了公司的资金利用效率，那么就会反映在公司的盈利上，利润增加，股价自然也会随之上涨。

（3）投资者可以从现金比率等出现异常的股票中寻找黑马股，现金比率出现异常，说明公司经营层面出现了重大变化，这种变化可能是正面的，也可能是负面的。投资者要结合其他指标综合判断，看公司的经营策略是不是发生了变化，是否有资产充足或者资金注入等可能，若是发生了负面的变化，投资者应提高警惕。

（4）现金比率是一个相对孤立的指标，本身有一定的缺陷。比如只能反映某一时点的数据，并不能客观地评价公司的真实流动性。所以现金比率要结合其他指标一起分析，才能做出更准确的判断。同时在分析现金比率时，也要结合公司的行业特性、规模、行业地位以及资产结构等因素，才能做出更可靠的结论。

3. 案例分析：丽珠集团和哈药股份现金比率分析

1）财务数据分析

根据丽珠集团（000513）和哈药股份（600664）2007 ～ 2017 年的年度财务报告，可以取得该上市公司各年度的现金和流动负债数值，以及通过计算得出该公司各年度的现金比率，如表 1-3 所示。从表中可以看出，历年来丽珠集团（000513）的现金储备并不稳定，特别是 2017 年丽珠集团的现金激增迅速，所以对于这种情况要单独查看资料，寻找原因。而其流动负债基本处于逐年增加态势。从表中可以看出，哈药股份（600664）2016 年现金也激增了 26 亿元，而流动负债也是每年随着经营状况的变化而变化，现金比率这两年增长明显。

表 1-3　丽珠集团（000513）和哈药股份（600664）现金比率对比图

年份	丽珠集团（000513）			哈药股份（600664）		
	现金	流动负债	现金比率	现金	流动负债	现金比率
2007	2.83	8.36	0.34	21.1	41.75	0.51
2008	5.4	9.67	0.56	15.64	36.95	0.42
2009	5.89	7.77	0.76	19.79	38.37	0.52
2010	8.64	9.25	0.93	24.92	48.83	0.51
2011	14.48	15.21	0.95	19.56	68.48	0.29
2012	12.21	23.76	0.51	20.17	63.33	0.32
2013	7.61	23.3	0.33	17.65	69.95	0.25
2014	7.16	26.69	0.26	23.34	67.51	0.35
2015	7.98	31.55	0.25	18.2	55.94	0.33
2016	20.62	33.11	0.62	46.36	60.7	0.76
2017	74.16	44.11	1.68	35.11	56.43	0.62

2）库存现金分析

根据表 1-3 中丽珠集团（000513）和哈药股份（600664）2007 ～ 2017 年各年度的库存现金数值，可以绘制出折线图，如图 1-13 所示。从折线图中可以看出，哈药股份（600664）的库存现金一直高于丽珠集团（000513）的现金储备。但是 2017 年丽珠集团（000513）的现金出现了暴涨。主要为公司出售子公司股权所致。

3）流动负债分析

根据表 1-3 中丽珠集团（000513）和哈药股份（600664）2007 ～ 2017 年各年度的流动负债数值，可以绘制出折线图，如图 1-14 所示。从折线图中可以看出，哈药股份（600664）的流动负债一直高于丽珠集团（000513）的流动负债。当然这只是从绝对数字上来对比两家公司会有失偏颇，还要结合相对指标具体分析。

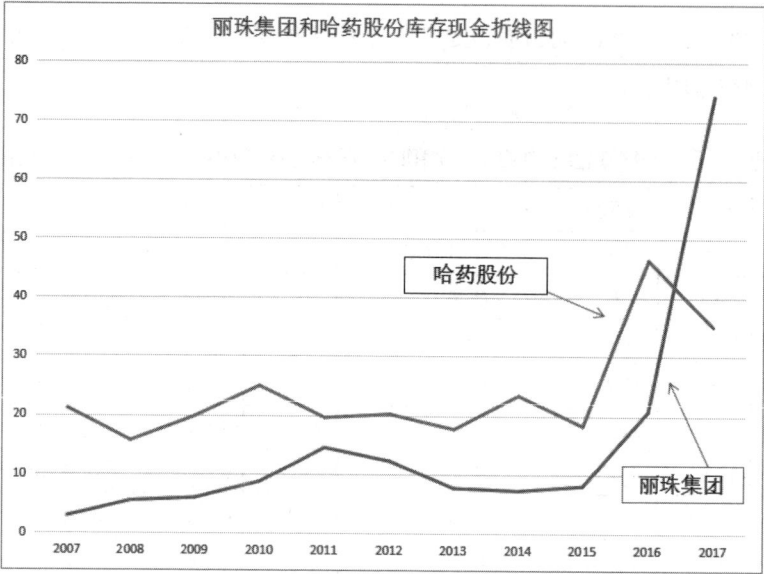

图 1-13　丽珠集团（000513）和哈药股份（600664）库存现金数值

图 1-14　丽珠集团（000513）和哈药股份（600664）流动负债折线图

4）现金比率分析

  根据表 1-3 中丽珠集团（000513）和哈药股份（600664）2007 ~ 2017年各年度的现金比率数值，可以绘制出折线图，如图 1-15 所示。从折线图中可以看出，丽珠集团（000513）的现金比率不是特别的稳定，甚至 2014 年、2015 年、2016 年的现金比率低于哈药股份（600664）的现金比率，但是 2017 年却出现了一个现金比率的大幅上升，对于现金比率出现这样的异常，一定是有原因的，要看公司经营层面是不是发生了变化，财务报告显示因为公司出售子公司股权导致现金增加，并非主营业务的爆发。从图中可以看出这两家公司的现金比率都保持在 20%以上。

图 1-15 丽珠集团（000513）和哈药股份（600664）现金比率折线图

5）股价走势分析

  图 1-16 所示为丽珠集团（000513）2007 ~ 2017 年日 K 线图，从图中可以看出丽珠集团的股价总体上是在震荡中上行，除了在 2015 年受市场情绪影响上涨外，2017 年也在震荡中上行，结合其现金比率观察发现，现金比率与股价并没有直接的联系，对股价的影响是间接的。因现金比率保持在

20% 左右就认为是合理的，丽珠集团（000513）的现金比率一直保持在合理的水平，所以当分析公司的股价时，一定要结合其他指标，才能做出合理的判断。

图 1-16　丽珠集团（000513）2007 ～ 2017 年日 K 线走势图

　　图 1-17 所示为哈药股份（600664）2007 ～ 2017 年日 K 线图，从图中可以看出哈药股份从 2007 ～ 2011 年走出了两拨大的行情，但是其股价总体上是向下走的，公司的价格一直围绕着其价值波动，所以当股价一直低迷的时候，投资者要认真分析公司的价值到底值多少钱，是市场低估了，还是这就是公司本来的价值。哈药股份（600664）的现金比率保持在合理的水平，但其流动负债一直大于丽珠集团（000513）的流动负债，当分析这家公司时，就看其规模是不是更大，还是研发支出更多，然后结合具体的财务指标做出判断。这两家公司的现金比率虽然都有大的波动，但是都保持在合理的水平，所以只是看两家公司的现金比率并不能够看出异常，要结合其他指标具体分析。

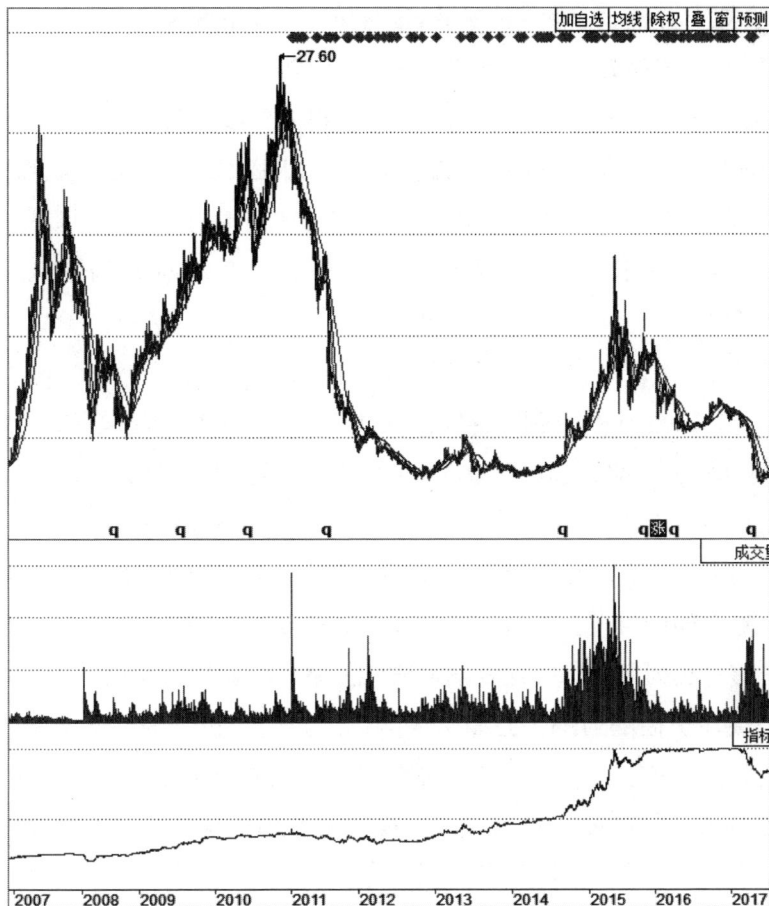

图 1-17　哈药股份（600664）2007 ～ 2017 年日 K 线走势图

四、总资产负债率

1. 指标释义

　　总资产负债率是公司负债总额与公司总资产的比值。是指公司总资产中通过负债所筹集资金的比例。

　　负债总额是指过去的交易或者事项形成的现时义务，履行该义务会导致经济利益流出，包括流动负债和长期负债，在资产负债表的负债栏目内为"负债合计"项。

资产总额是指企业能够控制或者拥有的，未来能够给企业带来经济利益的资源。包括流动资产、固定资产、无形资产等。

一般情况下，成熟公司的资产负债率保持在 40% 至 70% 之间就认为是比较合理的水平，当资产负债率低于 40%，说明公司管理层没有利用杠杆资本来创造更多的利润，经营偏保守。当资产负债率高于 70%，说明公司偏激进，如果公司动用了如此大的杠杆而没有创造出利润，对于这样的公司，投资时要谨慎。

当然每一个行业的资产负债率都不一样，比如银行业的资产负债率高达 90% 以上，那是因为银行业是经营风险的行业，其负债就是储户的存款，这种负债和加工制造业的负债有着本质的区别，所以负债率高。

当然不同行业间，资产负债率所表达风险的标准也不一样，一般来说，公司产品的盈利能力较强，或者公司的资金周转速度较快，日常经营活动能够获得大量现金的行业，公司能够承受的资产负债率较高。在分析公司的资产负债率时，一定要结合宏观经济、行业和企业的运行周期，同时更要关注负债的目的，公司负债的目的是为了日常的资金运转还是有新项目扩大规模，对于公司利润不佳，日常运转都需要负债来运营的话，那就要分析公司的资产运营效率，现金流量等，判断公司的负债是不是合理。

资产负债率是衡量财务风险的重要指标，资产负债率虽然对上市公司的股价没有直接的影响，但是通过资产负债率却可以分析公司的稳定性，特别是当宏观经济处于上升期时，资产负债率即使偏高，公司利润高企，也会通过发展覆盖掉财务风险，但是若是宏观经济处于衰退和经济低迷时，由于公司的资产负债率偏高，财务成本较高，对公司盈利产生较大影响，对上市公司的股价会产生抑制作用。

2. 指标实战应用

（1）资产负债率是反映公司财务风险程度的重要指标，折射出公司股价的风险程度。当资产负债率超出合理范围时，财务风险也越大，股价上行的压力也越大，投资风险就越大。当然公司资产负债率低，也不一定有投资价值，很多公司的资产负债率很低，但这些公司的产品销量并不好，这些公司也就缺少了保持高负债运营的基础，所以公司的资产负债率是否合理，一定要结合公司的盈利情况和发展前景来分析才有价值。

（2）资产负债率对股价的影响是间接的，资产负债率并不会直接影响公司股价的走势，但是资产负债率的高低对于投资者的投资决策会产生一定的影响，资产负债率的变化不明显时，即保持在合理水平时，影响公司股价的因素里面除了市场情绪和资金助推外，还有公司的成长性和业绩，这才是影响公司股价的核心因素。

（3）资产负债率在不同的行业间，标准也不一样，比如房地产行业主要是靠负债运营的，所以资产负债率也偏高，在分析公司时，除了着重资产负债率，还要结合流动比率、速动比率、现金比率等反映公司财务风险的指标一起分析，更要结合公司的行业地位以及产业运营周期来分析公司是不是值得投资。

（4）资产负债率可以评价公司的管理能力。公司管理层如何控制合理的负债额度，如何利用包括负债在内的资源来做到利润最大化，是公司管理能力和盈利能力的有效评估。公司充分利用负债，创造出远大于公司负债成本的利润时，说明公司的管理能力强；若是没有利用好负债，所获得的收益小于负债成本时，则管理能力较弱。

3. 案例分析：晨鸣纸业和华泰股份总资产负债率分析

1）财务数据分析

根据晨鸣纸业（000488）2007 ～ 2017 年的年度财务报告，可以获得该公司各年度的负债总额和资产总额数值，并通过计算可以得出该公司各年度的资产负债率的指标值，如表 1-4 所示。从这些数据中可以看出，晨鸣纸业（000488）的负债总额和资产总额基本上都是在逐年增加的，这说明公司的规模也在不断地扩大，资产负债率最近几年基本上保持在 0.7 左右。

根据华泰股份（600308）2007 ～ 2017 年的年度财务报告，可以获得该公司各年度的负债总额和资产总额数值，并通过计算可以得出该公司各年度的资产负债率的指标值。从表中可以看出，华泰股份（600308）的资产和负债总额在经过 2011 年的高峰之后，资产总额和负债总额一直处于下降状态，这说明其规模也在减小。同时其资产负债率在经过 2011 年的高峰之后，也呈下降态势。从表中也能够看出晨鸣纸业（000488）的资产和负债规模远远超过了华泰股份（600308）的资产和负债规模。

表 1-4　两家公司总资产负债率对比图

年份	晨鸣纸业（000488）			华泰股份（600308）		
	负债总额	资产总额	资产负债率	负债总额	资产总额	资产负债率
2007	114.31	220.11	0.52	53.7	91.68	0.59
2008	122.78	262.99	0.47	58.06	98.22	0.59
2009	134.76	282.13	0.48	65.2	128.7	0.51
2010	198.17	350.77	0.56	89.39	153.36	0.58
2011	306.43	456.31	0.67	111.62	176.34	0.63
2012	333.8	477.25	0.70	105.36	169.99	0.62
2013	328.84	475.22	0.69	99.71	164.67	0.61
2014	424.74	568.22	0.74	105.46	170.66	0.62
2015	607.03	779.62	0.78	94.81	160.32	0.59
2016	597.2	822.85	0.73	81.74	148.93	0.55
2017	753.51	1056.25	0.71	69.11	142.72	0.48

2）负债总额分析

根据表 1-4 中晨鸣纸业（000488）和华泰股份（600308）2007 ～ 2017 年的负债总额数值，可以绘制出折线图，如图 1-18 所示。从折线图中可以看出，晨鸣纸业（000488）的负债总额从 2007 年开始到 2017 年一直在攀升。而华泰股份（600308）的负债总额在 2011 年达到最高点之后，开始呈下降趋势。同时从图中可以看出晨鸣纸业的负债总额一直高于华泰股份的负债总额。

3）资产总额分析

根据表 1-4 中晨鸣纸业（000488）和华泰股份（600308）2007 ～ 2017 年的资产总额数值，可以绘制出折线图，如图 1-19 所示。从折线图中可以看出，晨鸣纸业（000488）的资产总额从 2007 年开始到 2017 年一直在攀升。而华泰股份（600308）的资产总额在 2011 年达到最高点之后，开始呈下降趋势。同时从图中可以看出晨鸣纸业的资产总额一直高于华泰股份的资产总额。如果看一家公司仅仅从资产总额来看的话，只能看出一家公司的规模大小，并不能由此判断出一家公司到底值不值得投资。

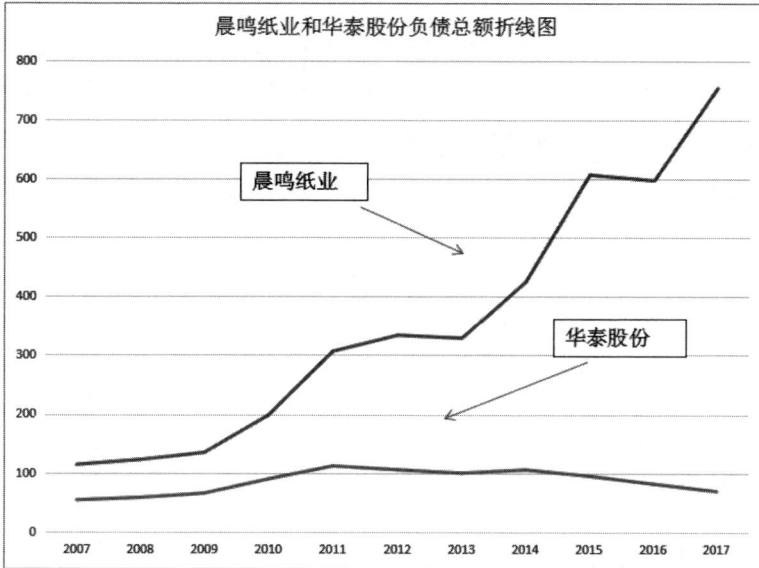

图 1-18　晨鸣纸业（000488）和华泰股份（600308）负债总额折线图

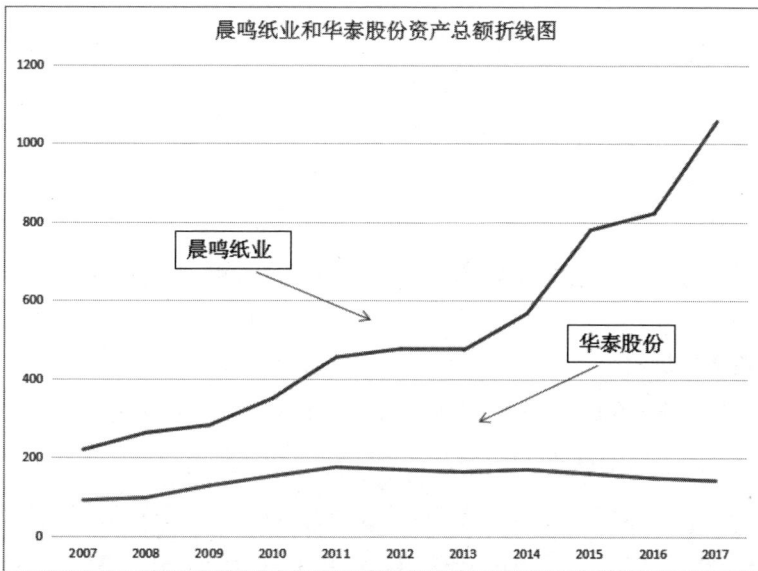

图 1-19　晨鸣纸业（000488）和华泰股份（600308）资产总额折线图

4）资产负债率分析

根据表 1-4 中晨鸣纸业（000488）和华泰股份（600308）2007 ～ 2017 年的资产负债率，可以绘制出折线图，如图 1-20 所示。从折线图中可以看出，从 2007 年开始，晨鸣纸业（000488）的资产负债率低于华泰股份（600308），但是从 2011 年开始，晨鸣纸业的资产负债率超过了华泰股份，甚至在 2015 年，其资产负债率逼近 0.8，这是一个非常高的资产负债率，一般情况下，成熟公司的资产负债率保持在 40% 至 70% 之间就认为是比较合理的水平。投资者对于这种高负债运转的公司，投资时需谨慎。

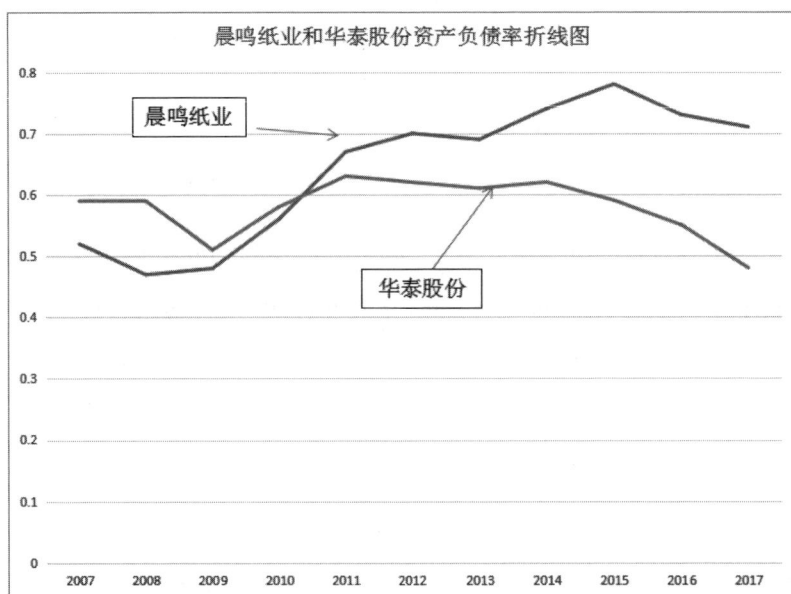

图 1-20　晨鸣纸业（000488）和华泰股份（600308）资产负债率折线图

5）股价走势分析

图 1-21 所示为晨鸣纸业（000488）2007 ～ 2017 年日 K 线图，从 K 线图中可以看出，晨鸣纸业的股价从 2011 年开始在震荡中下行，而其资产负债率也从 2011 年开始攀升至 0.7 左右，这说明市场对于其资产负债率的突然激增还是有一定的担忧的，2015 年受市场情绪影响股价创出新高，同时其资产负债率也从 2015 年之后开始下降，2016 年和 2017 年股价一直在震荡中上行，

虽然资产负债率不是影响股价的最终因素，但是资产负债率作为基本面的一部分，当其保持在合理水平时，还是会反映到其股价上。

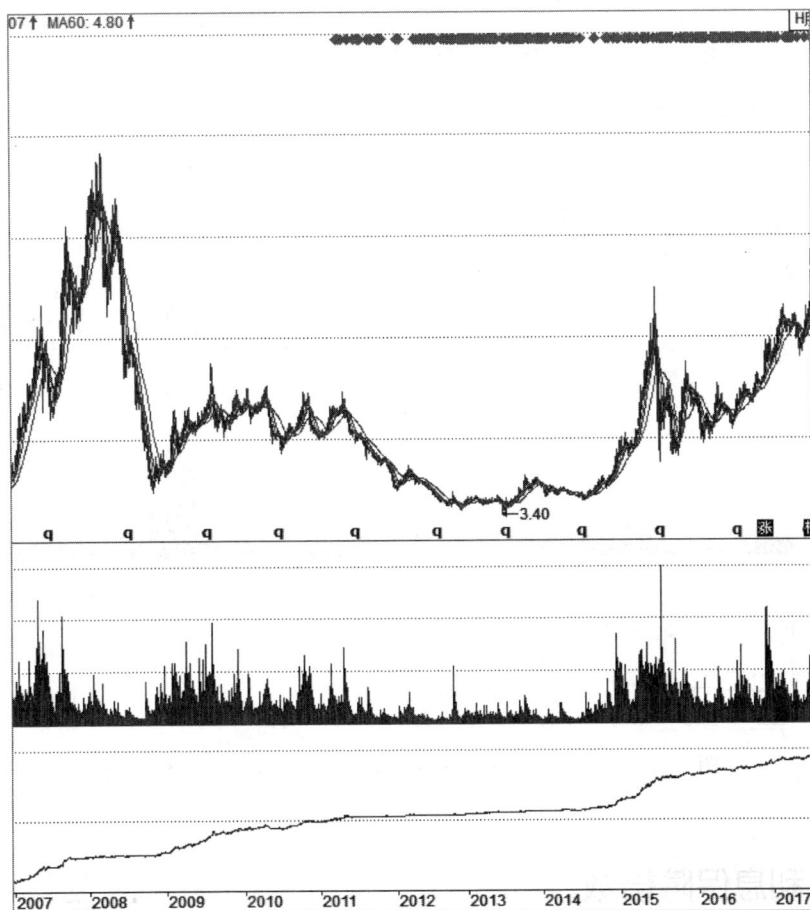

图 1-21　晨鸣纸业（000488）2007 ～ 2017 年日 K 线图

　　图 1-22 所示为华泰股份（600308）2007 ～ 2017 年日 K 线图，从 K 线图中可以看出，华泰股份的股价从 2011 年之后一直在震荡中下行，并一直在低位徘徊，造纸业是重化工企业，从其资产和负债规模看，晨鸣纸业（000488）的资产和负债规模一直在扩大，而华泰纸业的资产和负债规模不仅没有扩大，而且有下滑的趋势，所以从市场行情上看，其股价也处于横盘状态，所以资产负债率作为一个孤立的指标，一定要结合其他指标进行分析，才能更好地做出投资决策。

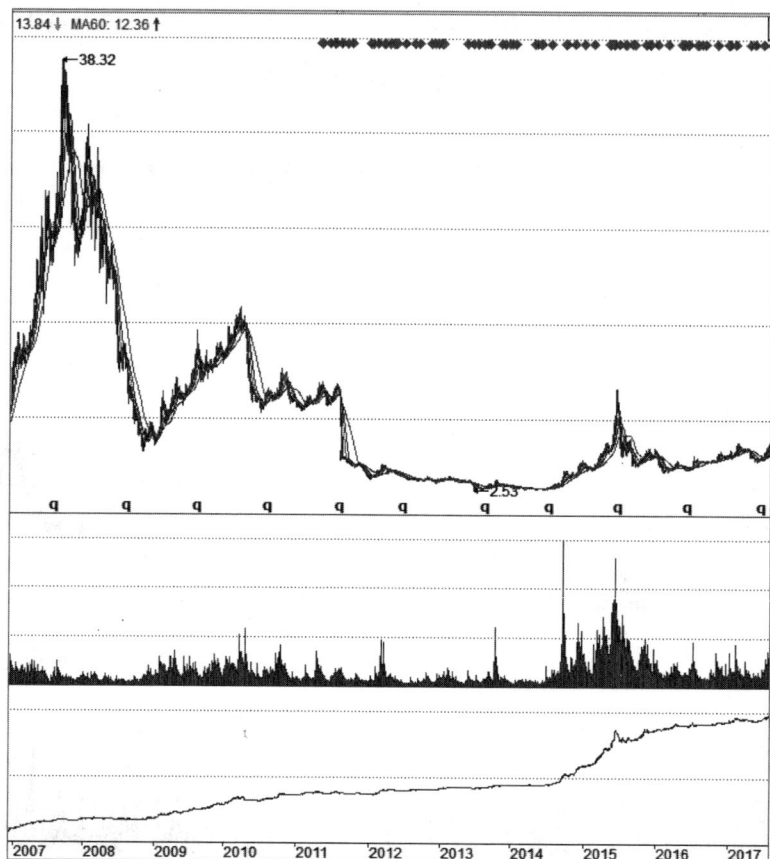

图 1-22　华泰股份（600308）2007 ～ 2017 年日 K 线图

五、利息保障倍数

1. 指标释义

　　利息保障倍数是息税前利润与利息费用的比值。是指公司通过经营赚取的利润所能覆盖负债所付利息的倍数。息税前利润是利润总额与利息费用的总和，也即净利润与所得税、利息费用的总和。而利息费用是本期发生的全部应付利息，由于利息费用一般记入财务费用，所以计算利息保障倍数时，一般会用财务费用代替。

　　利息保障倍数是衡量公司支付负债利息能力的指标，不仅反映了企业获利能力的大小，而且反映了获利能力对偿还到期债务的保证程度，它既是企业举债经营的前提依据，也是衡量企业长期偿债能力大小的重要标志。当公司盈利不能够覆盖公司所需支付的利息时，说明公司面临较大的财务风险，存在拆东墙补西墙的可能性。

利息保障倍数想要保证正常的偿债能力，至少应大于 1，且比值越高越好，越高表明公司长期偿债能力越强。如果利息保障倍数过低，公司将面临亏损，且面临偿债的安全性与稳定性下降的风险。为了考察公司偿付利息能力的稳定性，一般应计算 5 年或 5 年以上的利息保障倍数。若从安全的角度出发，应选择 5 年中最低的利息保障倍数作为基本的利息偿付能力指标。

利息保障倍数同时也是衡量公司盈利能力与财务风险匹配程度的重要指标，如果说公司的利润总额都不能够偿还负债的利息费用时，或者说仅能够支付公司的利息费用，那投资者在做出投资决策时就要谨慎，因为这样的公司面临财务风险的概率更大。

在分析公司的利息保障倍数时，要区分不同的行业，比如很多互联网企业即使是运营了多年也不盈利，所以不同的行业之间所采取的风险标准是不一样的，再者经营环节占用大量现金的行业和竞争激烈的行业，利息保障倍数会偏低一点，所以在不同行业里面，利息保障倍数对于股价的反映和影响也不一样。

虽然利息保障倍数对于公司股价的影响是间接的，但是当股利保障倍数明显偏低时，说明公司面临一定的财务风险，所以要结合其他指标如资产负债率、速动比率、现金比率等指标来作出合理的判断。

2. 指标实战应用

（1）利息保障倍数是衡量财务风险的关键指标，毕竟公司的利息支出最终还是要靠公司的创收能力来偿还的，而不是靠拆东墙补西墙，当公司的利润较低，而负债所产生的利息费用较高时，公司的财务压力会变大，同时也会反映到股价上，造成股价在震荡中下行。相反，当公司利润高企，能够覆盖利息支出几倍甚至几十倍时，同时也会反映到股价上，股价上涨。

（2）利息保障倍数只是分析股票投资价值的一个指标，所以在应用这个指标选股时，不仅要横向与其他相关行业的公司对比，而且要纵向在时间节点上与公司过去的数据做对比，看一下公司的利息保障倍数在同行业中处于什么样的位置，同时也要看公司的利息保障倍数是不是保持在较高的位置，并且是不是稳定。因为一家优秀公司的盈利应该是稳定和连续的。若是该指标大起大落，必然也会造成股价的剧烈波动，给投资人带来较大的投资风险。

（3）利息保障倍数对于公司股价的影响是间接的。但是当公司盈利下降，不能够覆盖公司的利息支出时，投资者可以选择利息保障倍数高的公司，当然，不同的行业利息保障倍数的平均标准是不一样的，当利息保障倍数偏低时，或许正是公司面临较大困难的时候，投资者可以利用利息保障倍数捕捉到"黑马"。

（4）在股票投资中，投资者也可以利用利息保障倍数来控制交易风险。投资者在买入股票时，利息保障倍数虽然不是最重要的指标，但是当市场风险来临时，却可以起到警示风险的重要作用。比如当宏观经济或者行业出现拐点，股市行情也面临转向时，利息保障倍数的分析就非常重要了。如果宏观经济或者行业出现衰退，那些利息保障倍数较小的公司面临的股价下跌风险，会比利息保障倍数较大的股票更大。

3. 案例分析：保利地产和世茂股份利息保障倍数分析

（1）根据保利地产（600048）和世茂股份（600823）2007 ～ 2017 年的年度财务报告，可以分别获得该公司各年度的息税前利润和利息费用数值，并通过计算可以得出各年度利息保障倍数指标值，如表 1–5 所示。从表中可以看出，保利地产（600048）的息税前利润在逐年增加，利息费用也在逐年递增，而利息保障倍数则逐年递减，最近 3 年趋于稳定。资产负债率基本保持在 70% 以上。世茂股份（600823）的息税前利润也在每年递增，但是增长幅度远低于保利地产（600048），利息费用并没有随着规模的扩大而显著增加，利息保障倍数基本上每年都在递增，大于保利地产的利息保障倍数，资产负债率保持在 60% 多一点儿，比保利地产的资产负债率低。

表1-5　保利地产（600048）和世茂股份（600823）利息保障倍数对比

年份	保利地产（600048）				世茂股份（600823）			
	息税前利润	利息费用	利息保障倍数	资产负债率 %	息税前利润	利息费用	利息保障倍数	资产负债率 %
2007	23.71	（-0.32）	74.09	68.61	4.39	0.69	6.36	50.03
2008	39.9	（-0.33）	120.9	70.78	1.57	0.24	6.54	49.97
2009	53.13	（-0.66）	80.5	69.98	3.6	0.44	8.18	56.22
2010	73.03	（-1.02）	71.6	78.98	16.62	1.61	10.32	60.76
2011	104.64	3.9	26.83	78.43	18.27	1.02	17.91	60.85
2012	144.24	8.92	16.17	78.19	19.65	0.84	23.39	62.38
2013	170.88	9.86	17.33	77.97	24.88	0.67	37.13	67.79
2014	203.03	12.71	15.97	77.89	35.51	0.63	56.37	65.98
2015	252.29	23.28	11.29	75.95	40.68	0.99	41.09	58.68
2016	255.45	22.34	11.43	74.76	38.31	0.6	63.85	62.11
2017	280.91	23.92	11.74	77.28	54.34	1.25	43.47	62.33

（2）根据表1-5中保利地产（600048）和世茂股份（600823）2007～2017年的息税前利润数值，可以绘制出折线图，如图1-23所示。从图中可以看出，保利地产（600048）的息税前利润2007年至2017年实现了稳定而又较快增长，而世茂股份（600823）2007年至2017年息税前利润虽然也有所增长，但是增幅远低于保利地产（600048）。2007年至2017年是地产行业发展的黄金10年，从图中可以看出世茂股份（600823）的业务规模并没有发展起来，这样的增幅是非常低的。

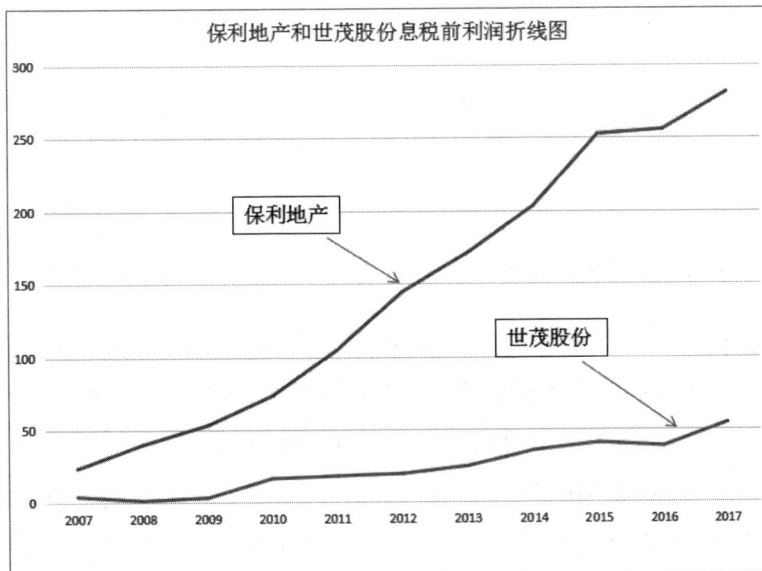

图1-23　保利地产（600048）和世茂股份（600823）息税前利润折线图

（3）根据表 1-5 中保利地产（600048）和世茂股份（600823）2007 ～ 2017 年的利息费用数值，可以绘制出折线图，如图 1-24 所示。从图中可以看出，保利地产（600048）的利息费用从 2007 年至 2010 年为负值，利息费用出现负值的原因是利息收入小于利息支出，所以出现了负值。从 2011 年开始，保利地产（600048）的利息费用实现了快速增长，这说明其业务规模实现了一个快速扩张。只要其利润增幅大于利息费用的增幅，那么利息费用的增长就是合理的。

虽然世茂股份（600823）的利息费用增长比较平缓，实现了稳健经营，但是并不代表这样经营就是合理的，因为房地产业是杠杆率非常高的行业，想要实现扩张，就必须用高杠杆、高周转，而世茂股份（600823）这种低杠杆势必损失了更多的发展机会。

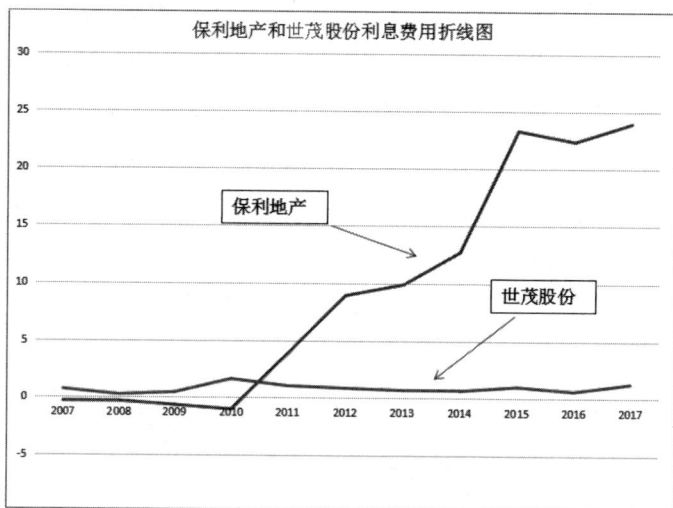

图 1-24　保利地产（600048）和世茂股份（600823）利息费用折线图

（4）根据表 1-5 中保利地产（600048）和世茂股份（600823）2007 ～ 2017 年的利息保障倍数数值，可以绘制出折线图，如图 1-25 所示。从图中可以看出，保利地产（600048）的利息保障倍数从 2008 年开始一直在下降，直到 2012 年以后保持在了较低的水平，结合其息税前利润和利息费用，可以看出，其息税前利润增长了 231.74 亿元，而利息费用增长了 23.62 亿元，利息费用的增幅远小于息税前利润的增幅。

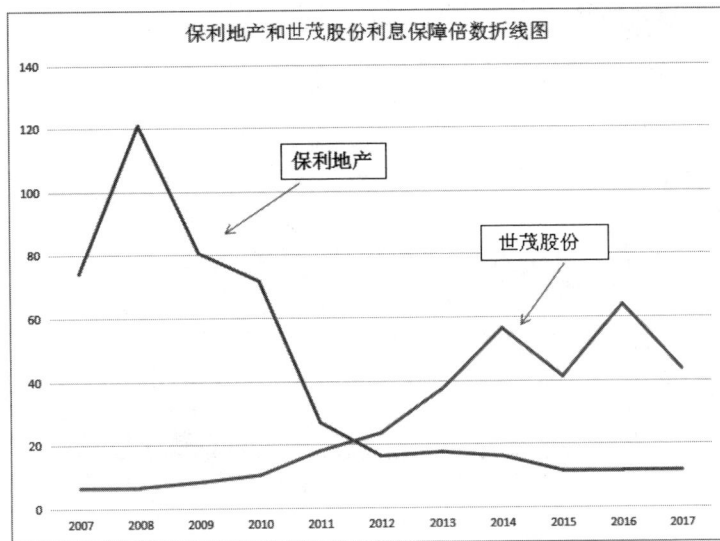

图 1-25　保利地产（600048）和世茂股份（600823）利息保障倍数折线图

　　世茂股份（600823）的利息保障倍数一直在提高，同时也结合其息税前利润和利息费用来展开分析，世茂股份的息税前利润从 2007 年至 2017 年间增长了 49.95 亿元，利息费用增长了 0.56 亿元。虽然其利息费用增幅远小于保利地产（600048），但是同时其息税前利润的增长幅度也远小于保利地产。

　　（5）图 1-26 所示为保利地产（600048）2007～2017 年日 K 线图，从图中可以看出保利地产（600048）的股价从 2007 年的最高点一直在回落，到 2017 年保利地产的股价一直在低位震荡。其股价可能也与利息保障倍数的下降有关，其利息保障倍数也从 2008 年的最高点一直下降到现在，在 2015 年保持在了 11 倍左右。其利息保障倍数指标的走势与股价的涨跌有相似之处。长期来看公司的股价与一些关键的财务指标走势可能相似，但是短期内受到各种因素影响，股价并不一定能够反映公司的经营状况。

　　图 1-27 所示为世茂股份（600823）2007～2017 年日 K 线图，从图中可以看出其股价除 2015 年受市场的影响有较大的涨幅外，从 2007 年开始也在震荡中下行，其利息保障倍数在 2016 年达到了峰值，2017 年又较 2015 年有所下降，按理说当各项经营指标向好的时候，股价也应创新高，但是有时候市场并不认同而被错杀，导致股价不振，所以在分析利息保障倍数时，一定要结合其他指标来分析。

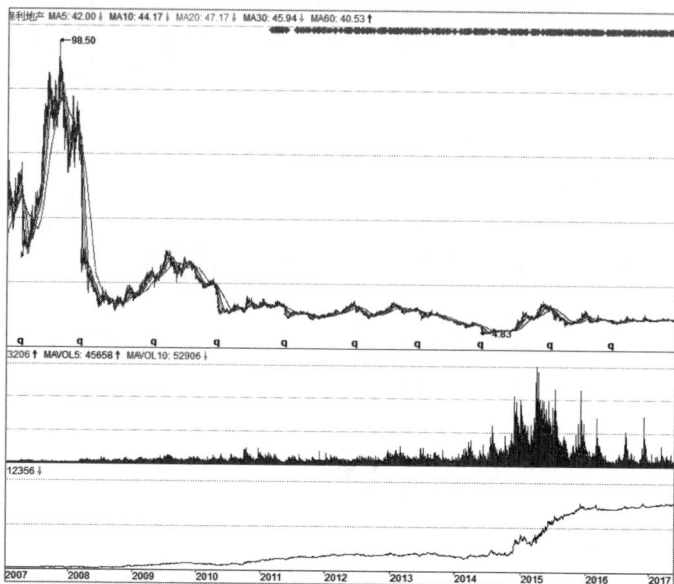

图 1-26　保利地产（600048）2007 ～ 2017 年日 K 线图

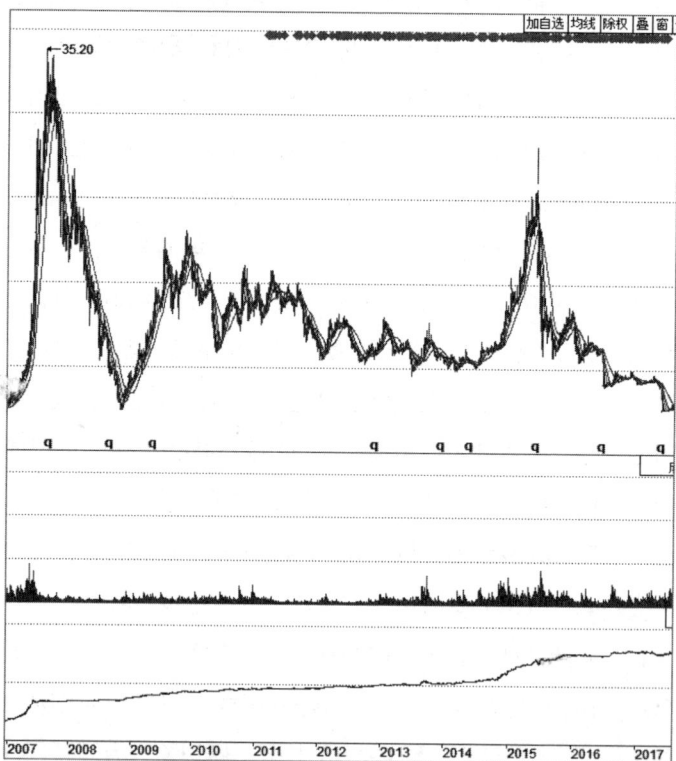

图 1-27　世茂股份（600823）2007 ～ 2017 年日 K 线图

六、产权比率

1. 指标释义

产权比率是负债总额与所有者权益总额的比率。是指债权人与股东提供资本的相对比例，反映公司的资本结构是否合理，同时也表明债权人投入资本受到股东权益的保障程度。

一般情况下，产权比率越高，证明公司偿还长期负债的能力越低，产权比率越低，证明公司偿还长期负债的能力越高。产权比率主要是用来衡量债务人提供的资本和股东提供的资本的比率关系，反映公司基本财务结构是否合理。

当然所有者提供的资本大于借入资本为好，原因就是可以减少债务资本的刚性支出，也即产权比率小于1。当所有者提供的资本小于借入资本时，也即产权比率大于1，证明公司的长期偿债能力越弱，债权人权益保障程度越低，承担的风险越高。

在分析该指标时，最好是结合资产负债率和资本收益率来衡量，当企业的资产收益率大于负债成本率时，负债经营有利于提高资金收益率，获得额外的利润，这时的产权比率可适当高一些。产权比率高，是高风险、高报酬的财务结构；产权比率低，是低风险、低报酬的财务结构。

一般认为产权比率为1：2时较为合理。合理的产权比率有利于公司的发展壮大，有利于上市公司股价的稳定和上涨。总体来说上市公司的负债需要付出的成本代价往往小于对股权的付出代价，如果负债能够创造出大于负债成本的利润，则可以增加现有股东的收益，股东收益回报率就会获得放大，公司的发展速度也会加快。反之，如果公司没有合理的控制负债比率，获得的利润无法弥补负债的成本，那么股东权益就会流失。

2. 指标实战应用

（1）产权比率并不是决定股价走势的关键指标，也不会对股价产生直接的影响。决定股价的关键因素是公司的盈利能力和未来发展空间以及交易市场中投资者的交易行为。前者是股价的基础和决定性因素，后者是股价在市场上的表现。产权比率对股价的影响是辅助性的，一般不会单独作为投资者买卖股票的指标。不同的投资者对产权比率的看法也不一样，在二级市场，有厌恶风险的稳健型投资者，也有喜好风险的激进型投资者，产权比率的杠杆折射到股价的变化上，也会使股价波动变大。

（2）产权比率一定要结合其他指标来分析。由于产权比率只是反映公司的融资结构，并不能直接反映出公司的经营状况，这种缺陷性决定了人们在分析产权比率时，一定要结合能够反映公司经营状况的财务指标来分析公司是否有投资价值。当然产权比率也能够用来规避交易风险，当产权比率过大时，证明公司有着巨大的偿债能力风险，这时投资者在做出投资选择时，就要提高警惕。

（3）产权比率可以评价公司管理层的管理能力。公司管理层如何控制合理的负债额度，如何利用包括负债在内的资源来做到利润的最大化，这是对公司管理能力和盈利能力的有效评估。公司充分利用负债，创造出远大于负债成本的收益时，说明公司的管理能力强，相反，公司没有利用好负债，所获得的收益小于负债成本时，则管理能力较差。

（4）不同的行业之间，产权比率的差别也很大。比如传统行业，由于增速放缓，或者是盈利较稳定的原因，公司融资主要依靠银行等金融机构进行间接融资，所以产权比率就会偏大，而新兴行业由于有着较大的发展空间，虽然刚开始盈利能力不大，但是投资者对此有着较高的成长预期，所以新兴行业主要是通过直接融资获得资本，所以产权比率偏高。

3. 案例分析：涪陵榨菜和贵糖股份产权比率分析

1）财务数据分析

　　根据涪陵榨菜（002507）和贵糖股份（000833）2007 ～ 2017 年的年度财务报告，可以取得两家公司各年度的负债总额和股东权益总额数值，以及通过计算得出该公司各年度的产权比率，如表 1-6 所示。从表中可以看出，2007 年涪陵榨菜（002507）的负债总额为股东权益的 3.74 倍，之后慢慢地下降到 0.2 左右，这说明其经营状况有了较大的改善。贵糖股份（000833）的股东权益总额增长较大，而其负债总额从 2007 年到 2017 年开始几乎没有增长。所以其产权比率较低，偿债能力较强。

表1-6　涪陵榨菜（002507）和贵糖股份（000833）产权比率对比图（单位：亿元）

年份	涪陵榨菜（002507）			贵糖股份（000833）		
	负债总额	股东权益总额	产权比率	负债总额	股东权益总额	产权比率
2007	3.53	0.95	3.74	6.21	7.12	0.89
2008	2.8	2.14	1.31	7.14	7.38	0.97
2009	2.29	2.55	0.90	5.69	7.68	0.74
2010	1.5	8.38	0.18	5.63	8.26	0.68
2011	1.96	8.8	0.22	4.1	9.42	0.44
2012	1.71	9.52	0.18	3.81	9.27	0.41
2013	2.6	10.39	0.25	2.86	8.21	0.35
2014	2.32	11.4	0.2	11.4	19.38	0.46
2015	2.85	13.75	0.21	7.68	26.37	0.29
2016	3.66	15.66	0.23	7.87	26.32	0.3
2017	5.56	19.28	0.29	6.53	27.28	0.24

2）负债总额分析

　　根据表 1-6 中涪陵榨菜（002507）和贵糖股份（000833）2007 ～ 2017 年的负债总额数值，可以绘制出折线图，如图 1-28 所示。从图中可以看出，从 2007 年至 2017 年，贵糖股份（000833）的负债总额一直高于涪陵榨菜（002507）的负债总额，当然涪陵榨菜的负债总额在攀升，而贵糖股份的负债总额在下降。

图 1-28　涪陵榨菜（002507）和贵糖股份（000833）负债总额折线图

3）股东权益总额分析

根据表 1-6 中涪陵榨菜（002507）和贵糖股份（000833）2007～2017 年的股东权益数值，可以绘制出折线图，如图 1-29 所示。从图中可以看出，涪陵榨菜和贵糖股份的股东权益总额都处于上升状态，2013 年以后，贵糖股份的股东权益总额超过了涪陵榨菜。股东权益由实收资本、资本公积、盈余公积和未分配利润构成。所以股东权益中除了投资者投入的部分，就是公司的积累。而当公司资本没有扩张的情况下，股东权益的增加最重要的就是利润的增加。贵糖股份和涪陵榨菜的股东权益一直在增长，这说明其利润也在增加。

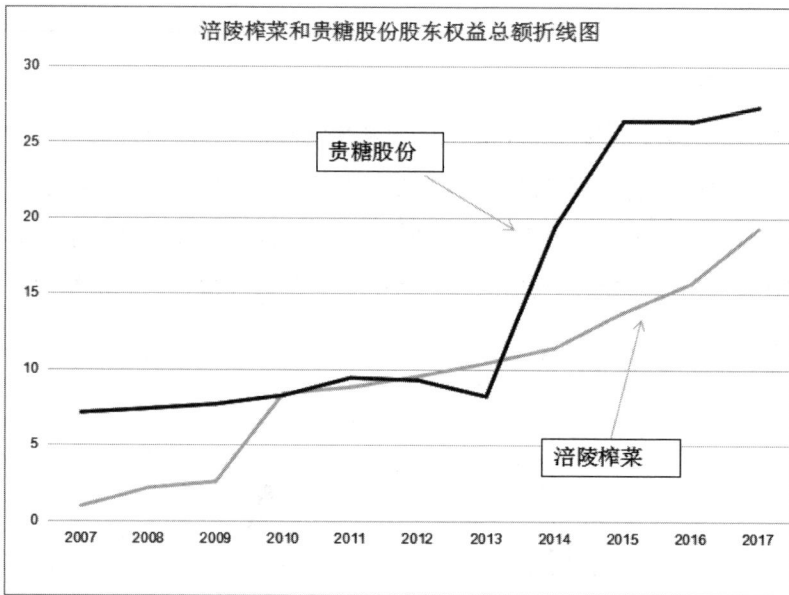

图 1-29　涪陵榨菜（002507）和贵糖股份（000833）股东权益总额折线图

4）产权比率分析

根据表 1-6 中涪陵榨菜（002507）和贵糖股份（000833）2007～2017 年的产权比率，可以绘制出折线图，如图 1-30 所示。从图中可以看出，涪陵榨菜（002507）的产权比率最高点出现在 2007 年，远远高于贵糖股份（000833），之后开始递减，产权比率是由负债总额和股东权益总额决定的，所以当负债总额减少，或者是股东权益增加时，产权比率就会变小，而产权

比率越小，公司的偿债能力越强。从图中可以看出涪陵榨菜的产权比率从
2010 年之后一直保持在较低水平，甚至低于贵糖股份的产权比率，这说明其
经营状况得到了明显的改善。

图 1-30　涪陵榨菜（002507）和贵糖股份（000833）产权比率折线图

5）股价走势分析

图 1-31 所示为涪陵榨菜（002507）2010 ～ 2017 年日 K 线图，由于涪
陵榨菜（002507）于 2010 年上市，所以截取的是 2010 ～ 2017 年的日 K 线
图，从图中可以看出，涪陵榨菜的股价除去受到市场情绪的影响，在 2015 年
走出了一波行情，之后开始低迷，并没有多大的涨幅。但是看其产权比率一
直保持在较低水平，这说明产权比率对股价的影响是间接的，涪陵榨菜的股
价并没有直接受到产权比率指标的影响，所以当分析公司股价时，一定要结
合其他指标来分析。

图 1-32 所示为贵糖股份（000833）2007 ～ 2017 年日 K 线图，从图
中可以看出，除受到市场影响外，贵糖股份的波动较为平稳，其股价走势并
没有随着产权比率的提高有巨大的涨幅，这说明产权比率不是影响公司股价
的决定性因素，当产权比率保持在合理水平，就不会对公司股价产生较大的
影响。

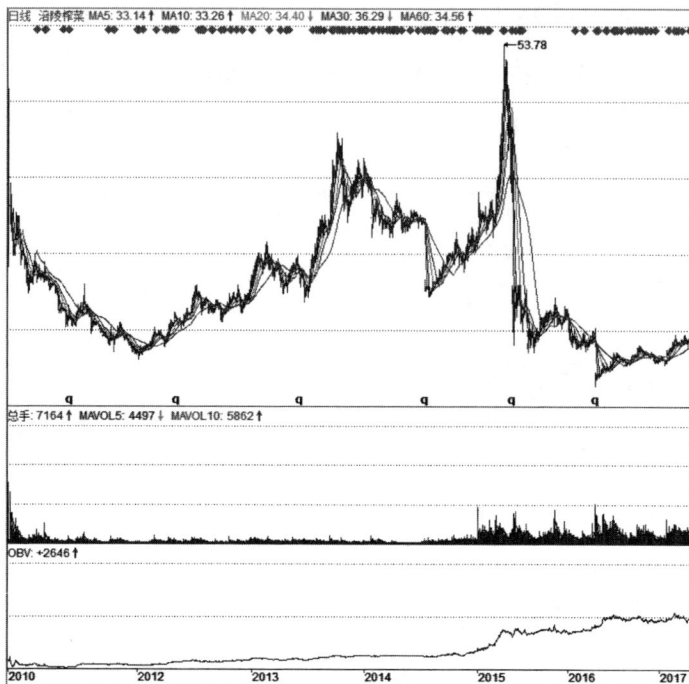

图 1-31　涪陵榨菜（002507）2010 ～ 2017 年日 K 线图

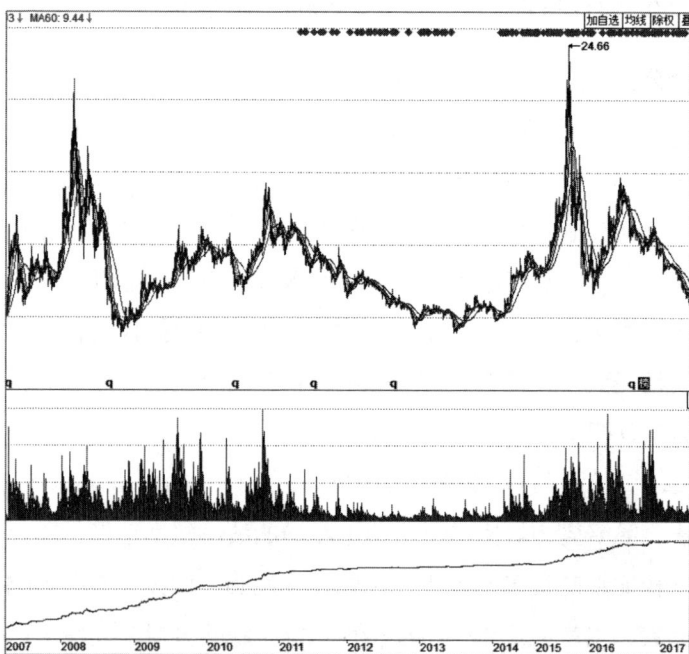

图 1-32　贵糖股份（000833）2007 ～ 2017 年日 K 线图

七、权益乘数

1. 指标释义

权益乘数是资产总额与股东权益的比值。是指资产总额相对于股东权益总额的倍数，由于资产等于负债加股东权益，所以权益乘数也是衡量公司偿债能力的指标，用来衡量公司财务风险的大小。

想要更深刻地理解什么是权益乘数，就要明白股东权益的构成。股东权益由实收资本、资本公积、盈余公积、未分配利润 4 部分组成。所以说当权益乘数越大，公司的资金来源中负债越大，公司的内部积累部分越小。当权益乘数越小，公司的内部积累部分很大，而公司的负债很小。

由于权益乘数是股东权益比率的倒数，所以被称为权益乘数。权益乘数和资产负债率都是用来衡量公司长期偿债能力的，可以起到相互补充的作用。此两者相乘，即可得到产权比率。所以说很多财务指标之间都有着很强的勾稽关系。

权益乘数是公司财务分析的重要指标，权益乘数越大，公司的偿债能力就会越弱，那么公司的财务杠杆率也会越大，而这种放大效应最终会影响上市公司的股价。所以购买股票后，成为公司的股东，持有股票数量越大，拥有公司的净资产也越大，同样承担公司亏损或者破产的风险也相应地增加。若是公司的权益乘数过高，那么不愿意承担这种风险的投资者就会变卖公司的股票，这样权益乘数越大，财务风险也越大，投资者抛售股票的动机也越大。同时，关注该股的投资者也厌恶这种超出的风险，并拒绝买入该股票。在持有者和观望者的双重压力下，可能会导致股价下跌。

2. 指标实战应用

（1）权益乘数实际上反映了公司是外延式扩张还是内涵式扩张的问题。但公司通过内部的利润积累，扩充资本来完成融资或者资本积累时，权益乘数就会比较小，公司就会面临较小的财务压力。而当公司通过外延式扩张，也就是说通过举债来扩大规模时，公司的权益乘数就较大，公司就会面临较大的财务压力。对于这种规模的扩张程度，一定要辩证地看待，不要认为权益乘数过大就没有投资价值了，其实也不一定，一定要结合其他指标进行具体的分析。

（2）权益乘数是杜邦分析法的核心指标。权益乘数乘以总资产收益率等于净资产收益率。所以当权益乘数出现异常，说明公司经营出现了较大变化，这种变化可能是正面的，也可能是负面的，投资者需要结合其他指标或者是表外信息来综合判断，看公司是否有经营策略上的转变，是否有资产重组或者资金注入等方面的可能，同时还要结合技术分析，观察股价是不是已经出现向上的方向性改变，或者成交量是否有底部放大等现象。

（3）在观察公司的权益乘数时，要注意公司的特性和公司规模，并在同行中进行比较，切忌与行业性质差别较大的公司进行对比，大多数的财务指标对于不同的产业有着不同的评价标准，只有将所分析公司与同行业竞争对手比较才有意义。同时也要注意公司历史数据的对比分析，这种纵向的对比分析也能发现公司的经营状况的某种变化，从而更好地做出经营决策。

3. 案例分析: 东方航空和南方航空权益乘数分析

1）财务数据分析

根据东方航空（600115）和南方航空（600029）2007 ～ 2017 年的年度财务报告，可以取得两家公司各年度的资产总额和股东权益总额数值，以及通过计算得出该公司各年度的产权比率，如表 1-7 所示。从表中可以看出，从 2007 年至 2017 年，东方航空（600115）和南方航空（600029）的资产总额都实现了较大幅度的增长，股东权益也是每年都在递增。从 2007 年至 2017 年，东方航空（600115）的权益乘数回落幅度较大，南方航空（600029）的权益乘数也是逐年下降。

表 1-7　东方航空（600115）和南方航空（600029）权益乘数对比图

年份	东方航空（600115）			南方航空（600029）		
	资产总额	股东权益总额	权益乘数	资产总额	股东权益总额	权益乘数
2007	665.04	32.23	20.63	824.53	146.91	5.61
2008	731.84	−110.65	7.61	830.03	94.48	8.79
2009	720.19	36.13	19.93	947.36	132.58	7.15
2010	1008.1	165.76	6.08	1112.29	302.19	3.68

年份	东方航空（600115）			南方航空（600029）		
	资产总额	股东权益总额	权益乘数	资产总额	股东权益总额	权益乘数
2011	1122.15	221.45	5.07	1292.6	376.39	3.43
2012	1216.71	194.44	6.26	1424.94	395.96	3.6
2013	1377.77	262.91	5.24	1651.45	422.12	3.91
2014	1635.42	294.87	5.55	1896.97	442.74	4.28
2015	1957.09	376.51	5.20	1864.99	497.98	3.75
2016	2100.51	500.96	4.19	2004.7	547.1	3.66
2017	2274.64	565.18	4.02	2183.29	621.65	3.51

2）资产总额分析

根据表 1-7 中东方航空（600115）和南方航空（600029）2007 ~ 2017 年的资产总额数值，可以绘制出折线图，如图 1-33 所示。从图中可以看出，东方航空（600115）和南方航空（600115）的资产总额都处于上涨状态，南方航空的资产规模一直高于东方航空的规模，但是从 2015 年开始，东方航空的资产总额超过了南方航空的资产总额。

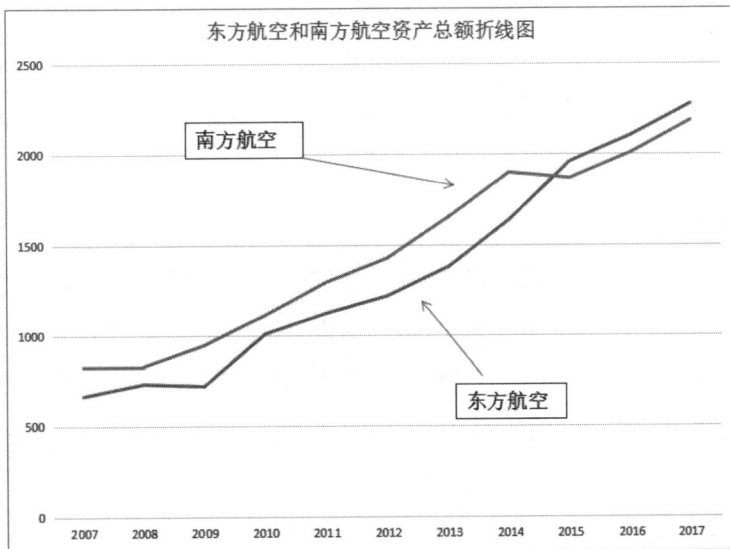

图 1-33 东方航空（600115）和南方航空（600029）2007 ~ 2017 年资产总额折线图

3）股东权益总额分析

根据表 1-7 中东方航空（600115）和南方航空（600029）2007 ~ 2017

年的股东权益总额数值，可以绘制出折线图，如图 1-34 所示。从图中可以看出，从 2007 年至 2017 年，南方航空的股东权益总额一直大于东方航空（600115）的股东权益总额。2008 年，东方航空（600115）的股东权益出现负值，由于资产等于负债加股东权益，当股东权益为负值时，那说明公司的资产负债率已经超过了 100%。

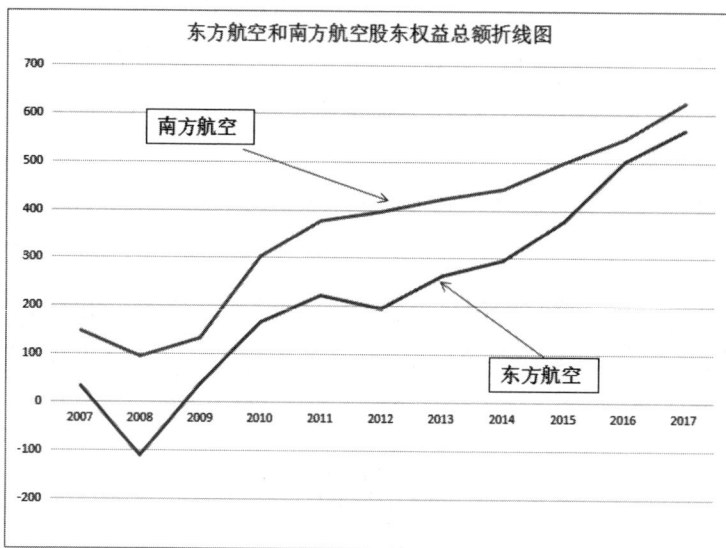

图 1-34 　东方航空（600115）和南方航空（600029）
2007 ～ 2017 年股东权益总额数值

4）权益乘数分析

根据表 1-7 中东方航空（600115）和南方航空（600029）2007 ～ 2017 年的权益乘数，可以绘制出折线图，如图 1-35 所示。南方航空（600029）的权益乘数基本上一直小于东方航空（600115）的权益乘数，而权益乘数越小，证明公司的长期偿债能力越强，所以说南方航空的财务杠杆小于东方航空的财务杠杆。

5）股价走势分析

图 1-36 所示为东方航空（600115）2007 ～ 2017 年日 K 线图，从图中可以看出，东方航空的股价除去牛市中涨幅较大外，2014 年股价达到了最低点，而权益乘数在 2014 年也达到了高点，这说明市场对于公司的偿债能力还是有所

担忧的，除了市场本身的波动外，对于公司的成长预期也是重要的影响因素。

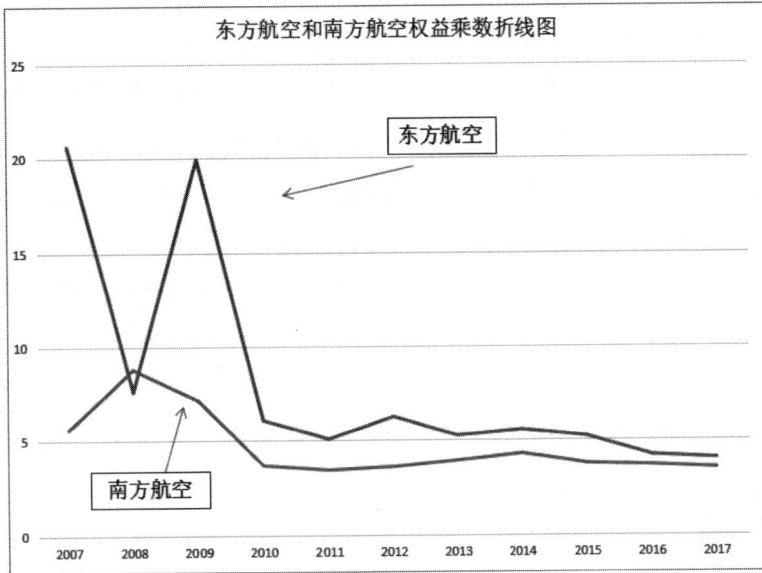

图 1-35　东方航空（600115）和南方航空（600029）2007 ～ 2017 年权益乘数折线图

图 1-36　东方航空（600115）2007 ～ 2017 年日 K 线图

图 1-37 所示为南方航空（600029）2007 ～ 2017 年日 K 线图，从南方航空（600029）的股价走势看，与东方航空的股价走势有相似之处，而且其公司资产总额、股东权益总额，以及权益乘数的走势也有相似之处。原因就是航空公司的成本受原油上升等因素的影响，若不是低成本的航空公司，成本的提升基本上是一致的。当然公司的股价会受到多种因素的影响，权益乘数并不是公司股价的决定因素。当权益乘数 2016 年、2017 年降到多年来的最低点时，公司股价还是有所起色的，股价在震荡中企稳，并没有下跌。当分析公司股价时，一定要注意综合分析，结合公司的经营状况指标和其他指标来分析。

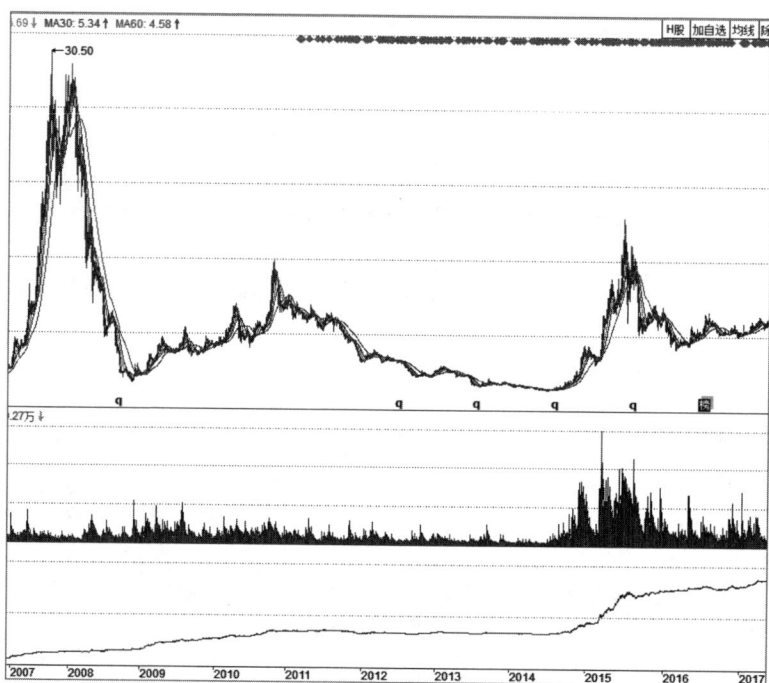

图 1-37　南方航空（600029）2007 ～ 2017 年日 K 线图

第 2 章

营运能力指标

本章主要内容包括:

八、应收账款周转率

1. 指标释义

应收账款周转率是一定时期内公司主营业务收入与应收账款平均余额的比值。该指标的意思是公司的应收账款在一定时期内周转的次数。一定时期一般是指 1 年。

主营业务收入是指公司在销售产品或者提供劳务等日常活动中形成的经济利益的流入，是与企业主营业务相关的收入。不包括营业外收入等非经营性收入。

而应收账款是指公司销售产品、提供劳务等主要经营活动应收而没有收取的款项。平均应收账款就是期初应收账款与期末平均应收账款之和除以 2。

与应收账款周转率相对应的就是应收账款周转天数。即 360 除以应收账款周转率得出应收账款周转天数。

一般情况下，应收账款周转率越高越好，周转次数越多，周转天数越短，表明公司的应收账款回收速度越快，资产流动性越高，短期偿债能力越强。

当然应收账款周转率也有一定的局限性。比如并不是所有的企业都适合用应收账款周转率来分析公司的运营效率。特别是对于购入成本较低，大部分附加价值是由公司内部产生的公司来说，应收账款的意义并不大。同时季节性经营的公司在使用这个指标时，应收账款周转率并不能反映公司真实的销售情况。

应收账款周转率的分子为主营业务收入，其既包括赊销额，也包括现销额，因此已经包括了分母应收账款，这样应收账款周转率代表周转周期并不准确。

所以单项的应收账款周转率并不是判断股票投资价值的直接依据，而是要结合其他指标或者结合行业的平均水平等情况加以判断。

2. 指标实战应用

（1）应收账款周转率的高低能判断公司产品是不是有竞争力。一家公司的产品有竞争力，就会供不应求，无须赊销或者很少的赊销就可以达到销售的目的，营业收入也不会有大的波动，应收账款周转率较高，那这样的公司股价一般是比较坚挺的。若是一家公司的应收账款较多，并且纵向来看应收账款在逐年增加，对于这样的投资标的，投资者应提高警惕。

（2）在分析应收账款周转率时，还要注意应收账款的账龄，即应收账款产生的时间长短。企业的稳健政策不同，对于应收账款的坏账计提力度也不一样。稳健型的企业对应收账款计提坏账准备一般不超过 3 年，而有些企业可能超过 5 年。这种不同的计提坏账准备政策，对于资产负债表及利润表都会产生很大的影响，投资者在做出分析时一定要综合来看，选择那些经营稳健的公司。

（3）价值投资者完全可以通过应收账款周转率来分析或者寻找优秀的上市公司。一般情况下，优质的上市公司应收账款周转率都会好于同行业的平均水平。投资者在选股时，特别是在分析营业收入的增长情况时，应该考虑应收账款的周转情况。

（4）对于受季节性变化影响较大的行业，投资者可以根据应收账款周转率的变化来做出投资决策。当企业由于受到周期、季节等因素影响进入低谷时，该指标会下降，同样的，当企业的销售高峰期来临时，该指标会上涨，投资者可以根据应收账款的周期性变化来寻找周期股的高峰期，提前布局买入，当业绩达到峰值时卖出股票。这种方法对于周期股的波段操作非常有效。

3. 案例分析：伊利股份和天润乳业应收账款指标分析

下面以伊利股份（600887）和天润乳业（600419）为例，利用该公司应收账款周转率来分析该股的投资价值和投资风险。

1）财务数据分析

根据伊利股份(600887)和天润乳业（600419）2007 ～ 2016 年的年度财务报告，可以获得该公司各年度的营业收入和应收账款数值，并通过计算得出该公司各年度的平均应收账款数值和应收账款周转率的指标值。

从表 2-1 中可以看出伊利股份（600887）的营业收入每年都在递增，平均应收账款每年也在增加，但是营业收入的增长速度远远大于平均应收账款的涨幅，所以应收账款周转率也保持了较高的水平。应收账款周转天数为期间天数（通常为 1 年）除以应收账款周转率，即 360 除以应收账款周转率。可以算出伊利股份（600887）的平均应收账款周转天数，其应收账款的周转天数基本保持在 2 到 3 天。

　　而从表 2-1 中可以看出天润乳业（600419）营业收入经过逐步下滑后企稳恢复增长，由此看出其经营稳定性不佳。固然其应收账款没有增长，但是其应收账款周转率较低，应收账款周转天数平均保持在 20 天左右，应收账款周转效率远低于行业龙头的伊利股份。所以投资者在做投资决策时，一定要结合相关的财务指标做出决策。

表 2-1　两家公司应收账款周转率对比图（单位：亿元）

年份	伊利股份（600887）			天润乳业（600419）		
	营业收入	平均应收账款	应收账款周转率	营业收入	平均应收账款	应收账款周转率
2007	193.6	2.74	70.66	4.86	0.26	18.69
2008	216.59	2.01	107.76	4.83	0.24	20.13
2009	243.24	2.08	116.94	3.74	0.23	16.26
2010	296.65	2.38	124.64	3.45	0.21	16.43
2011	374.51	2.69	139.22	4.03	0.17	23.71
2012	419.91	2.85	147.34	1.61	0.14	11.50
2013	477.79	3.15	151.68	0.87	0.2	4.35
2014	544.36	4.27	127.48	3.27	0.21	15.57
2015	603.6	5.43	111.16	5.89	0.23	25.61
2016	606.09	5.72	105.96	8.75	0.3	29.17

2）营业收入分析

　　根据表 2-1 中伊利股份（600887）和天润乳业（600419）2007～2016年的营业收入数值，可以绘制出折线图，如图 2-1 所示。从折线图中可以看出伊利股份的营业收入处于直线上升阶段，而天润乳业（600419）的营业收入一直在低位徘徊。通过对两家公司营业收入的对比，就能够看出行业龙头和普通公司营业收入的差距，投资股票，一个核心的因素就是这家公司的赚钱能力强，而衡量赚钱能力的一个核心指标就是营业收入，所以对于营收特别少的公司来说，它的投资价值还是要慎重考量。

3）平均应收账款分析

　　根据表 2-1 中伊利股份（600887）和天润乳业（600419）2007～2016

年的平均应收账款数值，可以绘制出折线图，如图 2-2 所示。从折现图中可以看出伊利股份的平均应收账款处于一个上升态势，但是当结合其营业收入的增长幅度看，其应收账款的增长幅度并不大。2016 年其平均应收账款达到峰值的金额为 5.72 亿元，而其营业收入为 606.09 亿元，应收账款周转率达到了 105.96，应收账款周转天数为 3.4 天，可以说应收账款周转效率已经相当高了。

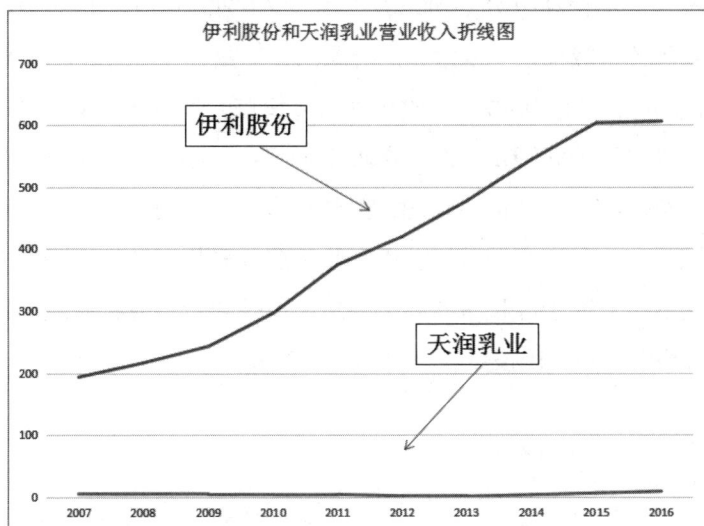

图 2-1　伊利股份（600887）和天润乳业（600419）营业收入折线图

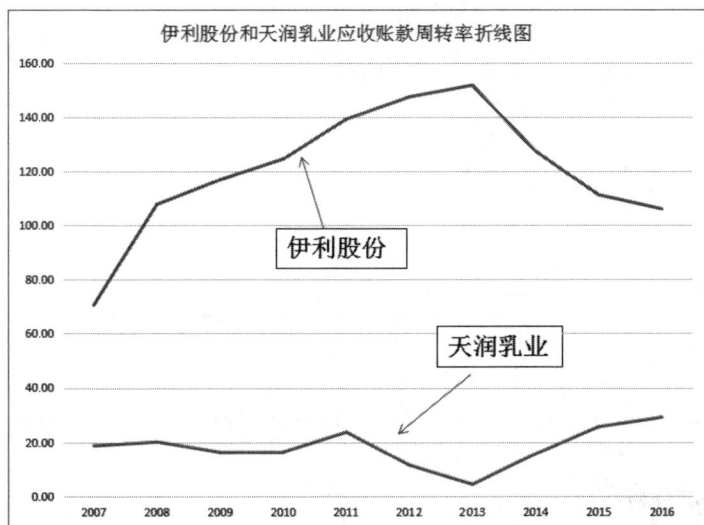

图 2-2　伊利股份（600887）和天润乳业（600419）平均应收账款折线图

而从折线图中可以看出天润乳业（600419）的平均应收账款虽然处于较低的位置，但是也可以把 2016 年的相关数值做一个对比发现，其营业收入为 8.75 亿元，其平均应收账款为 0.3 亿元，其应收账款周转率为 29.17，应收账款周转天数为 12.34 天，应收账款周转效率远低于伊利股份。

4）应收账款周转率分析

根据表 2-1 中伊利股份（600887）和天润乳业（600419）2007 ～ 2016 年应收账款周转率数值，可以绘制出折线图，如图 2-3 所示。从折线图中可以看出，伊利股份（600887）应收账款周转率有所下降，但从图中也可以看出，其应收账款周转率仍高出天润乳业（600419）不少。这主要是由伊利股份的市场占有率和行业地位决定的，伊利股份可以利用这种竞争优势来提高包括应收账款在内的资产周转率。伊利股份应收账款周转率下降主要是其营业收入增速放缓。对于应收账款周转率急速下降或者是应收账款突然激增这样的情况，投资者在做出投资决策时一定要慎重。

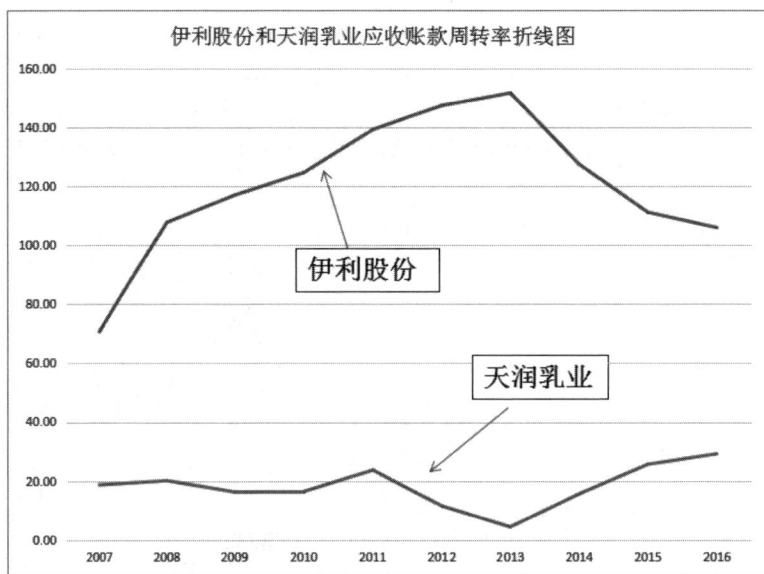

图 2-3　伊利股份（600887）和天润乳业（600419）应收账款周转率

5）股价走势分析

图 2-4 和图 2-5 所示为伊利股份（600887）和天润乳业（600419）

日 K 线图，从图中可以看出伊利股份 (600887) 的股价震荡下行，而天润乳业（600419）在震荡中上行，由于 2015 年、2016 年是比较特殊的两年，股市实现了从牛转熊，所以股价受市场情绪的影响较大，当分析一家公司时，一定要结合多个指标进行分析，伊利股份（600887）作为乳制品的行业龙头，虽然短期会出现估值的下跌，但是作为价值投资者来说，当认可一家公司的价值时，完全可以买入，直到其价值得到修复甚至高估时卖出。当然无论是伊利股份（600887）还是天润乳业（600419），从其应收账款周转率的折线图和日 K 线的走势对比，可以看出其应收账款周转率都在一定程度上反映了公司股价的走势。当然应收账款周转率并不是决定股价的绝对因素，但是通过应收账款周转率可以看出一家公司到底值不值得投资，因一家优秀的公司，其应收账款周转率一定是高于同行的。

图 2-4　伊利股份（600887）日 K 线图

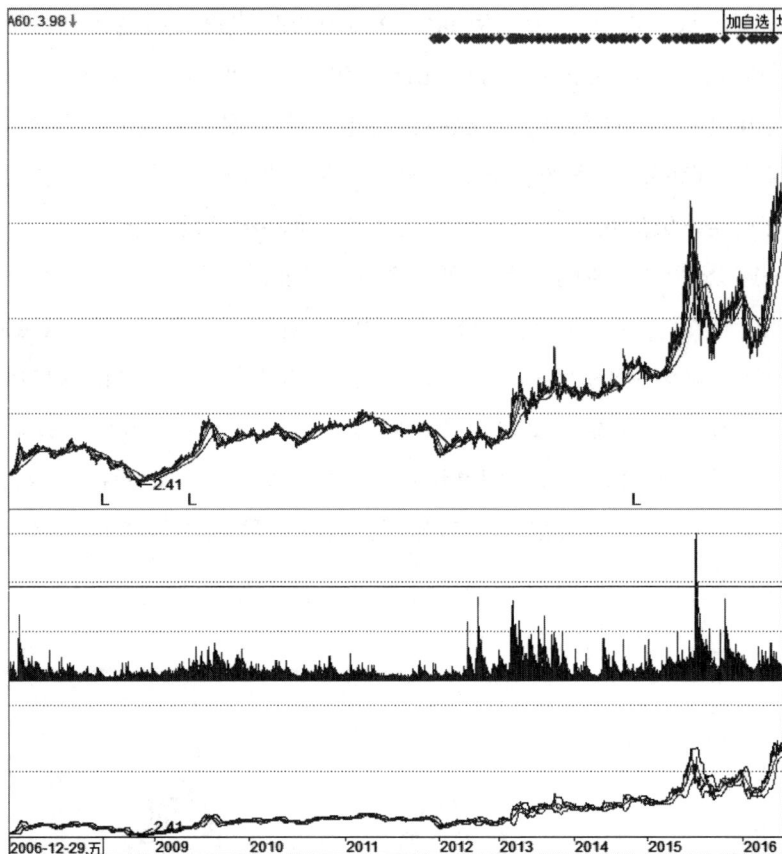

图 2-5 天润乳业（600419）日 K 线图

九、存货周转率

1. 指标释义

存货周转率是公司一定时期内的营业成本与存货平均余额的比率。

营业成本一般是指主营业务成本，而存货平均余额为期初存货和期末存货的平均值。存货周转率主要是反映公司的存货周转速度，存货周转率越高，说明公司存货周转的越快，存货占用的资产比例越低，流动性越高，公司的销售能力越强。

存货周转天数是用期间天数除以存货周转率得出的天数，是公司存货周转所需的时间，存货周转天数越短越好。无论是存货周转率还是存货周转天数，都能够用来评价公司的周转速度和周转能力，同时也能够反映公司的产品销售状况。

存货周转率若是下滑，那么说明公司的销售或者是生产环节出了问题，原因就是存货中的产品卖出去以后，就会结转成本，记入主营业务成本核算。所以投资者需注意，其存货周转率下滑的原因是原材料增加，还是库存产品积压，然后再结合其经营情况做出投资决策。

当在分析存货周转率时，最好是结合公司的总资产周转率、应收账款周转率等指标进行对比分析，注意分析应付账款、应收账款以及存货之间的勾稽关系。存货周转率是流动资产周转率的重要补充，若是流动资产多，说明公司流动性好，但是存货作为流动资产，若是积压太多，也会影响公司的流动资产。

在分析公司的存货周转率时，一定要了解影响该项指标变化的主要因素。一般而言，影响资产周转率的因素包括公司所处的行业以及经营背景、经营周期的长短、企业的资产结构、管理层的管理能力等，所以在分析存货周转率时，要在同行业间进行比较，跨行业间的比较存货周转率，则很难对公司的存货管理水平做出合理的判断，只有在相近的公司之间比较才有意义。

2. 指标实战应用

（1）存货周转率对公司的股价不会产生直接的影响，而是通过对公司盈利能力的影响来影响公司的股价，比如存货周转率高，说明公司的销售状况好，没有产品积压，那么公司的盈利能力就强，当盈利能力上去了，公司的股价也会有基本面的支撑。而当存货周转率下降，说明公司存货增加，就会挤压公司的流动性，从而影响公司的现金流量，股价会下跌。

（2）价值投资者可以通过公司的存货周转率来寻找或者验证优质的上市公司。优质上市公司的存货周转率表现都会优于行业的平均水平。投资者在选择股票时，可以从公司的盈利能力或者盈利成长性着手，在对比个股时，可以利用公司的存货周转率来评价公司的管理和运营效率，以及行业中的地位来确认公司的盈利能力和成长性。在其他关键指标基本一致的情况下，应该选择存货周转率更高的公司。

（3）存货周转率一般是有一定的周期性的，存货周转率会随着公司的经营周期和季节性波动而改变，当公司进入经营旺季时，存货周转率会提高，但是在进入行业低谷时，该指标会下降。投资者可以结合存货周转率的周期变化，预测行业或者个股的高峰期，提前进行布局买入，当公司业绩达到顶峰时卖出，这样的方法对于周期性股票和销售受季节性影响较大的行业是奏效的。

（4）流动资产周转率可以用来评估那些毛利率不高、竞争激烈行业股票的投资价值。这是因为毛利率不高，公司的主营业务成本一般就高，那么公司的产品利润就会不足，需要靠存货周转率来弥补。存货周转率越高，那么公司创造的利润就可能越高，公司股价也会水涨船高。

3. 案例分析：海康威视和大华股份存货周转率指标分析

1）财务数据分析

根据海康威视(002415）和大华股份（002236）2007 ～ 2017 年的年度财务报告，可以获得该公司各年度的主营业务成本和存货期初余额和期末余额，并通过计算得出该公司各年度的存货平均余额和存货周转率的指标值，如表 2-2 所示。

表 2-2　两家公司存货周转率对比图（单位：亿元）

年份	海康威视（002415）			大华股份（002236）		
	主营业务成本	存货平均余额	存货周转率	主营业务成本	存货平均余额	存货周转率
2007	6.1	1.79	3.4	2.38	0.81	2.94
2008	8.57	2.21	3.88	3.87	1.17	3.31
2009	10.07	3.06	3.29	5.12	1.87	2.74
2010	17.44	5.09	3.78	8.6	3.04	2.83
2011	26.34	6.97	3.78	12.73	4.9	2.6
2012	36.65	8.94	4.1	20.24	6.58	3.08
2013	56.29	12.24	4.6	30.93	8.51	3.63
2014	95.78	18.61	5.15	45.35	11.26	4.03
2015	151.37	25.56	5.92	63.27	13.9	4.55
2016	186.53	33.25	5.61	83.03	18.62	4.46
2017	234.67	43.85	5.35	116.39	25.06	4.64

从表 2-2 中可以看出，从 2007 年至 2017 年，海康威视（002415）的主营业务成本一直是上升的，其存货平均余额也一直在递增，存货周转率也有较大的提高。

大华股份（002236）的主营业务成本和存货平均余额也在递增，从 2007 年至 2017 年，存货周转率也增加不少，但是从其规模看，大华股份的规模小于海康威视的规模，其存货周转率也小于海康威视的存货周转率。

2）主营业务成本分析

根据表 2-2 中海康威视（002415）和大华股份（002236）2007 ～ 2017 年的主营业务成本，可以绘制出折线图，如图 2-6 所示。从折线图中可以看出，2007 年海康威视和大华股份的规模相差不大，但是经过几年的竞争，甚至是 10 年之后，从 2007 年至 2017 年，海康威视实现了一个快速的上涨，虽然大华股份也有较大涨幅，但是海康威视的涨幅已经远远超过了大华股份。

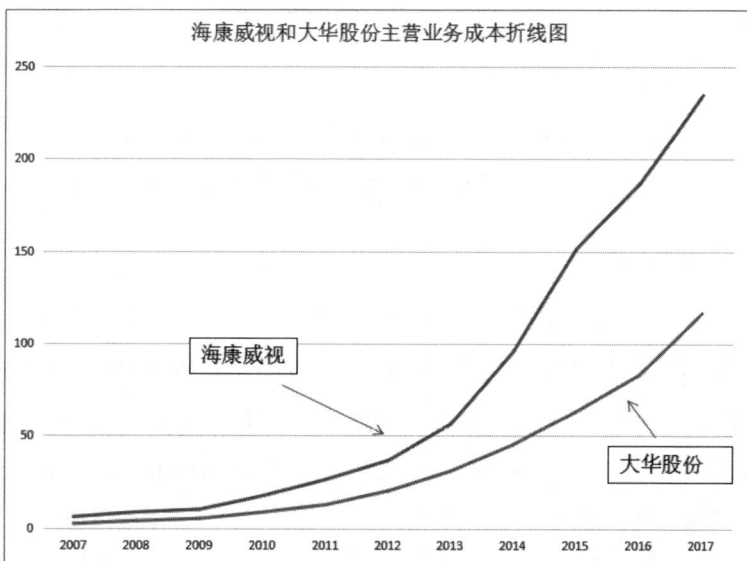

图 2-6　海康威视（002415）和大华股份（002236）
2007 ～ 2017 年主营业务成本折线图

3）存货平均余额分析

根据表 2-2 中海康威视（002415）和大华股份（002236）2007 ～ 2017 年的存货平均余额，可以绘制出折线图，如图 2-7 所示。从折线图中可以看出，海康威视的存货平均余额一直多于大华股份的存货平均余额，而且结合其主营业务成本的走势图，可以发现两者的走势有相似之处，原因就是存货中的产成品结转成本后计入了主营业务成本，走势一致说明公司的销售状况较好。

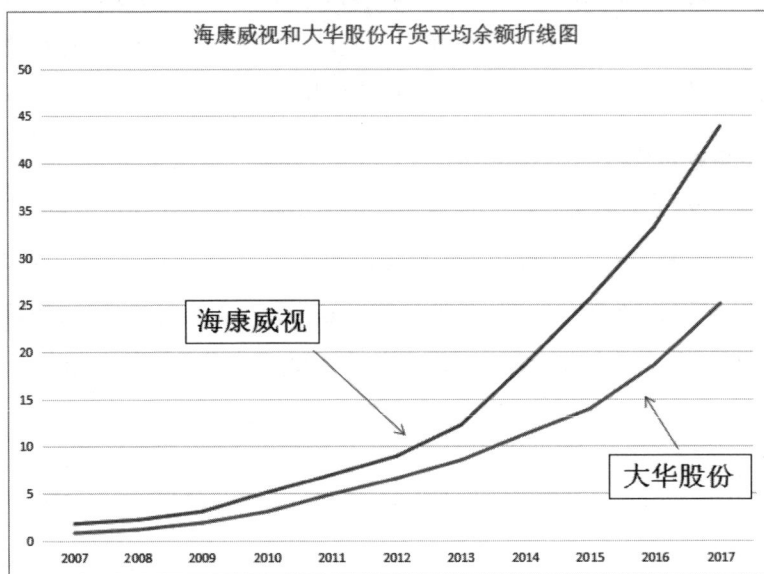

图 2-7　海康威视（002415）和大华股份（002236）
2007 ～ 2017 年存货平均余额折线图

4）存货周转率分析

根据表 2-2 中海康威视（002415）和大华股份（002236）2007 ～ 2017 年存货周转率，可以绘制出折线图，如图 2-8 所示。从图中可以看出，海康威视的存货周转率一直大于大华股份的存货周转率，2017 年虽然海康威视的存货周转率有所下降，但是仍高于大华股份的存货周转率。海康威视存货周转率快，存货周转天数更少，说明公司产品更加畅销，周转效率更高。

5）股价走势分析

图 2-9 和图 2-10 所示为海康威视（002415）和大华股份（002236）2007 ～ 2017 年日 K 线图，从图中可以看出，海康威视（002415）的股价经过了新股发行期后，股价出现了大幅回落调整，之后一直处于横盘震荡，股价再也没有达到过新股发行的水平，所以这也是为什么除了新股发行，建议

购买上市 5 年以上的公司股票的原因。市场是极其复杂的，所以当分析一家公司时，一定要综合分析，而不能孤立地只看存货周转率一个指标。

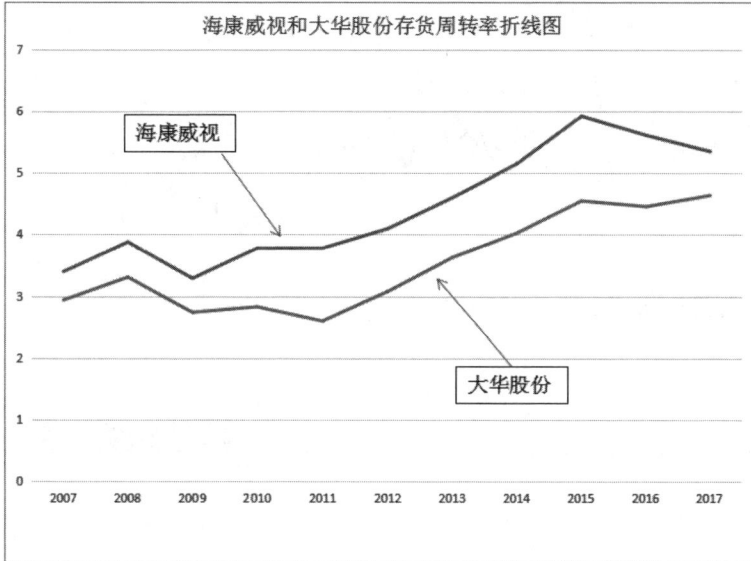

图 2-8　海康威视（002415）和大华股份（002236）

2007 ~ 2017 年存货周转率折线图

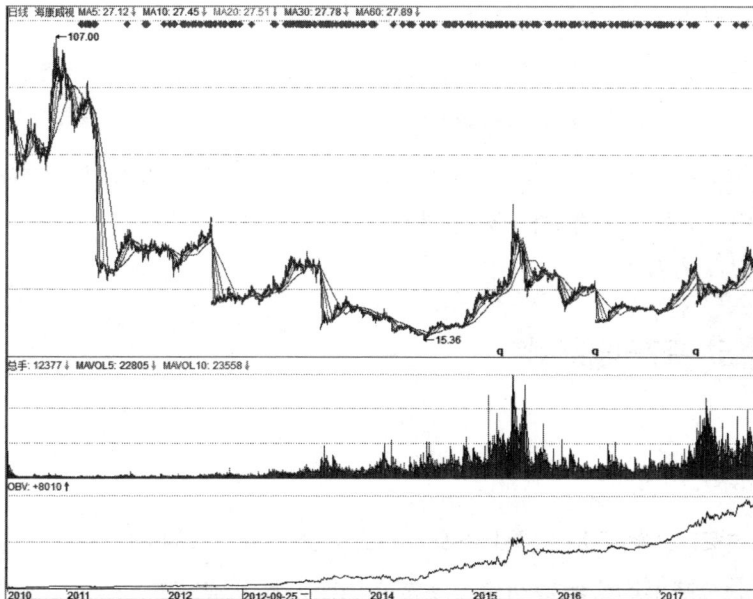

图 2-9　海康威视（002415）2007 ~ 2017 年日 K 线图

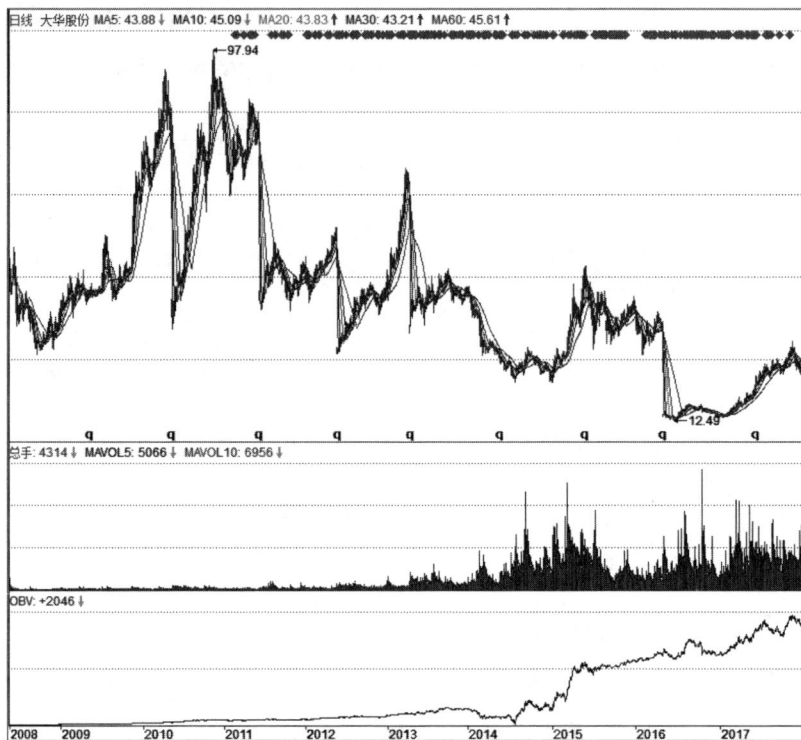

图 2-10 　大华股份（002236）2007 ～ 2017 年日 K 线图

　　大华股份（002236）也是处于震荡下降的趋势，一般如果行业龙头海康威视若是下跌的话，那么其他的公司也会下跌，至少长期来看走势基本是一致的。若是从存货周转率指标来看的话，大华股份的存货周转率不及海康威视，但是当对比两家公司的优劣时，要结合其他的指标横向分析或者是公司自身的纵向分析，才能做出合理的判断。

十、流动资产周转率

1. 指标释义

　　流动资产周转率是主营业务收入与流动资产平均余额的比率。

　　流动资产平均余额是期初流动资产与期末流动资产的平均值。该指标是指公司利用流动资产创造营业收入的效率高低，一般情况下，流动资产周转率越大，说明主营业务收入越大，流动资产越小，所以该指标越大越好，越大证明公司的流动资产周转越快，公司的管理能力和经营效率越高。

流动资产周转天数是指用期间天数除以流动资产周转率的数值。流动资产周转天数与流动资产周转率成反比，流动资产周转天数是越短越好，越短证明公司流动资产周转次数越多，周转越快。

在分析流动资产时，一定要分析流动资产的结构。流动资产一般包括现金、应收账款、存货等，所以若是在流动资产中，应收账款和存货越多，那么流动资产的流动性就越差，所以最好是结合应收账款周转率和存货周转率来分析流动资产周转率。

以流动资产周转率来评估公司管理能力、资产的使用效率以及盈利能力时，需要根据行业的不同来区别对待。不同的行业有着不同的流动资产结构，所以评判标准也不一样。比如工业企业的流动资产主要集中在原材料、库存商品等实物，而银行业的流动资产是发放的短期贷款等，两者并没有可比性。

流动资产周转率可以反映公司的生产周期长短，帮助投资者了解公司的产品是否畅销。特别是现在很多公司都是多元化经营，产品复杂多样。甚至很难分清哪个是主业，投资者在分析这些公司时，确实会遇到这样的难题。那投资者就可以结合流动资产周转率来判断公司的主要性质。当流动资产周转率越接近公司参与的某一行业的该项指标，则初步判断该公司的主营业务是哪个领域。

流动资产周转率对于保持公司的短期偿债能力有较大的影响，流动资产周转率越高，那么公司就越能保持流动性，流动性越好，则公司发生流动性风险的概率就越低，偿债能力越强。

2. 指标实战应用

（1）由于流动资产周转率可以反映公司生产周期的长短，可以帮助投资者了解公司经营产品的性质，进而了解公司的经营状况，所以可以利用流动资产周转率选择投资标的，选择那些流动资产周转率保持在较高水平并且较稳定的公司，它们的盈利能力更强，这些公司一般是行业的龙头公司，能够给投资者带来更大的收益。

（2）流动资产周转率一定要结合其他指标使用，不能仅靠一个指标来进行投资决策。流动资产周转率本身也有一定的局限性，它本身只是一个反映资产使用效率的指标，流动资产周转率的高低只是说明公司资产使用效率的高低，并不能够反映其他任何问题。

（3）流动资产周转率对股价不会产生直接影响，它对股价的影响是通过该指标对公司业绩和短期财务风险的影响来实现的，因此该指标并不能够作为判断股价涨跌的直接指标。在评价公司的成长性或者预估股价的未来走向时，该指标可以作为辅助指标来判断公司盈利的真实情况和持续能力。因此，在对公司的基本面分析时，要结合公司的盈利能力、成长性等指标使用。

（4）流动资产周转率的分子为主营业务收入，分母为流动资产平均余额。当分析流动资产周转率时，若是主营业务收入增加了，导致流动资产周转率的提高，那么说明公司的经营状况良好，若公司的流动资产减少，那么具体分析影响流动资产减少的原因是什么，比如存货减少了，但应该是原材料少了或者是产品少了，大部分情况下是产品少了，说明产品卖出去了，那么主营业务收入也应该增加，所以通过该指标也能够判断出公司是不是财务造假。

3. 案例分析：片仔癀和马应龙流动资产周转率指标分析

1）财务数据分析

根据片仔癀(600436)和马应龙（600993）2007 ～ 2017 年的年度财务报告，可以获得该公司各年度的主营业务收入和流动资产期初余额和期末余额，并通过计算得出该公司各年度的流动资产平均余额和流动资产周转率的指标值，如表 2-3 所示。

从表 2-3 中可以看出，片仔癀（600436）的主营业务收入逐年增加，流动资产平均余额也有较大的涨幅，流动资产周转率并没有显著的提高，2017年甚至比 2007 年的流动资产周转率有所下降。

马应龙（600993）的主营业务收入也是逐年递增，但是涨幅不如片仔癀的涨幅大，其流动资产平均余额也是逐年增加，流动资产周转率有下降的趋势。

表 2-3　两家公司流动资产周转率对比图

年份	片仔癀（600436）			马应龙（600993）		
	主营业务收入	流动资产平均余额	流动资产周转率	主营业务收入	流动资产平均余额	流动资产周转率
2007	5.93	5.47	1.08	5.49	7.5	0.73
2008	6.5	5.92	1.1	8.1	8.35	0.97
2009	6.95	6.93	1	10.22	9.75	1.05
2010	8.67	7.37	1.18	11.78	10.69	1.10
2011	10.22	8.06	1.27	14.16	11.46	1.24
2012	11.71	10.54	1.11	15.42	13.58	1.14
2013	13.96	17.34	0.8	16.02	15.26	1.05
2014	14.54	23.12	0.63	16.21	16.14	1.00
2015	18.86	25.99	0.73	17.84	16.97	1.05
2016	23.09	31.18	0.74	23.03	17.74	1.28
2017	37.14	38.15	0.97	17.51	19.44	0.90

2）主营业务收入分析

　　根据表 2-3 中片仔癀（600436）和马应龙（600993）2007～2017 年主营业务收入，可以绘制出折线图，如图 2-11 所示。从折线图中可以看出，从 2008 年至 2014 年，片仔癀（600436）的主营业务收入一直低于马应龙的主营业务收入，但是从 2015 年开始片仔癀（600436）的主营业务收入超过了马应龙的主营业务收入。片仔癀（600436）和马应龙（600993）都是稀缺性的中药企业，当主营业务收入下滑，要分析其市场是不是产生了变化。

3）流动资产平均余额分析

　　根据表 2-3 中片仔癀（600436）和马应龙（600993）2007～2017 年流动资产平均余额，可以绘制出折线图，如图 2-12 所示。从折线图中可以看出，从 2007 年至 2013 年，马应龙（600993）的流动资产平均余额一直高于片仔癀（600436）的流动资产平均余额，但是从 2013 年开始，片仔癀（600436）的流动资产平均余额大于马应龙（600993）的流动资产平均余额。

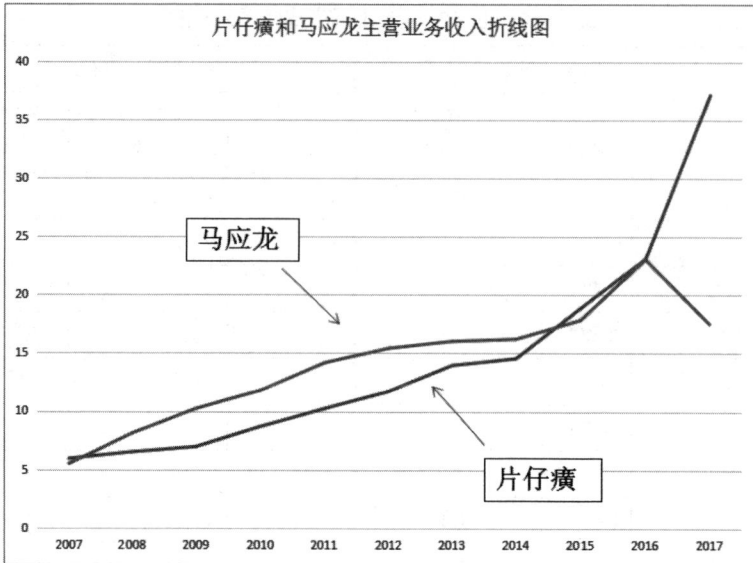

图 2-11　片仔癀（600436）和马应龙（600993）

2007 ～ 2017 年主营业务收入折线图

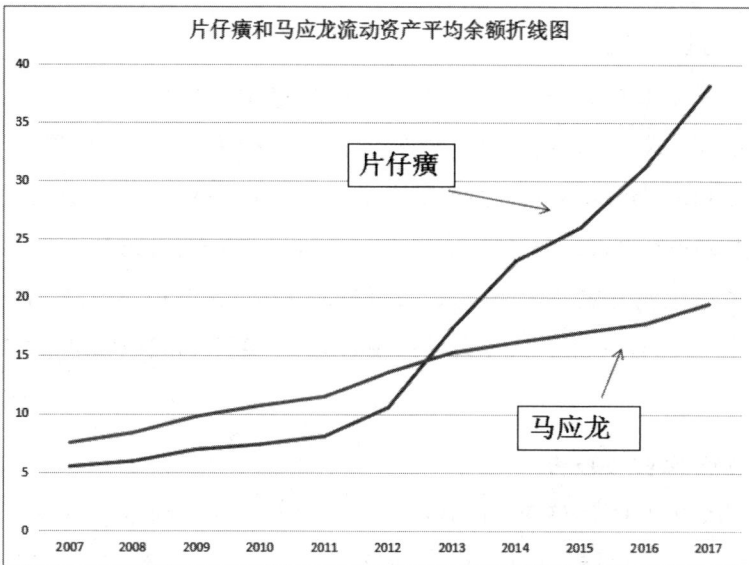

图 2-12　片仔癀（600436）和马应龙（600993）

2007 ～ 2017 年流动资产平均余额折线

4）流动资产周转率分析

根据表 2-3 中片仔癀（600436）和马应龙（600993）2007 ～ 2017 年

流动资产周转率,可以绘制出折线图,如图 2-13 所示。从折线图中可以看出,从 2007 年至 2011 年,片仔癀的流动资产周转率出现了一个 V 形走势,从 2011 年到 2017 年又出现了一个 V 形走势,这说明其流动资产周转率不稳定,容易出现周期性的波动。

图 2-13 片仔癀(600436)和马应龙(600993)
2007 ~ 2017 年流动资产周转率折线图

马应龙(600993)的流动资产周转率变动也较大,这与其流动资产的变化有很大关系,由于流动资产出现变化的原因有很多,如兼并重组导致现金增加等。马应龙 2017 年流动资产周转率下降较大,除了流动资产增加之外,最主要的是主营业务收入下滑,经营状况表现的好坏将直接体现在股价上。

5)股价走势分析

图 2-14 和图 2-15 所示为片仔癀(600436)和马应龙(600993)2007 ~ 2017 年日 K 线图,从片仔癀(600436)的 K 线图中可以看出,从 2007 年至 2014 年,其股价在波动中上涨,之后开始下跌,除 2015 年受到市场影响有一个较大的涨幅外,其股价又出现了较大的下跌,之后又慢慢地有所回升。而其流动资产周转率的低点也出现在 2014 年,之后有所上涨。虽然流动资产周转率与股价的变化没有直接的关系,但是当周转率下降,基本面不好时,

除了受到市场情绪影响外，其股价也会受到影响。

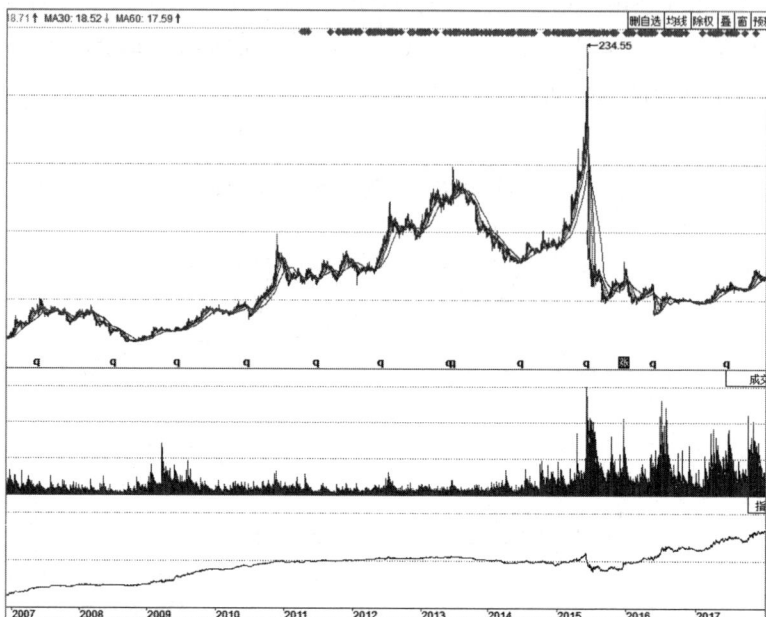

图 2-14　片仔癀（600436）2007 ～ 2017 年日 K 线图

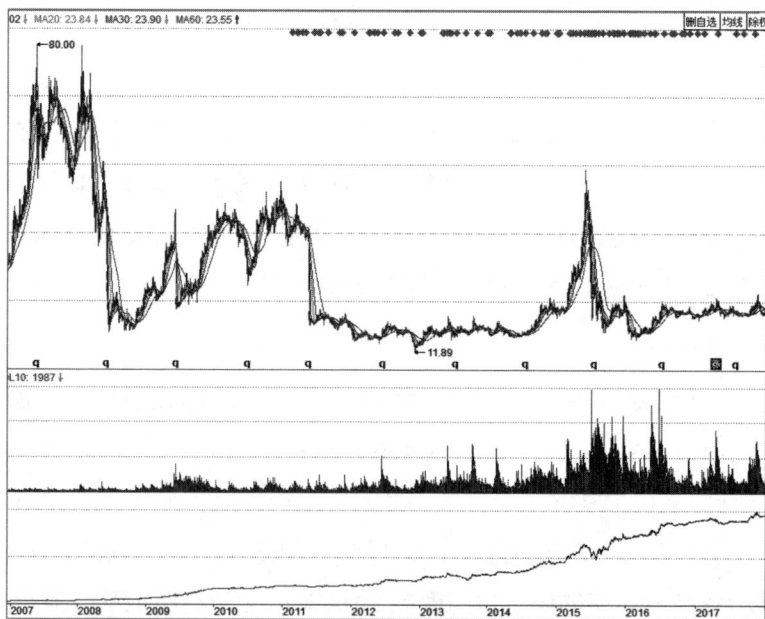

图 2-15　马应龙（600993）2007 ～ 2017 年日 K 图

马应龙（600993）的股价走势也说明了这一点，那就是在牛市冲高之后回落，2009 年至 2011 年又出现了一波行情，而其流动资产周转率也是在 2011 年达到了一个高点，之后开始下降，当然流动资产周转率并不是影响股价的直接因素。马应龙的股价在 2011 年之后，除了受到市场影响外，基本上处于横盘状态，影响股价的因素有很多，一定要结合其他指标综合分析。

十一、总资产周转率

1. 指标释义

总资产周转率是主营业务收入与平均资产总额的比率。是指投入总资产的总额所创造出来的营业收入的多少，也即每投入一元钱的总资产所创造出来多少的主营业务收入。该指标是考察公司资产运营效率的重要指标。

同样用期间天数除以总资产周转率得出总资产周转天数，表明资产周转一次所用的时间，总资产周转天数越低，说明公司的总资产利用效率越高。总资产利用效率越高，说明公司更充分地利用了总资产，为投资者带来更丰厚的收益，公司股价也会随着收益的增加而上涨。

总资产周转率和总资产周转天数反映的是公司经营期间全部资产从投入到产出的周转速度，是公司管理者对总资产管理能力的评价，公司的管理能力越强，就会越充分地利用现有的资源，总资产周转率也会越高，总资产周转天数就会越小。公司经营者对资源合理的调配对总资产周转率的影响较大，如果资源闲置越多，资产周转率就会下降。

总资产周转率的分子为主营业务收入，分母为资产平均余额，所以分析总资产周转率时，要注意造成资产周转率变化的原因是什么，比如总资产周转率突然提升，而主营业务收入没有多大的变化，那说明是资产减少造成的，而造成资产减少的因素有很多，比如负债减少也能引起资产的减少，盈利下降也能引起资产的减少，所以要仔细分析，查找原因。

当分析财务指标时，不仅要进行横向比较，即在同行业内对相关财务指标进行分析，也要进行纵向比较，即根据一家公司的历史数据对公司财务指标的变化进行分析，从而反映出公司经营状况的变化。比如分析总资产周转率，当总资产周转率每年都在递增，那么这说明公司经营状况向好的方向发展，若是总资产周转率下滑，就要结合其他指标分析造成下滑的原因是什么。

总资产周转率的高低可以作为投资者做出投资决策的一项依据，通过总资产周转率指标，可以看出公司的经营状况，再结合其他指标进行分析，可以做出投资决策。

2. 指标实战应用

（1）总资产周转率可以作为选股的参考标准。总资产周转率对股价没有直接的影响，但是由于总资产周转率可以反映公司的资产使用效率和管理能力，从而能够反映出公司当前和未来的发展形势。如果说一家公司的总资产周转率一直低于竞争对手，说明公司在资产运营效率方面还不如竞争对手，那么在其他条件相差不大的情况下，公司的盈利能力也必然不如竞争对手，所以与此同时也会造成股价的不景气，所以投资时尽量选择总资产周转率高的公司。

（2）总资产周转率要与其他指标结合使用。分析的几乎是所有指标都要结合使用，而不能只分析一个指标就做出投资决策。所以分析总资产周转率时，一定要结合比如总资产收益率和净资产收益率等能够对公司股价产生直接影响的指标进行分析，这样才能更好地评价一家公司有没有投资价值。

（3）总资产周转率是杜邦分析法的底层指标，总资产周转率高，则总资产收益率高，而总资产收益率的高低作为基本面分析的重要财务指标，将直接影响公司的股价，所以说总资产周转率越高的股票越有投资价值，总资产周转率越低的股票越没有投资价值。

（4）通过总资产周转率指标可以发现行业龙头公司。因为一般情况下，行业龙头公司的总资产周转率是行业里最高的，总资产周转率代表一年的营业收入能够创造多少总资产，可以证明公司整体的资产运营效率的高低，由于行业龙头公司的营业收入较高，所以也会带动公司的总资产周转率提高。

3. 案例分析: 福耀玻璃和潍柴动力总资产周转率指标分析

1）财务数据分析

根据福耀玻璃（600660）和潍柴动力（000338）2007 ～ 2017 年的年度财务报告，可以获得该公司各年度的主营业务收入和资产期初余额和期末余额，并通过计算得出该公司各年度的资产平均余额和资产周转率的指标值，如表 2-4 所示。

从表 2-4 中可以看出，福耀玻璃（600660）的主营业务收入和资产平均余额都增长较快，总资产周转率的高点出现在 2010 年。由于在汽车零配件行业中选择公司，所以没有选择一家建筑材料的玻璃公司和生产汽车玻璃的福耀玻璃对比，而是选择了生产发动机的潍柴动力（000338）来对其总资产周转率来分析，通过这样的对比，更能够发现资产周转率的异同，从而为投资决策做出判断。

从表 2-4 中可以看出，潍柴动力（000338）的主营业务收入和资产平均余额都呈逐年增长的态势，总资产周转率的高点也出现在 2010 年，之后开始下滑，2017 年总资产周转率增长较多。

表 2-4　两家公司总资产周转率对比图

年份	福耀玻璃（600660）			潍柴动力（000338）		
	主营业务收入	资产平均余额	总资产周转率	主营业务收入	资产平均余额	总资产周转率
2007	51.66	94.62	0.55	292.61	224.23	1.30
2008	57.17	93.33	0.61	331.28	292.68	1.13
2009	60.81	90.5	0.67	355.25	362.18	0.98
2010	85.08	105.67	0.81	632.8	521.6	1.21
2011	96.89	122.12	0.79	600.19	615.45	0.98
2012	102.47	130.41	0.79	481.65	663.2	0.73
2013	115.01	146.67	0.78	583.12	785.22	0.74
2014	129.28	168.76	0.77	796.37	1222.56	0.65
2015	135.73	247.27	0.55	741.68	1158.4	0.64
2016	166.21	298.66	0.56	931.84	1635.36	0.57
2017	187.16	317.04	0.59	1515.69	1898.21	0.80

2）主营业务收入分析

根据表 2-4 中福耀玻璃（600660）和潍柴动力（000338）2007 ～ 2017

年主营业务收入，可以绘制出折线图，如图 2-16 所示。从折线图中可以看出，福耀玻璃（600660）的主营业务收入实现了一个逐年上涨的过程，而潍柴动力（000338）的主营业务收入 10 年间虽然涨幅巨大，但是中间却经历连续几年的下滑过程。

图 2-16　福耀玻璃（600660）和潍柴动力（000338）
2007 ～ 2017 年主营业务收入折线图

3）总资产平均余额分析

根据表 2-4 中福耀玻璃（600660）和潍柴动力（000338）2007 ～ 2017 年资产平均余额，可以绘制出折线图，如图 2-17 所示。从折线图中可以看出，福耀玻璃（600660）的资产平均余额实现了一个平稳较快增长。除了 2015 年潍柴动力（000338）的资产平均余额有所下滑外，从 2007 年到 2017 年间，潍柴动力的资产总额涨幅巨大，总计增长了 8.47 倍。

4）总资产周转率分析

根据表 2-4 中福耀玻璃（600660）和潍柴动力（000338）2007 ～ 2017 年总资产周转率数值，可以绘制出折线图，如图 2-18 所示。从折线图中可以看出，从 2007 年至 2010 年，福耀玻璃（600660）的总资产周转率出现了一个快速的增长，之后从 2010 年开始，资产周转率开始下滑，2015 年达到了新低，2017 年又略微有所好转。潍柴动力（000338）从 2007 年到 2009 年下降较大，2010 年又出现了上涨，之后到 2016 年，总资产周转率达到底部，2017 年又恢复了上涨。

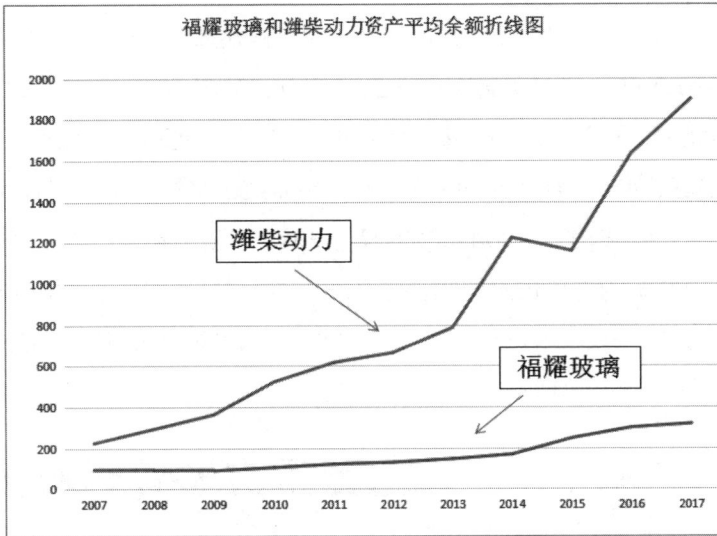

图 2-17　福耀玻璃（600660）和潍柴动力（000338）
2007 ~ 2017 年资产平均余额折线图

图 2-18　福耀玻璃（600660）和潍柴动力（000338）
2007 ~ 2017 年总资产周转率折线图

5）股价走势分析

图 2-19 和图 2-20 所示为福耀玻璃（600660）和潍柴动力（000338）2007～2017 年日 K 线图，从福耀玻璃（600660）的 K 线图中可以看出，2007 年的牛市中，福耀玻璃的股价创出了新高，之后开始下跌到了底部，2010 年股价又到了一个小的高点，其股价走势与总资产周转率的走势有相似之处，2010 年的总资产周转率也达到了高点。福耀玻璃（600660）的股价之后走势疲弱，其总资产周转率也呈下滑态势，之后股价开始走强，总资产周转率也有所回升。当分析一家公司时，也要结合其经营状况和其他财务指标作出判断。潍柴动力（000338)的股价 2011 年创出新高，之后开始下滑，其总资产周转率的走势也是如此。总资产周转率对股价有一定的影响，但是市场是复杂的，一定要结合其他指标来分析公司，好公司的股价即使跌下来，也是能够涨回来的，但是差公司就不一定了。

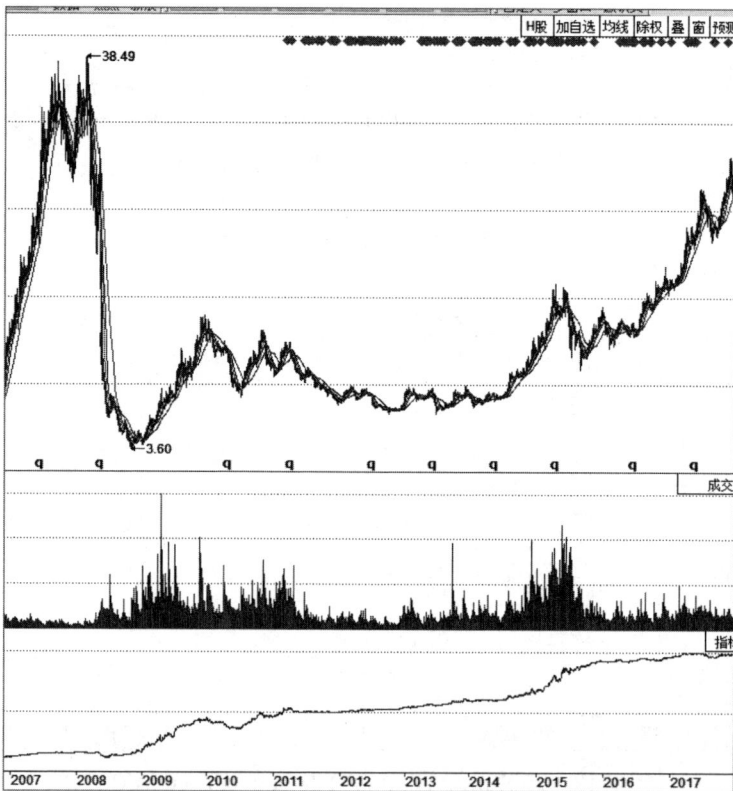

图 2-19　福耀玻璃（600660）2007～2017 年日 K 线图

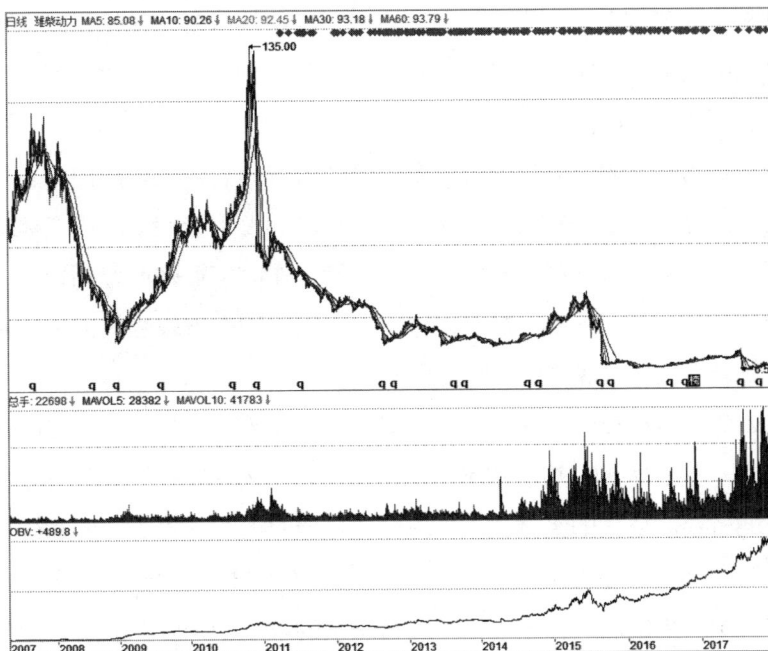

图 2-20　潍柴动力（000338）2007 ～ 2017 年日 K 线图

十二、投资资本回报率

1. 指标释义

投资资本回报率是息税前利润与股东权益和有息负债总和的比值。

息税前利润是利息和所得税以及利润总额的总和。

投资资本回报率越高，说明公司利用资本的能力越强，投资所带来的收益越高，对公司投资人、债权人的保障程度越高。而投资资本收益率越低，说明公司利用资本的能力越弱，对公司投资人、债权人的保障程度也就越低。

它是反映公司综合利用资本获取利润的能力，即反映投资者的投资与投资者获取报酬的能力。投资资本回报率是一项评价企业盈利能力和业绩的综合性指标和核心指标之一。

投资资本报酬率是评价公司利用资本及其积累获取报酬水平的综合性指

标，反映公司资本营运的综合收益。该指标反映的是每一元投资的资本中公司所创造的收益，该指标越高，说明公司为股东创造的最终收益越多，投资者投资的单位收益也越大。

投资资本收益率可以反映公司管理层的资产管理以及财务控制能力。该指标的通用性强，适用范围广，不受行业限制。投资者通过对该指标综合对比分析，可以看出公司的盈利能力和成长性，在同行业中所处的地位，与同类企业的差异水平。该指标越高越稳定，说明公司有着较强的稳定性和成长性，在行业中也会获得较高的地位。

注意负债量和负债利息对公司投资资本收益率的影响。公司资产分为两个部分，一是股东的投资，即所有者权益或者是净资产；二是公司的负债，即借贷的资金。公司的经营收益首先要支付债权人的利息等，但是该项支出是固定的，比如银行贷款，年利率 10%，公司只需支付 10% 的利息成本。如果借贷资本产生的利润大于成本，那么剩余的收益则归股东所有。因此，适当地运用财务杠杆可以提高公司的资金使用效率，提高投资资本收益率。但应当注意的是，过分利用杠杆就会增加公司的财务风险，同时在经营不利的情况下，负债成本大于收益时，股东会蒙受额外的损失。

注意净资产收益率与投资资本回报率的关系。投资资本回报率更能反映公司利用资本的能力。对于股东来说，股东权益代表股东过去累计投入到公司的资本，属于投入。但是并没有考虑负债对于公司的影响，同时也没有考虑利息和所得税对于公司经营效率的影响，而投资资本回报率是息税前利润和投资资本的比率，衡量的是投资产出效率，因此在股票投资中更应该关注该项指标。

2. 指标实战应用

（1）通过对投资资本回报率的历史走势分析，可以衡量公司的盈利能力以及成长性。如果该指标大起大落，说明公司的盈利能力波动性较大，未来存在的不确定因素较多。如果投资资本回报率总体趋势向上，说明公司有较好的发展。如果公司总体趋势是向下，那么即使是新兴行业，该公司的未来也值得怀疑。有较好的盈利能力和成长性的公司，其投资资本回报率的表现应该相对平稳且趋势向上。

（2）投资资本回报率是跨行业分析的通用指标，不同行业之间也可以对比公司的盈利能力。投资资本回报率考虑的是公司的息税前利润和投入资本之间的关系，至于公司是哪个行业并不重要，该指标只关注最终结果，就是企业利用资本创造了多少收益。

（3）投资者可以关注那些一直在同行中保持较高和稳定的投资资本回报率的水准，并且坚持给股东分红的公司。这些公司往往是公司的龙头公司，收益稳定，并且有固定的分红。如果该指标真实可靠，并且盈利主要来源于公司的主营业务收入，盈利有持续性，那么这样的公司就是有投资机会的。

（4）在投资股票时，该指标一定要与其他关键指标配合使用，不能仅凭该指标来进行投资决策。比如总资产周转率尽管对公司的股价没有直接的影响，但是它可以从侧面反映公司的经营效率和管理能力，从而衡量公司当前和未来的发展趋势。在使用投资资本回报率这个指标时，可以结合这些指标来共同判断一家公司的使用价值。

3. 案例分析：云南白药和吉林敖东投资资本回报率案例分析

1）财务数据分析

根据云南白药（000538）和吉林敖东（000623）2007 ～ 2017 年的年度财务报告，可以获得该公司各年度的息税前利润和投入资本数额，并通过计算得出该公司各年度的投资资本回报率指标值，如表 2-5 所示。

从表 2-5 中可以看出，云南白药的息税前利润在稳步增加，同时云南白药的投入资本也是稳步增加的。由于投入资本为股东权益和有息负债的加总，所以当有息负债增长不大时，投入资本的增加基本上为股东权益的增加额。从表中可以看出，云南白药的投入资本回报率最高值出现在 2013 年，之后尽管投入资本增速保持相对稳定，但是息税前利润增速有所放缓。从表中可以看出，吉林敖东的息税前利润相对于云南药不是很稳定，同时其投入资本每年都在增加。但是由于息税前利润不稳定，所以其投资资本回报率也不稳定。

表 2-5　两家公司投资资本回报率对比图（单位：亿元）

年份	云南白药（000538）			吉林敖东（000623）		
	息税前利润	投入资本	投资资本回报率 %	息税前利润	投入资本	投资资本回报率 %
2007	3.89	15.56	25	20.67	49.24	41.98
2008	5.56	32.09	17.33	9.22	51.63	17.86
2009	6.76	38.15	17.72	13.96	65.81	21.21
2010	10.25	46.03	22.27	12.78	72.67	17.59
2011	13.88	57.49	24.14	24.37	95.64	25.48
2012	18.31	73.31	24.98	6.65	103.94	6.4
2013	27.09	92.23	29.37	11.72	114.09	10.27
2014	29.25	124.01	23.59	14.51	130.34	11.13
2015	32.28	146.15	22.09	26.6	179.59	14.81
2016	34.88	178.52	19.54	17.5	192.58	9.09
2017	36.95	201.78	18.31	19	221.83	8.57

2）息税前利润分析

根据表 2-5 中云南白药（000538）和吉林敖东（000623）2007 ~ 2017 年的息税前利润，可以绘制出折线图，如图 2-21 所示。从折线图中可以看出，从 2007 年至 2017 年，云南白药的息税前利润增长较快，在 10 年内保持了每年的快速增长。但是可以看出，吉林敖东的息税前利润增长并不稳定，每年变化较大，吉林敖东息税前利润的高点出现在 2015 年，之后又出现了下滑，经营的稳定预期不能够实现。

3）投入资本分析

根据表 2-5 中云南白药（000538）和吉林敖东（000623）2007 ~ 2017 年的投入资本，可以绘制出折线图，如图 2-22 所示。从折线图中可以看出，从 2007 年至 2017 年，吉林敖东的投入资本一直高于云南白药的投入资本，由于在计算投入资本时考虑的因素为股东权益和有息负债，所以在分析时可以考虑其负债的增减，一般情况下，当投入资本越多，公司应该创造的利润也更大。但是当投入资本在不断增加的情况下，利润如果没有增加，这说明公司创造利润的能力在下降。

图 2-21　云南白药（000538）和吉林敖东（000623）息税前利润折线图

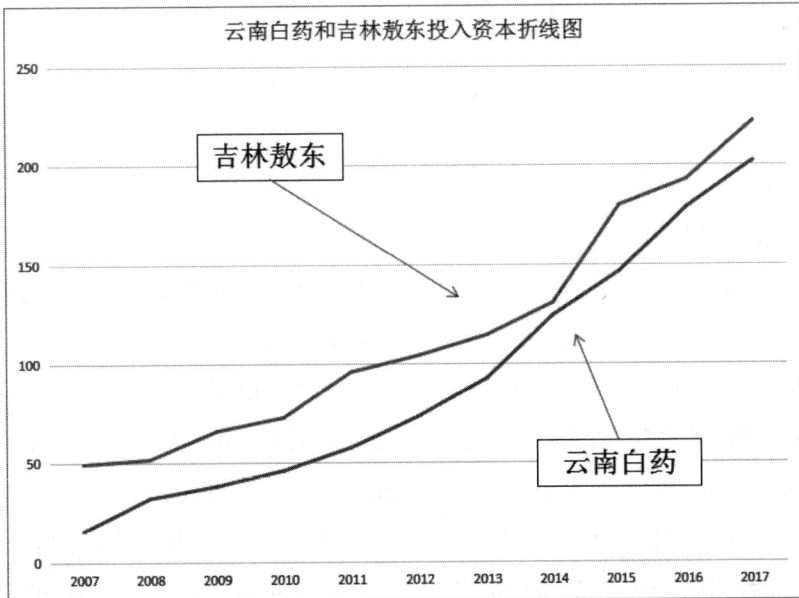

图 2-22　云南白药（000538）和吉林敖东（000623）投入资本折线图

4）投资资本回报率分析

　　根据表 2-5 中云南白药（000538）和吉林敖东（000623）2007 ～ 2017 年的投资资本回报率，可以绘制出折线图，如图 2-23 所示。从折线图中可以看出，2011 年之前，吉林敖东的投资资本回报率和云南白药的投资资本回报率相差不大，但是可以看出，2011 年之后云南白药的投资资本回报率一直高于吉林敖东的投资资本回报率，从图中也可以看出云南白药的投资资本回报率也有所下滑。

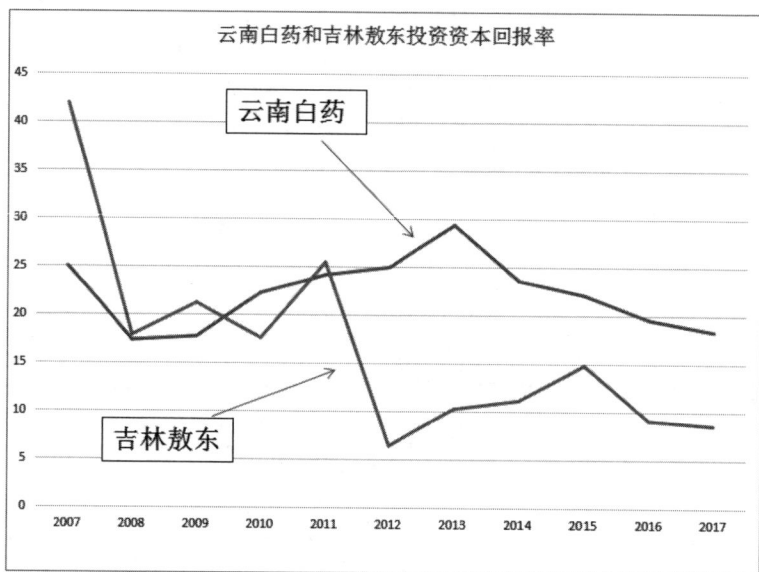

图 2-23　云南白药（000538）和吉林敖东（000623）投资资本回报率折线图

5）股价走势分析

　　图 2-24 所示为云南白药（000538）2007 ～ 2017 年股价日 K 线走势图，从图中可以看出，尽管云南白药的股价也会随着市场行情的变化而有所回撤，但是仍然不断地创出了新高。结合其息税前利润和投资资本回报率来看，息税前利润增速较快，每年都在增长。但是从其投资资本回报率来看，2013 年后投资资本回报率增幅下滑。这和其息税前利润增速放缓，而投入资本不断增加有关。由于股价不只是受公司基本面的影响，还会受到投资者的预期、市场情绪、资金推动、政策出台等因素的影响，所以一定要综合其他因素考虑公司股价的变化。

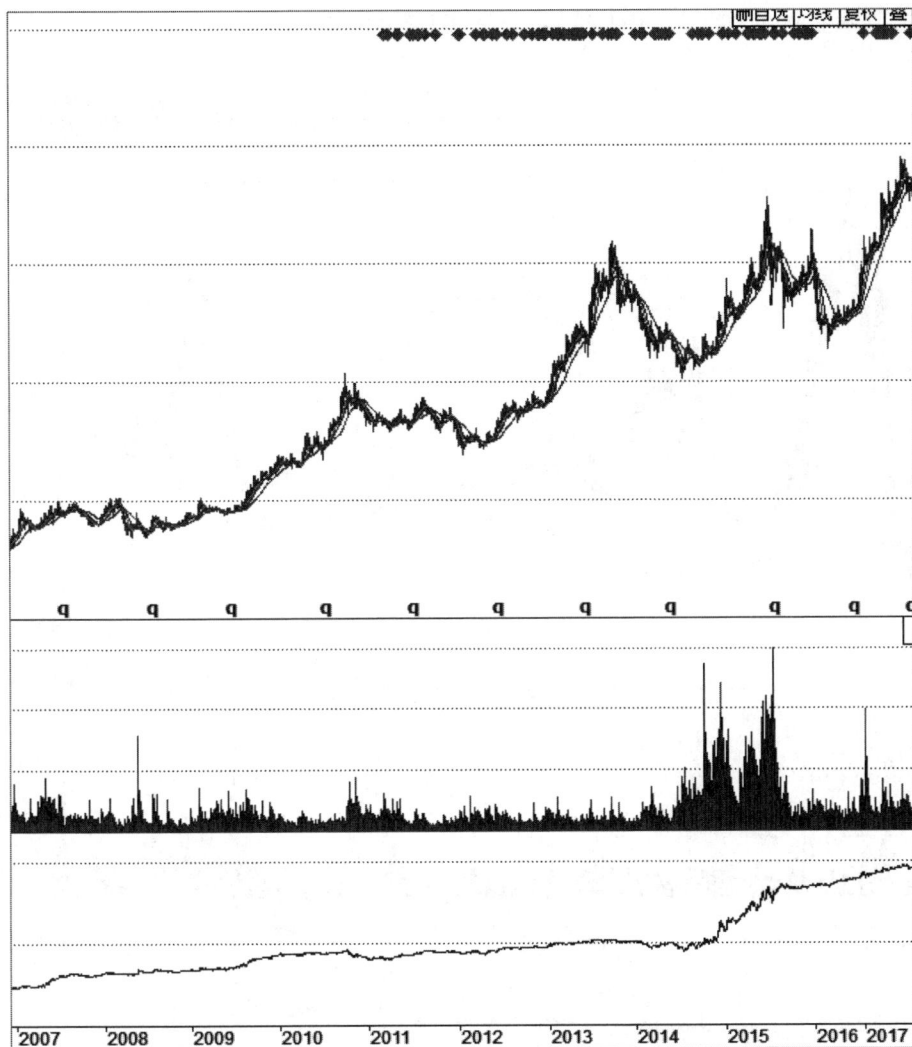

图 2-24 云南白药（000538）2007 ～ 2017 年股价日 K 线走势图

图 2-25 所示为吉林敖东（000623）2007 ～ 2017 年股价日 K 线走势图，从图中可以看出，从 2010 年至 2014 年，吉林敖东的股价走势处于下跌状态，但是从 2015 年之后，股价上涨幅度较大，结合其息税前利润和投资资本回报率来看，从 2011 年到 2014 年，吉林敖东的息税前利润增速也处于下滑状态，但是到 2015 年息税前利润创出了新高。从 2011 至 2014 年，其投资资本回报率也处于较低状态，2015 年有所反弹，之后又开始下滑。综合来看，其基本面基本上能够反映出公司股价的走势。综合以上分析，投资者应该选择那

些基本面向好的股票，但是要综合其他因素来分析。

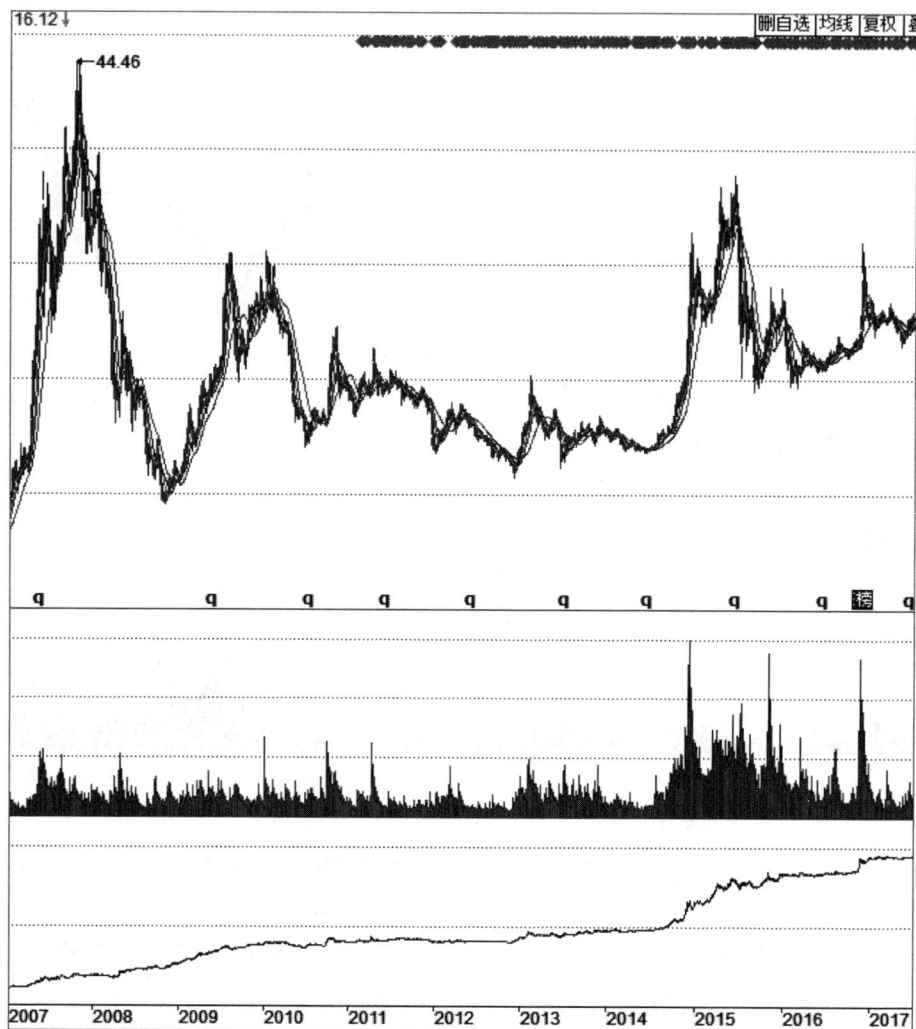

图 2-25　吉林敖东（000623）2007 ～ 2017 年股价日 K 线走势图

第 3 章

盈利能力指标

本章主要内容包括:

十三、销售毛利率

1. 指标释义

销售毛利率是销售毛利与营业收入的比率。

销售毛利是指销售收入减去销售成本后的盈利，由于没有计算管理费用、销售费用和财务费用等期间费用，所以也叫作营业毛利。

营业收入是指公司当期销售产品、提供劳务等主要经营活动产生的收入。

销售毛利率是衡量上市公司盈利能力一个非常重要的指标，该指标高，说明公司盈利能力强，该指标低，说明公司盈利能力差。由于该指标直接反映公司销售价格和销售成本的关系，并且没有考虑其他因素可能带来的盈利影响，所以该指标能够更直观地反映公司产品的竞争力。所以当公司能够保持较高且相对稳定的销售毛利率时，证明该公司的盈利能力和未来发展前景好于竞争对手。

影响销售毛利率的关键因素通常是销售数量、销售价格和单位制造成本。在计算这项指标时不仅要横向比，与同行业中的平均水平对比，还要纵向比，把公司的历史数据与现在的数据对比，看公司的毛利是提高了还是降低了，当提高了，投资者就要看公司产品价格的提升是否能够持续，如果公司的毛利率降低了，则要看公司的竞争能力是不是下降，或者成本控制有问题。

当然不同的行业毛利率的高低也一样，一般情况下竞争比较激烈，科技含量比较低的行业毛利率也较低。而垄断企业和科技含量比较高的企业毛利率也较高。

2. 指标实战应用

（1）毛利率只是分析股票投资价值的一个指标，所以在应用这个指标选股时，不仅要横向与其他相关行业的公司对比，而且要纵向在时间节点上与公司过去的数据做对比，看一下公司的毛利率在同行业中处于什么样的位置，同时也要看公司的毛利率是不是保持在较高的位置，并且是不是稳定。因为一家优秀公司的盈利应该是稳定的而且应该是连续的。若是该指标大起大落，必然也会造成股价的剧烈波动，给投资人带来较大的投资风险。

（2）毛利率有助于发现优质的上市公司。那些真正意义上的好公司必然是毛利率在行业中较高的公司，特别是那些行业龙头公司，一般情况下，龙头股的毛利率都是高于同行的。所以毛利率可以让人们更加轻松地找到有投资价值的行业龙头公司。

（3）销售毛利率能够规避投资风险。当一家公司的销售毛利率明显低于行业的平均水平，或者销售毛利率显著下降，那么就要留意其中的原因，分析是整个行业的因素，还是公司本身出了问题，所以通过毛利率的的波动，可以发现公司近期经营业绩的好坏，及时规避投资较高的投资标的。

（4）销售毛利率有利于分析一家公司产品的核心竞争力。若是一家公司的产品在市场上是有竞争力的，那么它的销售毛利是处于较高水平的，而成本的增长速度是远远低于收入的增长速度的。甚至即使是同步增长，毛利率也是稳定在较高水平的。所以若是一家公司的毛利保持在较高水平，那么它的产品一般情况下在市场上是具有竞争能力的。

3. 案例分析: 贵州茅台和皇台酒业销售毛利率指标分析

下面以贵州茅台（600519）和皇台酒业（000995）为例，利用销售毛利率指标来分析公司股票的投资价值和投资风险。

1）财务数据分析

根据贵州茅台（600519）和皇台酒业（000995）2007 ～ 2016 年公布的年度财务报告，可以得出该上市公司各年度的营业收入，以及通过计算获得两家公司各年度的销售毛利和销售毛利率。

从表 3-1 中可以看出，贵州茅台的销售收入增长幅度远远大于销售成本的增长速度，特别是销售毛利率一直维持在 90% 左右。而皇台酒业的营业收入并不稳定，到了 2016 年，毛利率甚至只有 19%。

表 3-1　两家公司销售毛利率对比图（单位：亿元）

年份	贵州茅台（600519）				皇台酒业（000995）			
	营业收入	销售成本	销售毛利	销售毛利率	营业收入	销售成本	销售毛利	销售毛利率
2007	72.37	8.72	63.65	0.88	0.93	0.73	0.2	0.22
2008	82.42	8	74.42	0.90	0.85	0.73	0.12	0.14
2009	96.7	9.51	87.19	0.90	0.79	0.63	0.16	0.20
2010	116.33	10.53	105.8	0.91	0.64	0.32	0.32	0.50
2011	184.02	15.51	168.51	0.92	1.05	0.52	0.53	0.50
2012	264.55	20.44	244.11	0.92	1.34	0.52	0.82	0.61
2013	309.22	21.94	287.28	0.93	1.08	0.39	0.69	0.64
2014	315.74	23.39	292.35	0.93	0.57	0.23	0.34	0.60
2015	326.6	25.38	301.22	0.92	1.05	0.43	0.62	0.59
2016	388.62	34.1	354.52	0.91	1.78	1.45	0.33	0.19

2）销售毛利分析

根据表 3-1 中贵州茅台（600519）和皇台酒业（000995）2007 ～ 2016 年各年度的销售毛利数值可以绘出两家公司的折线图，如图 3-1 所示。从折线图中可以看出贵州茅台（600519）的销售毛利，在总体上处于逐步上升的过程中，而皇台酒业（000995）的销售毛利几乎没有上涨，而且一直处于相对较低的水平。

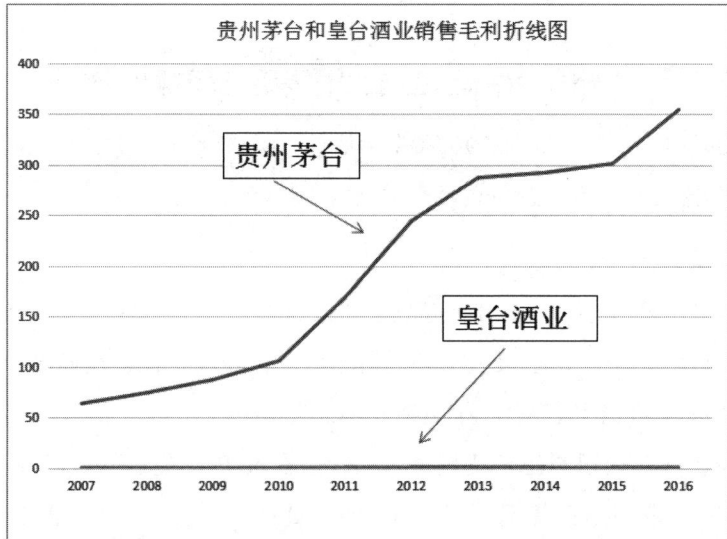

图 3-1　贵州茅台（600519）和皇台酒业（000995）销售毛利折线图

3）营业收入分析

根据表 3-1 中贵州茅台（600519）和皇台酒业（000995）2007 ～ 2016 年各年度的营业收入数值可以绘出两家公司的折线图，如图 3-2 所示。从折线图中可以看出贵州茅台（600519）的营业收入一直处于快速增长的过程中，而同时皇台酒业（000995）的营业收入几乎没有上涨，而且一直处于相对较低的水平。两家公司的营业收入与销售毛利的变化过程基本相似。

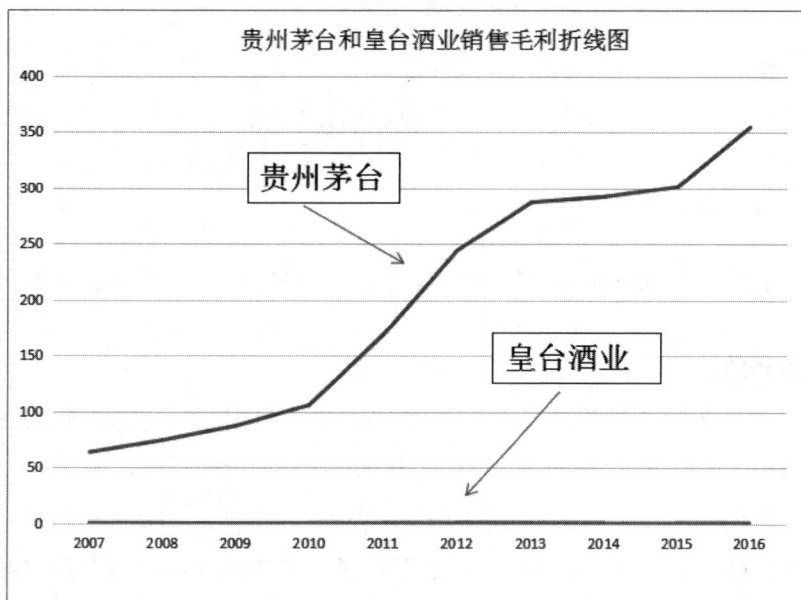

图 3-2　贵州茅台（600519）和皇台酒业（000995）营业收入折线图

4）销售毛利率分析

根据表 3-1 中贵州茅台（600519）和皇台酒业（000995）2007 ～ 2016 年各年度的销售毛利率数值可以绘出两家公司的折线图，如图 3-3 所示。从折线图中可以看出贵州茅台（600519）的销售毛利率从 2007 年开始一直保持在 90% 左右，10 年间保持得非常稳定，并且稳中有升。而皇台酒业（000995）的销售毛利率就波动比较大，并且最近两年呈现出快速下滑的态势，增长不稳定，虽然公司毛利下滑可能是多种因素造成的，但是更主要的还是其核心竞争力较差所致，这样其公司的盈利能力也会受到重大影响，公司的投资价值也就大打折扣。

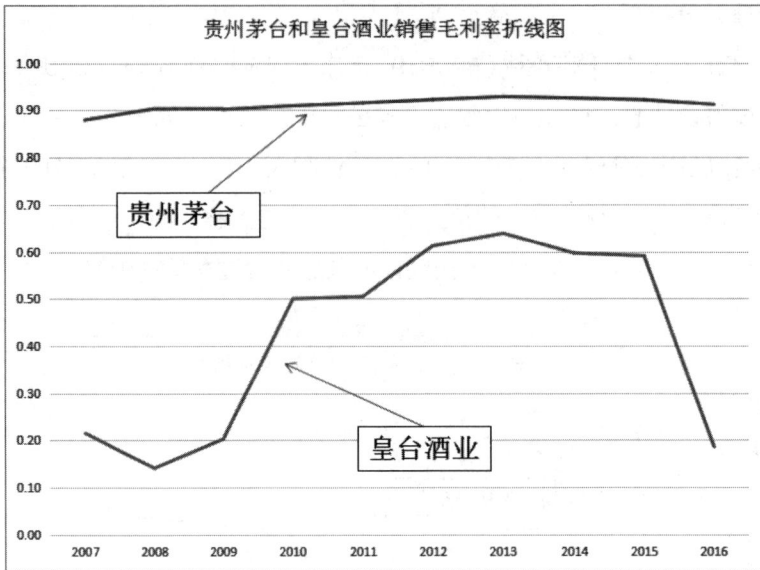

图 3-3　贵州茅台（600519）和皇台酒业（000995）销售毛利率折线图

5）股价走势分析

图 3-4 所示为贵州茅台（600519）2007 ～ 2016 年日 K 线图，从图中可以看出，贵州茅台的股价从 2007 年开始，虽然股价短期内受到各种因素影响，一直在剧烈的波动中，但是其股价总体是上涨的，而且从图中可以看出，在触底反弹后每次都创出高位。对于那些好公司来说，股价虽然短期内受到资金面或者市场情绪等因素的影响，但是长期来看其股价必然会回归公司的价值。对于贵州茅台这种销售毛利率高达 90% 的公司来说，还是具备一定的投资价值的，价值在这两年也得到了市场的认可，当然销售毛利率也要结合其他的指标来判断。

图 3-5 所示为皇台酒业（000995）2007 ～ 2016 年日 K 线图，白酒行业的平均毛利率保持在 50% 以上，白酒行业的毛利率一直高企，但是皇台酒业的毛利率却处于下行状态，从图中可以看出，长期以来其毛利率的走势与股价有吻合之处。当然毛利率是反映公司价值的一个重要指标，但是当分析一家公司的时候，还是要结合其他指标来看。虽然公司的股价短期内可能暴涨暴跌，但是长期来看股价还是会回归它的价值。很显然，像皇台酒业这种经营稳定性不强的公司，价值投资者还是要慎重。

图 3-4　贵州茅台（600519）2007 ～ 2016 年日 K 线图

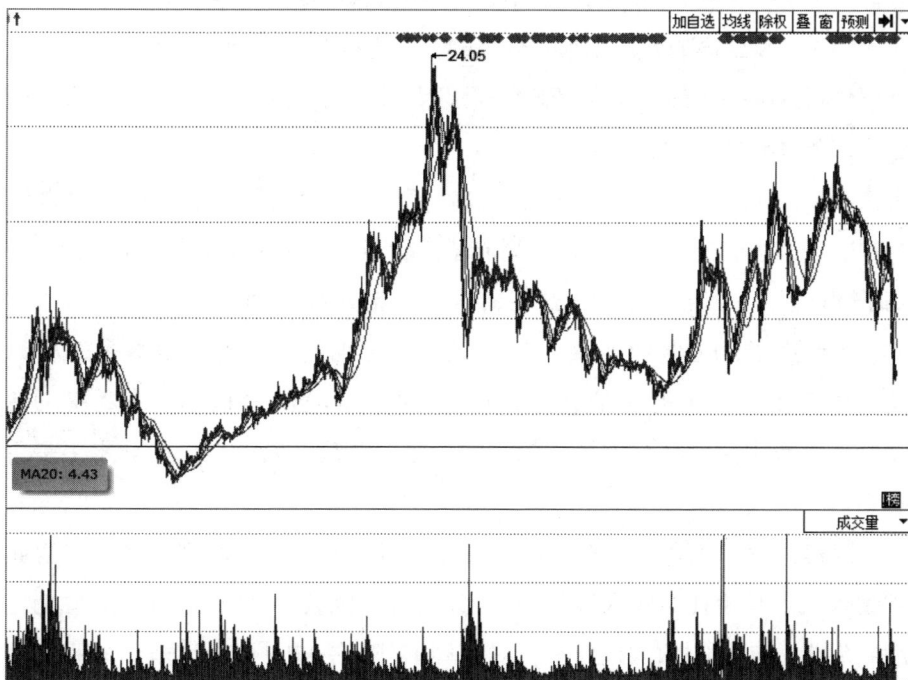

图 3-5　皇台酒业（000995）2007 ～ 2016 年日 K 线图

十四、销售净利率

1. 指标释义

销售净利率是公司实现净利润与销售收入的比率。该指标是指每 1 元销售收入中所包含的净利润的多少。

净利润为营业收入减去营业成本，减去财务费用、管理费用、销售费用等的结果。

销售净利率越高，证明公司的盈利能力越强，公司控制成本的能力越强，公司的竞争力和未来发展空间的动力越强。当然，销售净利率越高，说明公司的产品自主定价能力越强，公司的经营获利能力也越强。

对比公司销售净利率的历史变化情况，投资者可以评估该公司盈利能力的发展趋势，更好地做出投资判断，当然也还有其他的指标来对标销售收入，如销售毛利率、销售费用率等，这些指标都能反映出公司的经营状况，在做分析时可以将这些指标一起进行对比，为投资决策提供依据。

当对一家公司的销售净利率分析时，若连续几年出现了下滑迹象，那么就要分析这家公司销售净利率下滑的原因是什么，是不是公司经营出现了问题等，要慎重做出选择。

当然，通过销售净利率的横向比较，既可以发现行业龙头公司，也能够发现财务造假的公司。当一家公司的销售净利率保持在非常高的水平，已经高于同行很多，那么就要分析公司是不是有造假的可能性。

企业在增加主营业务收入的同时，一定也会相应地获得更多的净利润，才能使销售净利率保持不变或有所提高。通过分析销售净利率的变动，可以看出企业在扩大销售的同时，经营管理是否改进，盈利水平是否提高。

当然，销售净利率在某些情况下会出现突然下降，特别是当公司营业外收入或者其他业务收入增加时，当面临这种情况，要具体分析造成销售净利率大幅变动的原因是什么，对公司有什么影响，以及可能造成股价的波动。

2. 指标实战应用

（1）销售净利率可以作为选股的重要依据。当销售净利率出现向上的趋势变化，说明公司的盈利能力在明显地提高，这会推动股价明显地上涨。投资者可以注意那些历史盈利能力逐步上涨的公司，特别是通过几年的努力，新产品或者产能不断扩大，盈利能力开始凸显，销售净利率稳步提高，这样的公司往往非常有投资价值。

（2）销售净利率的变化能够直接对股价产生影响。虽然短期内股价会受到市场的影响，但是长期来看股价一定是围绕价值上下波动的，而销售净利率作为基本面分析的重要指标，当销售净利率高时，股价也会上涨，而当销售净利率低时，股价也会下跌。股价的变化和投资者对于盈利的预期是有很大关系的。

（3）销售净利率与公司的营业收入成反比关系，与净利润成正比关系，只有当公司在增加销售收入额的同时，必须相应地获得更多的净利润，才能使销售净利率不变或者有所提高。在实际分析中，应重点关注营业收入的增幅与净利润增幅的关系，这样才能更好地分析公司的盈利能力，以及随着销售收入的增长所带来的净利润的增长情况。

（4）销售净利率是杜邦分析法的底层指标，当销售净利率提高时，总资产收益率就提高，同时也会带动净资产收益率提高。而净资产收益率是影响股价的重要因素，所以说销售净利率也会对股价有较大的影响，是分析公司盈利能力的重要指标。销售净利率高，才更有投资价值。

3. 案例分析：同仁堂和九芝堂销售净利率指标分析

1）财务数据分析

根据同仁堂（600085）和九芝堂（000989）2007～2017年公布的年度财务报告，可以得出该上市公司各年度的销售收入和净利润，以及通过计算获得两家公司各年度的销售净利率。

从表3-2中可以看出从2007年至2017年，同仁堂（600085）的净利润实现了逐年上涨，销售收入也实现了逐年增长，但是销售净利率并没有显著增长，这说明其成本也增长较快。

表 3-2　两家公司销售净利率对比图

年份	同仁堂（600085）			九芝堂（000989）		
	净利润	销售收入	销售净利率 %	净利润	销售收入	销售净利率 %
2007	2.35	27.04	8.69	1.28	10.24	12.50
2008	2.59	29.39	8.81	2	11.01	18.17
2009	2.88	32.88	8.76	1.48	11.09	13.35
2010	3.4	49.43	6.88	1.63	11.22	14.53
2011	4.38	61.08	7.17	2.02	11.5	17.57
2012	5.7	75.17	7.58	1.12	10.42	10.75
2013	6.56	87.15	7.53	2.25	12.12	18.56
2014	7.64	96.86	7.89	4.03	7.98	50.50
2015	8.75	108.97	8.03	4.71	8.72	54.01
2016	9.33	120.91	7.72	6.52	26.74	24.38
2017	10.17	133.76	7.60	7.21	38.37	18.79

从 2007 年至 2017 年，九芝堂（000989）的净利润和销售收入不仅增长较快，而且销售净利率与同仁堂比也保持在较高水平。

2）净利润分析

根据表 3-2 中同仁堂（600085）和九芝堂（000989）2007 ~ 2017 年各年度的净利润数值可以绘出两家公司的折线图，如图 3-6 所示。从折线图中可以看出，同仁堂（600085）的净利润增长较快，而且是持续稳定的增长。九芝堂（000989）创造的净利润不如同仁堂创造的净利润多，而且 2012 年出现过负增长。

3）销售收入分析

根据表 3-2 中同仁堂（600085）和九芝堂（000989）2007 ~ 2017 年各年度的销售收入数值可以绘出两家公司的折线图，如图 3-7 所示。从折线图中可以看出，同仁堂的销售收入增长较快，而九芝堂的销售收入增幅不及同仁堂。同仁堂的销售收入绝对数也大于九芝堂的销售收入。

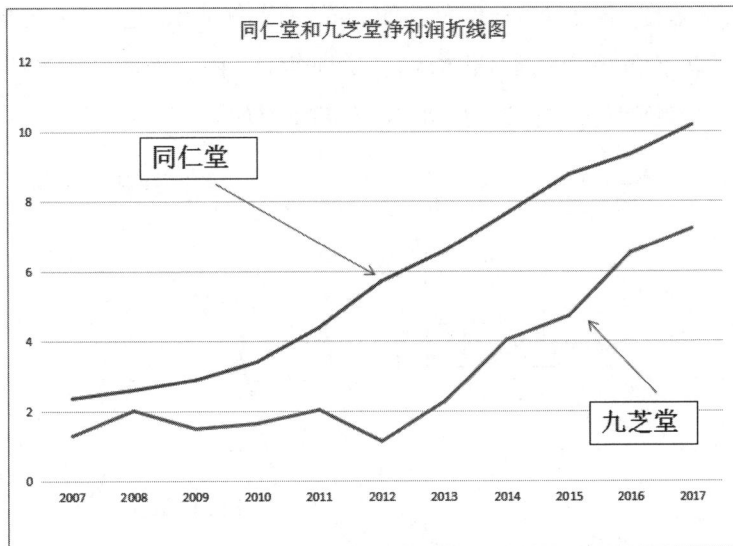

图 3-6　同仁堂（600085）和九芝堂（000989）2007 ～ 2017 年净利润折线图

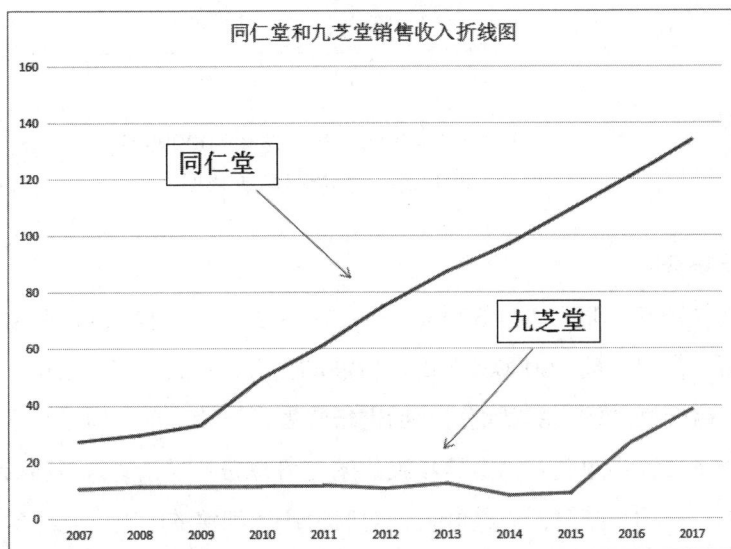

图 3-7　同仁堂（600085）和九芝堂（000989）2007 ～ 2017 年销售收入折线图

4）销售净利率分析

　　根据表 3-2 中同仁堂（600085）和九芝堂（000989）2007 ～ 2017 年各年度的销售净利率数值可以绘出两家公司的销售净利率折线图，如图 3-8 所示。从折线图中可以看出，虽然九芝堂（000989）的销售净利率波动较大，但是可以看出九芝堂的销售净利率一直大于同仁堂的销售净利率，这说明九芝堂的规模虽然不如同仁堂的规模大，但是其利润率却非常高，由于净利润等于销售收入减去营业成本和期间费用，这说明其成本控制得非常好。

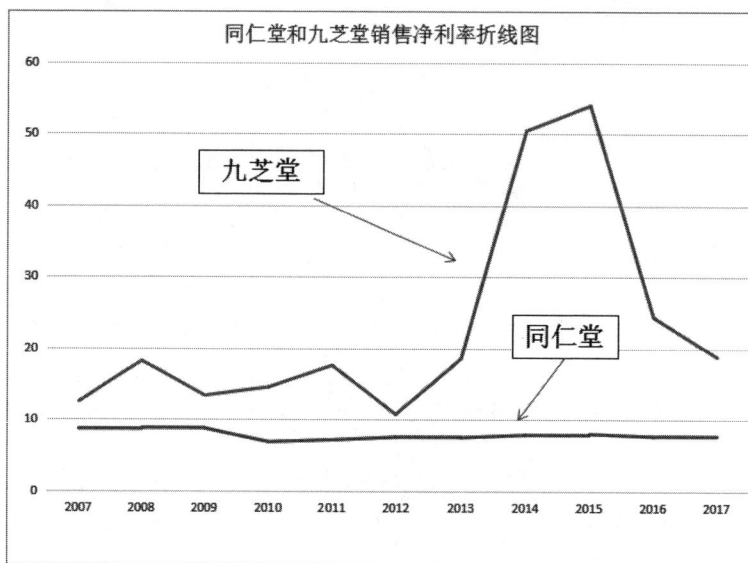

图 3-8　同仁堂（600085）和九芝堂（000989）
2007 ～ 2017 年销售净利率折线图

5）股价走势分析

图 3-9 所示为同仁堂（600085）2007 ～ 2017 年日 K 线走势图，从图中可以看出，同仁堂（600085）的股价波动较大，其股价每次走出一波大的行情后，就会遭遇较大的跌幅。然后进行修复，继续上涨。但是结合其销售净利率看，其销售净利率的走势和股价的走势并无关联，销售净利率指标作为基本面分析的一部分，其高低也会对股价产生间接的影响。同仁堂作为老牌的中药公司，在分析其股价时，一定要结合其他指标来分析。

图 3-10 所示为九芝堂（000989）2007 ～ 2017 年日 K 线图，从图中可以看出，九芝堂的股价波动比同仁堂的波动要小，其股价走势高点出现在2015 年牛市，之后股价开始下跌。其销售净利率的高点也出现在 2015 年，销售净利率作为基本面分析的重要指标，绝不能够低估它对于股价的影响，当分析公司时，应结合其他指标综合做出判断。

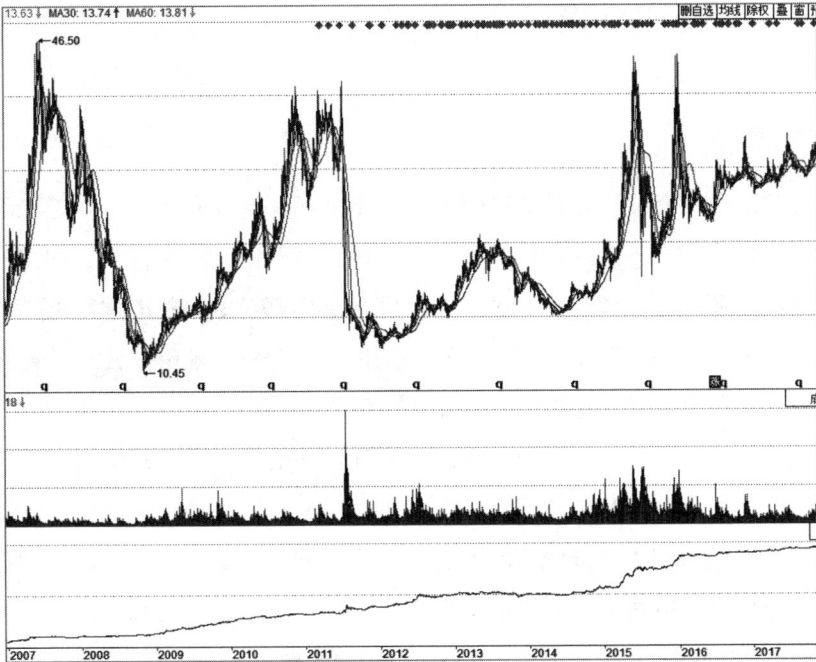

图 3-9　同仁堂（600085）2007 ～ 2017 年日 K 线走势图

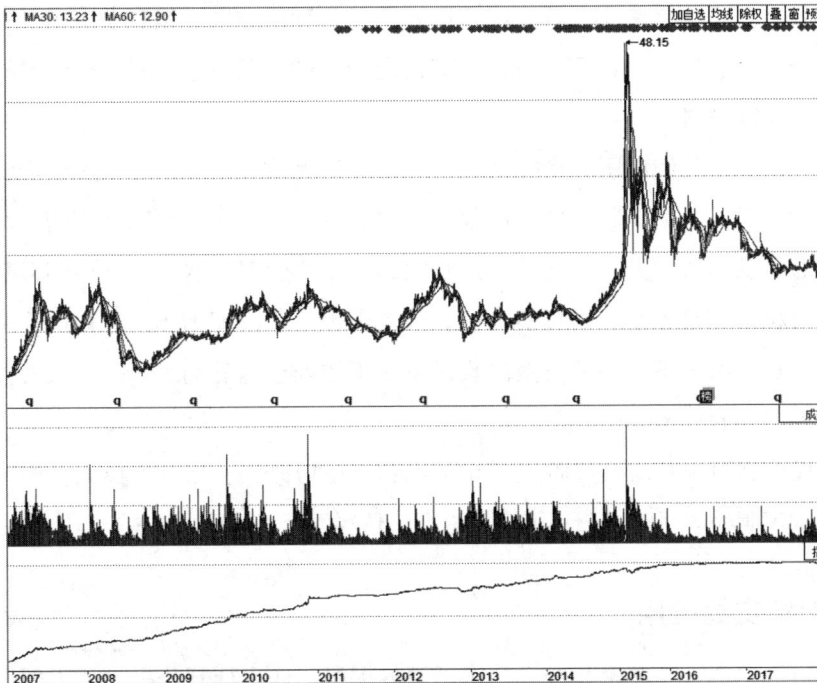

图 3-10　九芝堂（000989）2007 ～ 2017 年日 K 线走势图

十五、总资产净利率

1. 指标释义

    总资产净利率又称为总资产收益率，是公司净利润和资产平均总额的比率。该指标表示在一定时期内，公司总资产的获利能力，是评价公司资产运营效率的重要指标。该指标除了反映公司全部资产获取收益的水平之外，还全面反映公司的投入产出情况。通过对该指标的分析，能够对公司的经营情况有一个更深地了解，促进公司提高资产的收益水平。

    总资产收益率越高，证明公司运用全部资产的获利能力越强，总资产收益率越低，说明公司利用总资产的能力越弱。总资产收益率与总资产的高低成反比，与净利润的高低成正比。总资产收益率是影响净资产收益率的重要指标，是杜邦分析法的重要组成部分，同时也是总资产周转率与销售净利率的乘积，所以该指标对于分析上市公司有着重要意义。

    总资产收益率指标值走势趋于上涨，表明上市公司的资产运用效率越高，说明公司在资源整合和资源利用方面取得了不错的效果，投资者应重点关注这类公司。总资产收益率下滑，说明公司的资产利用效率下降，投资者投资这类公司需谨慎。

    资产等于负债加所有者权益。所以资产利用效率也就是运用负债和资产来获取收益的能力，若是总资产收益率高于行业平均水平，那么证明公司处于行业龙头地位，若是公司总资产收益率低于行业平均水平，就要结合其他指标分析公司是不是具有投资价值。投资者也可将公司历年的总资产收益率进行分析，看一下公司的总资产收益率是不是处于上升的水平，造成总资产收益率波动的原因是什么。

    投资者可以将总资产收益率和市场利率进行比较，当该指标大于市场利率，则表明公司可以充分利用杠杆进行负债经营，获取更大收益。

2. 指标实战应用

    （1）总资产收益率是一个非常重要的指标，作为杜邦分析法的重要组成部分，总资产收益率的高低将直接影响净资产收益率的高低，而净资产收益率的高低直接决定了上市公司有没有投资价值，所以在进行基本面分析时，一定要分析总资产收益率的高低，并结合其他指标来做出投资判断。

（2）龙头股一般出现在总资产收益率较高的个股中。所以价值投资者可以运用总资产收益率来选股，把总资产收益率低的个股首先排除，然后从总资产收益率高的个股中寻找投资标的，特别是那些总资产收益率稳定或者是趋势上涨的个股。当然最后确定投资对象时，选择的股票一定也要结合其市场地位、产品的竞争力等其他因素来做出判断。

（3）总资产收益率的高低对于公司的股价有较大影响。总资产收益率高，说明公司盈利能力强，经营状况良好，而总资产收益率低，说明公司盈利能力弱，经营状况差。那么反映到公司的股价上，就表现得没有那么好。

（4）总资产收益率反映了公司利用资产获取收益的能力。总资产收益率和杜邦分析法的核心指标净资产收益率的区别是什么呢？区别就是总资产收益率比净资产收益率考虑了负债对于盈利的影响，所以更应该把总资产收益率看作是衡量公司运用股东和债权人投入资金的效率的指标，它可以考核公司运用这些资金进行经营的获利能力，在同行业之间具有可比性。

3. 案例分析：上汽集团和广汽集团总资产收益率指标分析

1）财务数据分析

根据上汽集团（600104）和广汽集团（601238）2007 ～ 2017 年公布的年度财务报告，可以得出该上市公司各年度的净利润和资产平均余额，以及通过计算获得两家公司各年度的总资产收益率，如表 3-3 所示。

表 3-3　两家公司总资产收益率对比图（单位：亿元）

年份	上汽集团（600104）			广汽集团（601238）		
	净利润	资产平均余额	总资产收益率	净利润	资产平均余额	总资产收益率
2007	46.35	928.7	4.99	49	239.57	2.05
2008	6.56	1048.36	0.63	15.97	250	6.39
2009	65.92	1230.08	5.36	20.3	279.66	7.26
2010	163.9	2116.02	7.75	42.94	354.36	12.12

续表

年份	上汽集团（600104）			广汽集团（601238）		
	净利润	资产平均余额	总资产收益率	净利润	资产平均余额	总资产收益率
2011	202.22	3018.34	6.70	42.72	414.06	10.32
2012	207.52	3179.18	6.53	11.34	469.72	2.41
2013	248.04	3454.22	7.18	26.69	535.86	4.98
2014	279.73	3942.56	7.10	31.95	601	5.32
2015	297.94	4639.14	6.42	42.32	647.88	6.53
2016	320.06	5518.33	5.80	62.88	746.29	8.43
2017	344.1	6571.22	5.24	107.86	1008.18	10.7

从表 3-3 中可以看出从 2007 年到 2017 年，上汽集团（600104）的资产增幅较大，但是总资产收益率并没有显著提高，从 2010 年达到高点之后并没有像总资产收益率一样持续增长，这说明公司资产的利润创造能力还有待提高，其资产的创收能力还没有完全被激发出来。

广汽集团（601238）的资产平均余额增幅不如上汽集团（600104），净利润总额的绝对数增幅也不如上汽集团，但是最近几年其总资产收益率一直高于上汽集团的总资产收益率。

2）净利润分析

根据表 3-3 中上汽集团（600104）和广汽集团（601238）2007 ~ 2017 年各年度的净利润数值，可以绘制出两家公司的折线图，如图 3-11 所示。从折线图中可以看出，上汽集团（600104）的净利润增幅较大，一般通过一家公司的净利润绝对额与行业内的利润绝对额对比，就能够看出一家公司在行业内的地位，从上汽集团和广汽集团的净利润折线图可以看出，上汽集团的行业地位大于广汽集团的行业地位，其成长性好于广汽集团。

3）资产平均余额分析

根据表 3-3 中上汽集团（600104）和广汽集团（601238）2007 ~ 2017 年各年度的资产平均余额数值，可以绘制出两家公司的折线图，如图 3-12 所示。从图中可以看出，广汽集团的资产平均余额虽然有较大幅度的增长，但是其涨幅远逊于上汽集团的资产平均余额涨幅。由于汽车行业为重资产行业，其资产的增长主要是产能的增加，所以说其资产增幅较快。

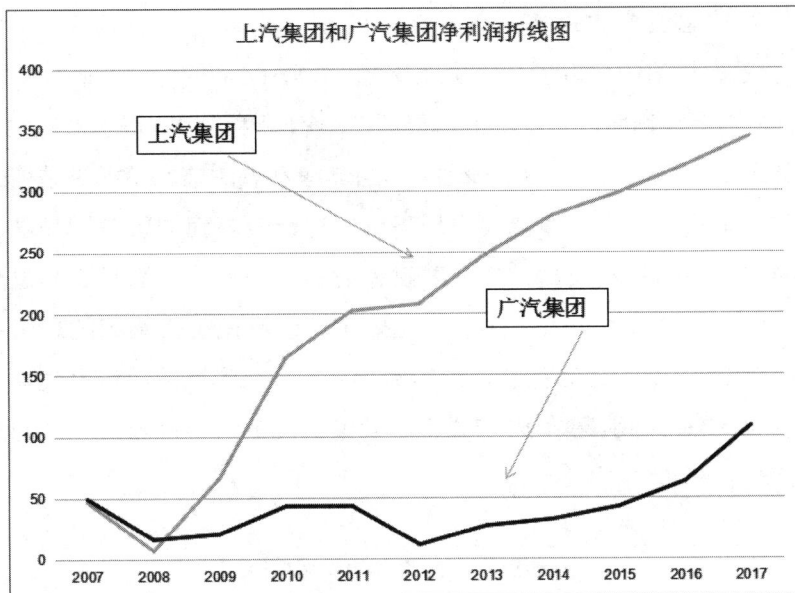

图 3-11　上汽集团（600104）和广汽集团（601238）净利润折线图

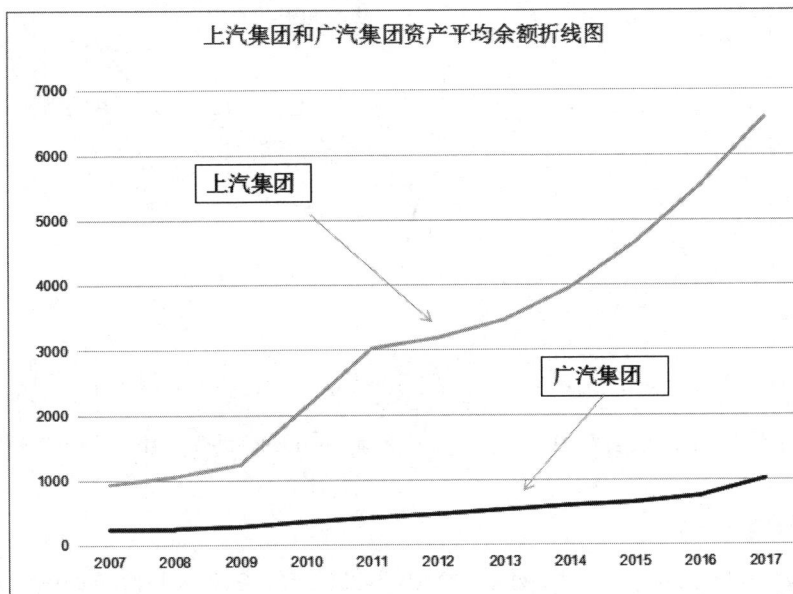

图 3-12　上汽集团（600104）和广汽集团（601238）资产平均余额折线图

4）总资产收益率分析

根据表 3-3 中上汽集团（600104）和广汽集团（601238）2007～2017

年各年度的总资产收益率数值，可以绘制出两家公司的折线图，如图 3-13 所示。从图中可以看出，上汽集团（600104）的总资产收益率波动较大，从以上数据可以看出，上汽集团的净利润和总资产增长都较快，而且都是连年持续增长，但是如 2012 年当其净利润的增幅不如其总资产的增幅时，其总资产收益率就会出现下降，这说明公司的资产增长能力没有转换为公司的获利能力，这个时候就要看公司的资产增长是不是负债的急剧增加所导致的资产的增加。从图中可以看出上汽集团的总资产收益率从 2012 年见底之后有了较大的增长，而广汽集团的总资产收益率仍处于下滑状态，特别是 2015 年之后，两家公司的总资产收益率就出现了分化。

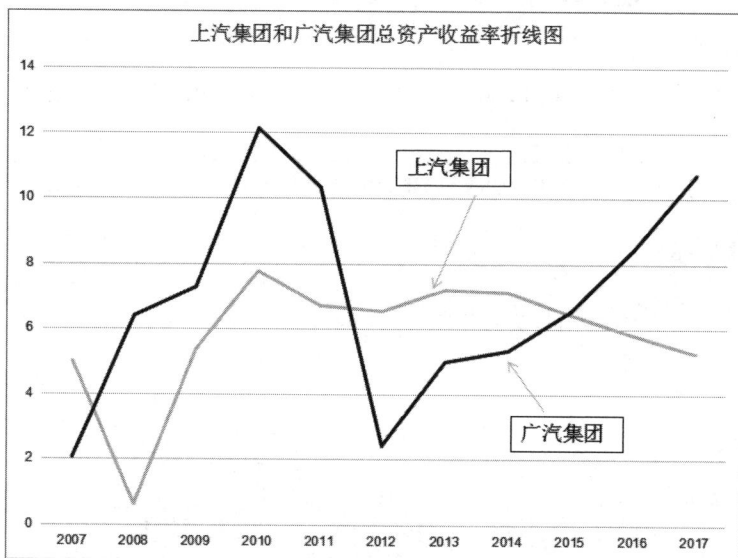

图 3-13 上汽集团（600104）和广汽集团（601238）总资产收益率折线图

5）股价走势分析

图 3-14 所示为上汽集团（600104）2007 ~ 2017 年股价走势图，从图中可以看出，上汽集团的股价在震荡中上行，特别是 2016 年和 2017 年，公司股价走势强劲，除了受到市场波动的影响外，最重要的是公司经营状况的持续改善，可以看到其总资产收益率改善也是在 2016 年和 2017 年，公司基本面的改善确实有益于公司股价的上涨。上汽集团作为国内汽车整车的行业

龙头，龙头股一般出现在总资产收益率较高的个股中，其股价的走势也会影响投资者对于整个行业的变化。

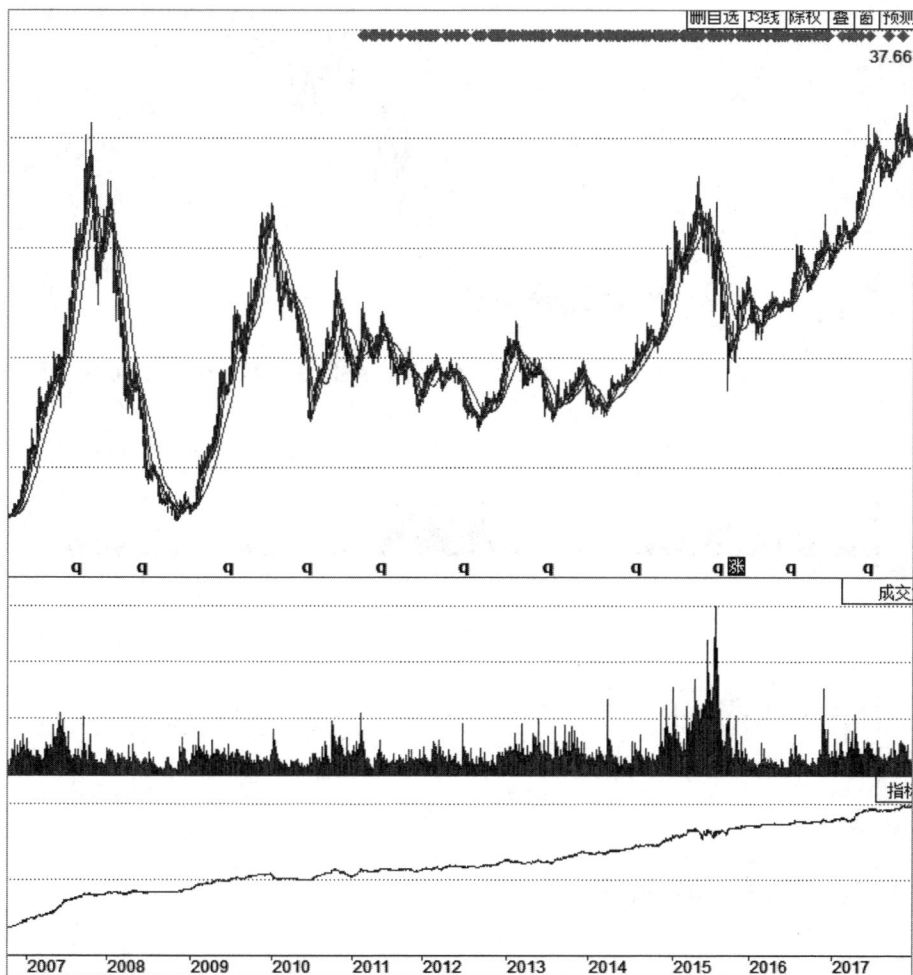

图 3-14　上汽集团（600104）2007 ～ 2017 年日 K 线走势图

图 3-15 所示为广汽集团（601238）2007 ～ 2017 年股价走势图，从图中可以看出，广汽集团的股价从 2015 年开始实现了一个持续且稳定的上涨，虽然公司股价也有波动下行的时候，但是总体上回撤较小，虽然其总资产收益率在 2015 年之后有所下滑，但是其股价却实现了逆势上涨，这说明总资产收益率并不是股价走势的决定性因素，一定要结合其他指标进行分析，综合做出判断，特别是行业的增长变化情况。

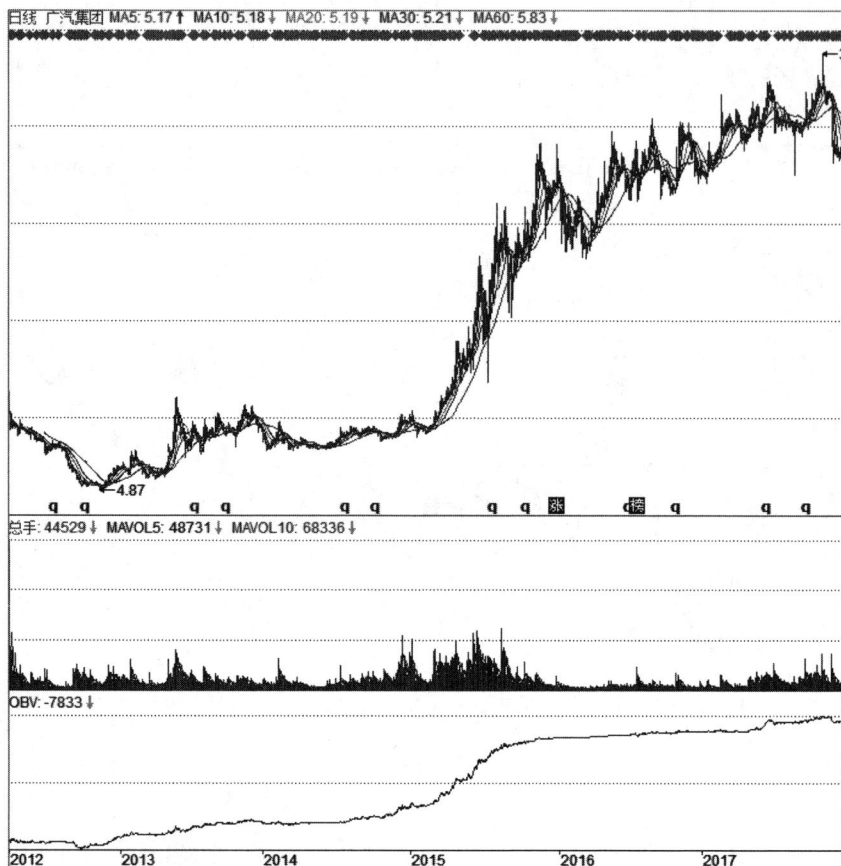

图 3-15　广汽集团（601238）2007 ～ 2017 年日 K 线走势图

十六、净资产收益率

1. 指标释义

　　净资产收益率是净利润和平均股东权益的比值。其中，净资产也称为股东权益，主要是由实收资本、资本公积、盈余公积、未分配利润等组成。

　　而平均股东权益是公司期间内的期初股东权益和期末股东权益的平均值。净资产收益率越高，说明净资产带来的收益越高，净资产收益率越低，说明公司股东权益获利能力越弱。它是反映公司利用自有资本获取收益的能力，即反映投资者的投资与投资者获取报酬的关系。

由于净资产收益率是反映公司利用自有资本及积累获取报酬水平的综合性指标，该指标越高，证明公司为股东创造的收益越多，投资者投资的单位收益最大，所以说净资产收益率是进行基本面分析的核心指标。

净资产收益率的通用性强，适用范围广，不受行业的限制。投资者通过对该指标的综合对比分析，可以看出公司的盈利能力和成长性，在同行业中所处的地位，以及与同类公司的差异水平。该指标越高越稳定，证明公司有着较强的稳定性和成长性，在行业中也会获得较好的地位。

巴菲特说，他只选择那些净资产收益率大于 15% 的公司。如果一家公司能够连续多年保持高于 20%，则是优异的公司。而当一家公司的净资产收益率一直保持在 10% 以下，那么这家公司就没有投资价值。

净资产收益率是杜邦分析法的核心指标。杜邦分析法是一种用来评价公司盈利能力和股东权益回报水平的方法，它是从财务角度评价公司绩效的经典方法，被投资者广泛使用。其核心方法就是把公司的净资产收益率拆解为多个财务指标的乘积，这样有助于分析比较公司的经营业绩。

虽然从一般意义上讲，上市公司的净资产收益率越高越好，但有时候过高的净资产收益率也蕴含着风险。比如说个别上市公司虽然净资产收益率很高，但负债率却超过了 80%（一般来说，负债占总资产比率超过 80% 就会被认为经营风险过高），这个时候就得小心。这样的公司虽然盈利能力强，运营效率也很高，但这是建立在高负债基础上的，一旦市场有什么波动，或者银行抽紧银根，不仅净资产收益率会大幅下降，公司自身也可能会出现亏损。

对上市公司来说，适当的负债经营是非常有利于提高资金使用效率的，能够提高净资产收益率。但如果以高负债为代价，片面追求高净资产收益率，虽然一时看上去风光，但风险也不可小觑。

有些股民一遇到上市公司发行新股再融资就反对，认为这家公司的净资产收益率远远高于银行贷款利率，根本不必向股民再融资，可以向银行贷款经营呀，这样可以大大提高净资产收益率。其实上市公司再融资有时是为了降低经营风险，这恰恰是对股东负责的表现。

2. 指标实战应用

（1）净资产收益率可以作为选股的标准。当然并不是把净资产收益率作为唯一的标准来选择投资标的，而是首先排除净资产收益率较低的公司，这样就排除了那些盈利能力欠佳的公司。然后结合其他指标，如市盈率、市净率等指标，对投资标的做一个综合判断，若是一只股票估值已经过高了，即使净资产收益率仍然表现较好，那么也已经透支了未来的成长空间，也不具备投资价值了。所以在使用净资产收益率指标选股时，也要结合其他指标，才能做出正确的投资决策。

（2）净资产收益率能直接影响股价的表现。由于净资产收益率直接反映公司利用净资产创造利润的能力，而盈利能力是影响公司股价的决定性因素之一，当净资产收益率较高时，说明公司盈利能力强，公司股价短期内受市场因素影响或许有大的波动，但是长期来说其股价波动一定是围绕资本的累积速度，也即净资产收益率的增速才是股价高低的表现形式。

（3）净资产收益率是公司基本面分析的核心指标。公司经营状况的好坏最后都会反映到公司的财务指标上，而财务指标中的核心指标就是净资产收益率。很多券商的行业分析师都把净资产收益率的高低作为公司基本面分析的依据。当净资产收益率变低的时候，说明公司的盈利能力和成长性有所下滑，而当净资产收益率变得较高时，说明公司的盈利能力和成长性也较高。

（4）净资产收益率可以反映一家上市公司管理层的资产管理能力。若上市公司在规模不断扩大，其仍能够保持较好的净资产收益率的情况下，说明公司的日常经营情况较好，管理者具备了优秀的管理能力，能为公司的股东创造更多的收益。同时净资产收益率较高且稳定的情况下，说明公司的盈利能力覆盖公司债权的保障程度也越高，公司的偿债能力风险较低。

3. 案例分析: 中国平安和中国太保净资产收益率指标分析

1）财务数据分析

根据中国平安（601318）和中国太保（601601）2007～2017年公布的年度财务报告，可以得出该上市公司各年度的净利润和平均股东权益，以及通过计算获得两家公司各年度的净资产收益率，如表3-4所示。

表 3-4　两家公司总资产收益率对比图（单位：亿元）

年份	中国平安（601318）			中国太保（601601）		
	净利润	平均股东权益	净资产收益率	净利润	平均股东权益	净资产收益率
2007	150.86	779.22	19.36	68.93	382.94	18
2008	14.18	881.89	1.61	25.69	562.21	4.57
2009	138.83	794.51	16.84	73.56	623.97	11.79
2010	173.11	1043.13	16.6	85.57	786.12	10.89
2011	194.75	1441.13	13.51	83.13	798.03	10.42
2012	200.5	1904.96	10.53	50.77	878.12	5.78
2013	281.54	2246.77	12.53	92.61	989.78	9.36
2014	392.79	2967.61	13.24	110.49	1097.91	10.06
2015	542.03	3836.94	14.13	177.28	1274.39	13.91
2016	623.94	4500.16	13.86	120.57	1352.23	8.92
2017	890.88	5371.89	16.58	146.62	1379.41	10.63

从表 3-4 中可以看出，中国平安（601318）的净利润增幅较大，平均股东权益增长也较快，10 年间增长了 4592.67 亿元。由于计算的是其基本的净资产收益率，并没有考虑其他因素对净资产收益率的影响，所以说按照加权以后的股东权益计算的净资产收益率，中国平安的净资产收益率还要更高。中国平安是一家非常优秀的公司，俗话说，保险公司有两家，一家是中国平安，另一家叫其他的保险公司。从数据中可以看出，中国太保的净资产收益率只有几年保持在了 10% 以上，净利润与中国平安也差了几个量级，从这个数据可以看出哪家公司是行业龙头。

2）净利润分析

根据表 3-4 中中国平安（601318）和中国太保（601601）2007 ～ 2017 年各年度的净利润数值，可以绘制出两家公司的折线图，如图 3-16 所示。从折线图中可以看出，中国平安的净利润增幅较大，很多财务指标的计算都会考虑到净利润的影响，净资产收益率只是其中之一。从净利润的绝对数值能够看出一家公司是不是龙头公司，从折线图中可以看出，中国太保的净利润增幅不如中国平安的净利润增幅。随着经济的发展，人们生活水平的提高，人们对于保险的需求也到了一个井喷期，所以保险需求的旺盛，以及保险公司投资管理能力的提升，都导致了中国平安净利润的增加。

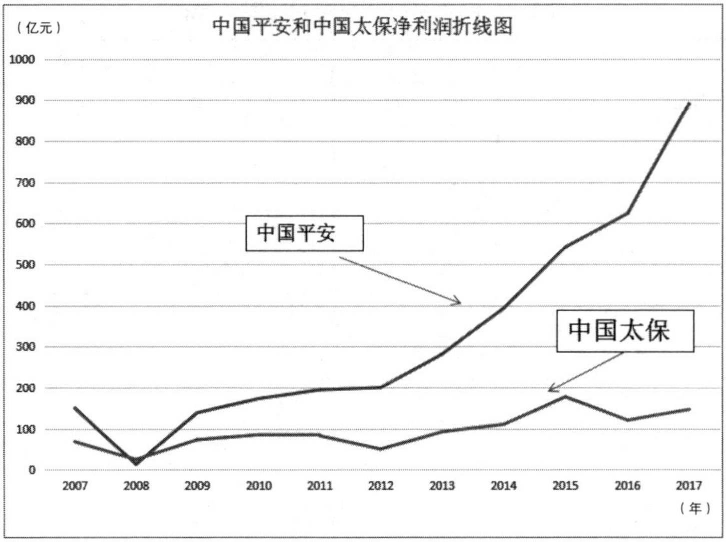

图 3-16　中国平安（601318）和中国太保（601601）2007 ～ 2017 年净利润折线图

3）股东权益分析

　　根据表 3-4 中中国平安（601318）和中国太保（601601）2007 ～ 2017 年各年度的平均股东权益数值，可以绘制出两家公司的折线图，如图 3-17 所示。从折线图中可以看出，中国平安的股东权益增幅较大，当然中国太保的股东权益也有较大增幅，只是增幅不如中国平安。股东权益的组成部分为股本、资本公积、盈余公积以及未分配利润等。当股东权益增幅较大，而股本又变化较小时，这说明公司的股东权益增长为内生性增长。从图中可以看出，中国平安的平均股东权益实现了指数级的增长，这样的增长靠股本的扩张是难以实现的。

4）净资产收益率分析

　　根据表 3-4 中中国平安（601318）和中国太保（601601）2007 ～ 2017 年各年度的净资产收益率数值，可以绘制出两家公司的折线图，如图 3-18 所示。从折线图中可以看出，中国平安（601318）的净资产收益率从 2009 年开始全面超过中国太保，数值一直保持在其上面。长期来看一家公司的投资收益率会贴近其资本的累积速度，即净资产收益率水平的高低。从折线图中可以看出，中国太保的净资产收益率波动较大，这说明经营的稳定性较差。一家公司的净资产收益率最好是一直保持在一定的水平之上，而且能够持续改善，对于这样的公司，是投资者最值得投资的。很显然仅从净资产收益率的角度来分析公司时，中国平安的投资价值大于中国太保的投资价值。

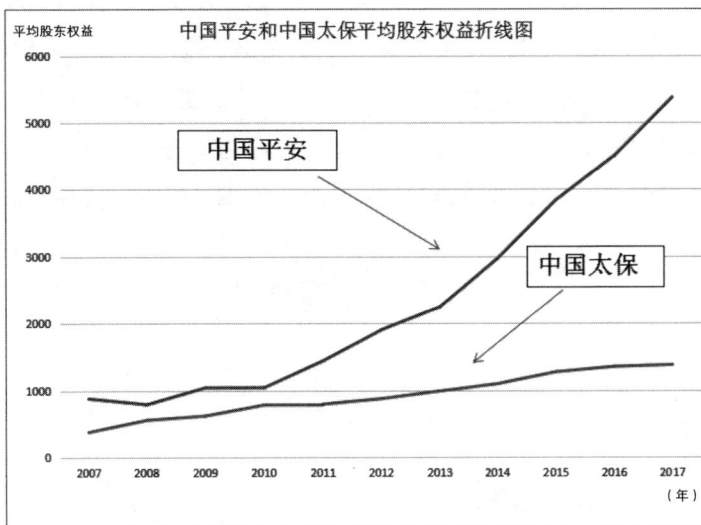

图 3-17　中国平安（601318）和中国太保（601601）
2007～2017 年平均股东权益折线图

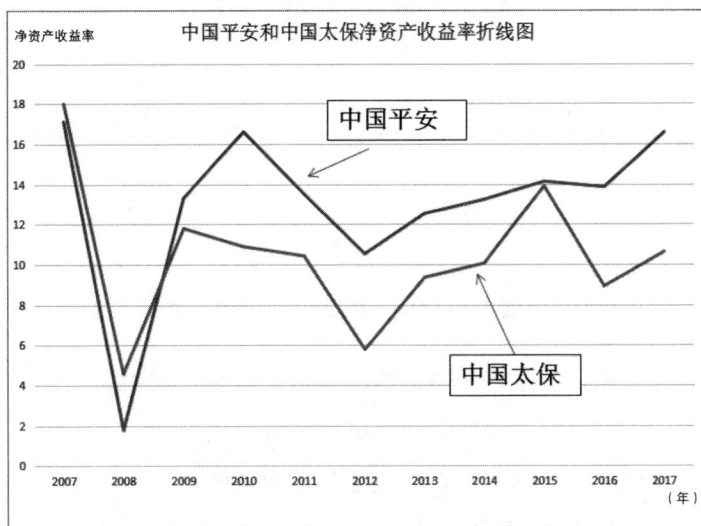

图 3-18　中国平安（601318）和中国太保（601601）
2007～2017 年净资产收益率折线图

5）股价走势分析

　　图 3-19 所示为中国平安（601318）2007 年至 2017 年股价日 K 线图，

从图中可以看出，中国平安的股价除去 2007 年和 2015 年的牛市外，基本上处于横盘状态，只有到了 2017 年以后，股价才开始有了大幅的上涨，股价走势会受到多种因素的影响，包括政策面、资金面、基本面等，而价值投资就是 4 毛钱买价值 1 块钱的东西，因为认可公司的价值而选择坚守，无论市场对其估值如何，都相信自己是对的。从净资产收益率的角度看，从 2012 年之后中国平安的净资产收益率保持在较高水平，但是其股价走势并没有改善。

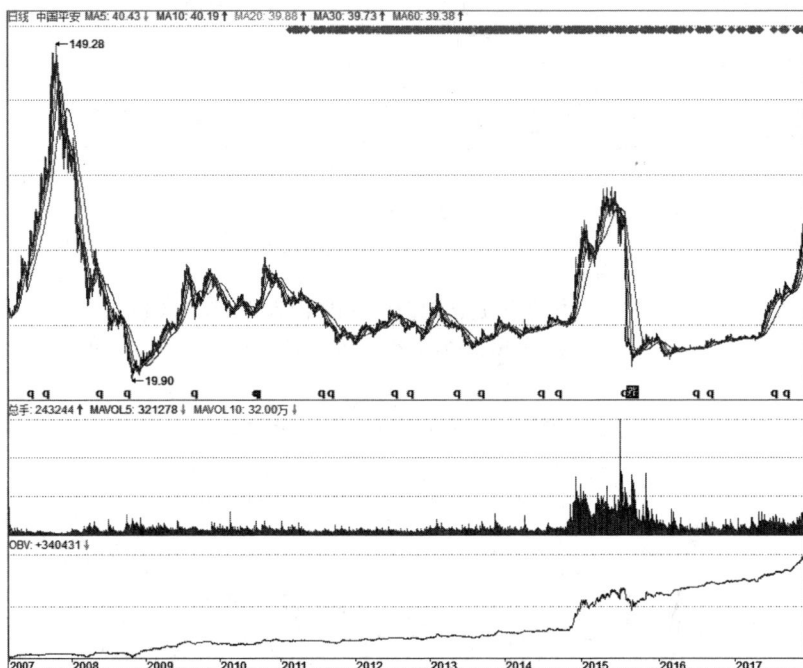

图 3-19　中国平安（601318）2007 ～ 2017 年日 K 线图

中国太保（601601）的净资产收益率水平虽然不如中国太保，但是看其股价走势却比中国平安的股价走势坚挺，这从一个侧面说明净资产收益率虽然在长期内能够影响公司的股价，但是在短期内公司的股价并不只受净资产收益率的影响，会受到多种因素的影响。未来保险的黄金期从 2017 年才真正地开始爆发，不仅行业的规模要快速扩张，而且由于保险意识的增强，以及老龄化的加速，人们开始意识到保险对于人生保障的重要性，必将迎来行业的重大机遇期，而在资本市场上也会有所反应，现在 A 股市场上只有 6 家保险公司，投资价值非常易于辨别，如图 3-20 所示。

图 3-20　中国太保（601601）2007 ～ 2017 年日 K 线图

十七、股利保障倍数

1. 指标释义

　　股利保障倍数指可分配给股东的利润与相对于已经或已决定分配给股东股利的比率，也就是公司可分配给股东的利润是股东所获得股利的倍数。一般情况下，该项指标越低越好，说明公司愿意给投资者分配红利。

　　股利保障倍数也等于每股收益与每股股利的比率。每股收益是净利润与股本总数的比率，是指普通股股东每持有一股所能享有的公司净利润或者需承担的净亏损的数量。

　　每股股利是指公司分配给普通股股东的股利总额与公司流通股总股本的比值，它是反映普通股每股获得多少股利的一个指标。

　　股利保障倍数可以反映上市公司的盈利能力和未来发展预期。如果该项指标能够维持在较低的水平，说明公司有着较好和较稳定的盈利能力，敢于给股东分红，说明管理者对于公司的未来充满了信心。如果公司能够坚定地定期给股东分红，也说明公司经营者对股东负责，愿意回报股东。

投资者通过股利保障倍数，可以了解一家公司的未来经营思路。影响股利保障倍数的因素，主要是公司的盈利状况和利润分配政策与股利发放政策。如果公司想要扩大再生产或者留存更多的未分配利润，那么公司就会减少股利的发放，这样股利保障倍数就会提高。

股利保障倍数可以反映公司的成长性。通常情况下，大家认为该指标越低，越有利于投资者，但是对于成长性的公司，该指标并不是越低越好。因为当成长性公司留下更多的利润时，可以为股东创造出更多的利润，因此未来也会给股东带来更大的回报。

一般情况下，股利保障倍数越大，表明公司支付股利的能力越强。股利保障倍数是从公司利润的角度来计算和衡量的，反映了公司当年收益对普通股股利的保障程度。同时股利保障倍数中包括现金股利，但又不限于现金股利，也可以是股票股利。当然该指标也有一定的局限性，股利保障倍数虽然表示公司有利润，但是不一定有足够的现金发放现金股利。所以投资者在具体应用时应多加注意。

2. 指标实战应用

（1）股利保障倍数不是评价企业盈利能力的指标，其比率的高低也不能直接影响股价的变化。股利保障倍数主要是反映企业对最终利润的运用政策和对股东的责任心，因此，投资者不能凭借该项指标直接进行二级市场的交易性投资决策。

（2）股利保障倍数的决定因素是企业的最终净利润和发放的股利这两者之间的关系，但公司发放股利的数量并不只是从当年的净利润角度考虑，公司可能还有历史留存的盈利，因此并不见得当期收益降低，分红派息就一定会低，有时候该项比率也会小于 1，即每股股利大于每股收益。

（3）股利保障倍数更适合那些以获取股利作为主要收益的投资者使用。

股票市场上获利手段有多种，有短线交易者，有量化投资者，有价值投资者，而对于股利保障倍数这个指标来说，最主要是针对价值投资者，他们长期持有股票，不仅能够获得公司成长的钱，而且能够获得股息，对于这样的投资者，股利保障倍数就凸显其重要性。无论是公司留存利润进行扩大再生产，还是公司进行股利分红，都有利于价值投资者。

（4）随着我国股市的逐步完善，上市公司将会越来越注重投资者的信心培养，注重树立良好的企业形象，因此，投资者也应该加大关注股利保障倍数等有关回报股东利益的相关指标。

3. 案例分析: 云南白药和吉林敖东股利保障倍数指标分析

1）财务数据分析

根据云南白药（000538）和吉林敖东（000623）2007～2017 年公布的年度财务报告，可以得出该上市公司各年度的每股收益和每股股利以及通过计算获得两家公司各年度的股利保障倍数，如表 3-5 所示。

表 3-5　两家公司股利保障倍数对比图（单位：亿元）

年份	云南白药（000538）			吉林敖东（000623）		
	每股收益	每股股利	股利保障倍数	每股收益	每股股利	股利保障倍数
2007	0.7	0.1	7.00	3.47	0	3.47
2008	0.96	0.3	3.20	1.5	0.2	7.50
2009	1.13	0.2	5.65	2.38	0.2	11.90
2010	1.33	0.1	13.30	2.16	0.03	72.00
2011	1.74	0.16	10.88	2.88	0.2	14.40
2012	2.28	0.45	5.07	0.72	0.1	7.20
2013	3.34	0.5	6.68	1.18	0.1	11.80
2014	2.41	0.5	4.82	1.58	0.2	7.90
2015	2.66	0.6	4.43	2.9	0.3	9.67
2016	2.8	0.8	3.50	1.89	0.3	6.30
2017	3.02	1.5	2.01	1.6	0.3	5.33

从表 3-5 中可以看出云南白药（000538）的每股收益基本上呈逐年上升趋势，2017 年每股股利增长较快，这说明 2017 年云南白药的股利分配较多。2017 年，云南白药的股利保障倍数最低。股利保障倍数越低，说明公司分配股利越多。从表中可以看出，吉林敖东（000623）的每股收益在 2016 年和 2017 年有所下滑，其每股股利保持较为平稳，2017 年股利保障倍数保持在低位，股利保障倍数最高出现在 2010 年，股利保障倍数高，说明公司不愿意分红，投资者只能赚取市场的钱，对于红利这一块的收入会减少。

2）每股收益分析

根据表 3-5 中云南白药（000538）和吉林敖东（000623）2007 ～ 2017
年各年度的每股收益数值，可以绘制出两家公司的折线图，如图 3-21 所示。
从折线图中可以看出，从 2007 年到 2017 年，云南白药（000538）的每股
收益呈逐年上升态势，云南白药是老字号的中药企业，其护城河较宽，由于
影响每股收益的主要是净利润和股本，当股本保持不变时，净利润增长越多，
每股收益越大。而吉林敖东（000623）的每股收益增速波动较大，这说明其
经营中有不稳定因素，投资者在做出投资决策时，一定要结合各项指标，慎
重做出投资决策。

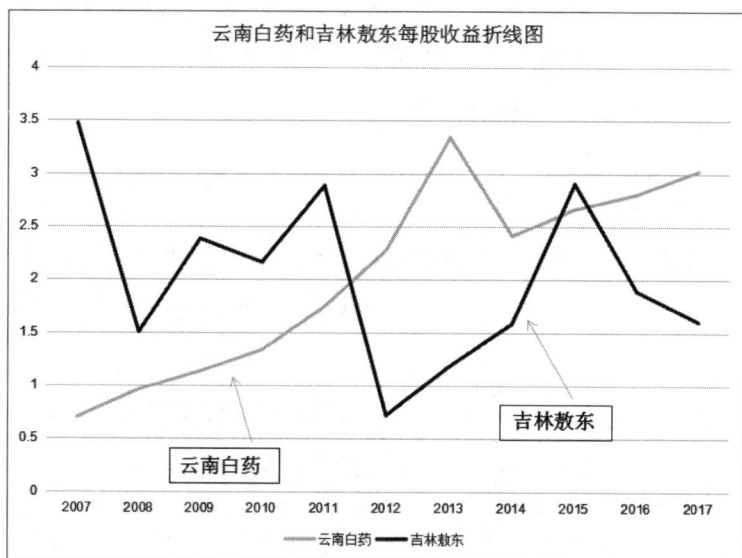

图 3-21　云南白药（000538）和吉林敖东（000623）每股收益折线图

3）每股股利分析

根据表 3-5 中云南白药（000538）和吉林敖东（000623）2007 ～ 2017
年各年度的每股股利数值，可以绘制出两家公司的折线图，如图 3-22 所示。
从折线图中可以看出，云南白药（000538）的每股股利增长较快，虽然吉林敖
东（000623）的每股股利也有一定的增幅，但是增长幅度低于云南白药的增幅。
通过每股股利可以看出一家公司对于股东的态度，如果每股股利能够每年增
长，那么股东就能够分享公司成长的红利。若是每股股利很少，或者不分红，

那股东就享受不到公司成长的红利。

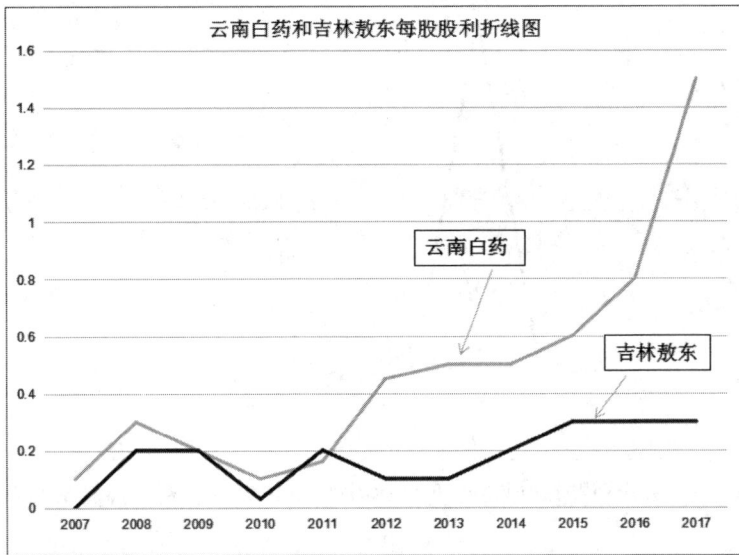

图 3-22　云南白药（000538）和吉林敖东（000623）每股股利折线图

4）股利保障倍数

根据表 3-5 中云南白药（000538）和吉林敖东（000623）2007 ～ 2017 年各年度的股利保障倍数数值，可以绘制出两家公司的折线图，如图 3-23 所示。从折线图中可以看出，云南白药（000538）的股利保障倍数低于吉林敖东（000623）的股利保障倍数，股利保障倍数越低，说明公司的分红越高。从图中可以看出，云南白药的股利保障倍数越来越低，同时也揭示出云南白药的股利分配政策更有利于投资者。

5）股价走势分析

图 3-24 所示为云南白药（000538）2007 ～ 2017 年股价日 K 线图，从图中可以看出，云南白药（000538）的股价在震荡中上行，股价的上下波动有时候会受到多种因素的影响，但是长期来看，股价一定围绕价值波动。看云南白药的高点并不是 2015 年的牛市，而是在 2013 年牛市的前夜。当 2015 年牛市来临的时候，其并没有创出 2013 年末的高位。看其股利保障倍数，可以看出股利保障倍数逐年降低，股利保障倍数虽然也会影响股价，但是并不是影响股价的主要因素。

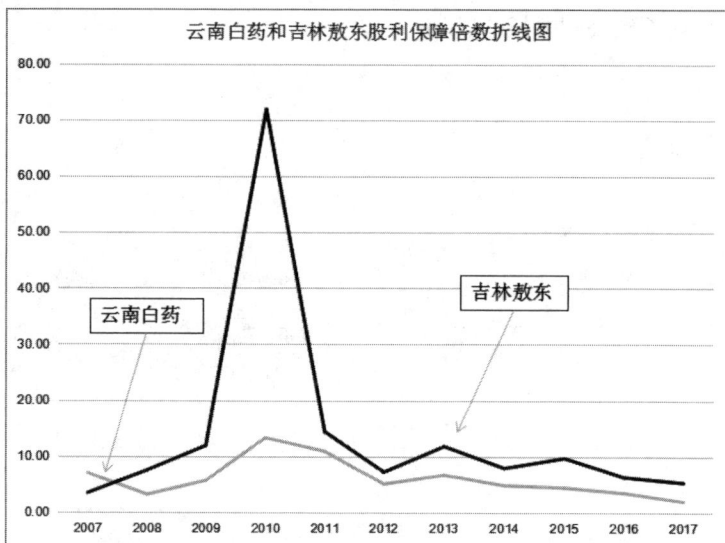

图 3-23　云南白药（000538）和吉林敖东（000623）股利保障倍数折线图

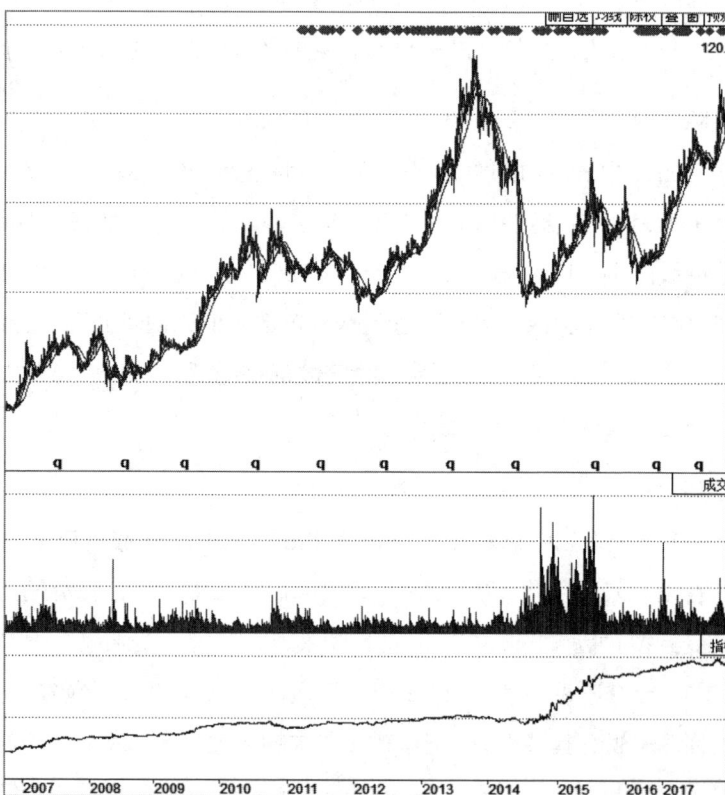

图 3-24　云南白药（000538）2007 ～ 2017 年股价日 K 线走势图

图 3-25 所示为吉林敖东（000623）2007 年至 2017 年股价日 K 线图，从图中可以看出，吉林敖东的股价在 2007 年创出新高后，在过去 10 年一直在震荡中下行，看其股利保障倍数其实是一直保持在较低的位置，这也说明股利保障倍数不是评价企业盈利能力的指标，其比率的高低也不能直接影响股价的变化。吉林敖东是一家医药企业，其主打产品是化学药品和中药，从其每股收益看，这种盈利的确定性确实不及云南白药。

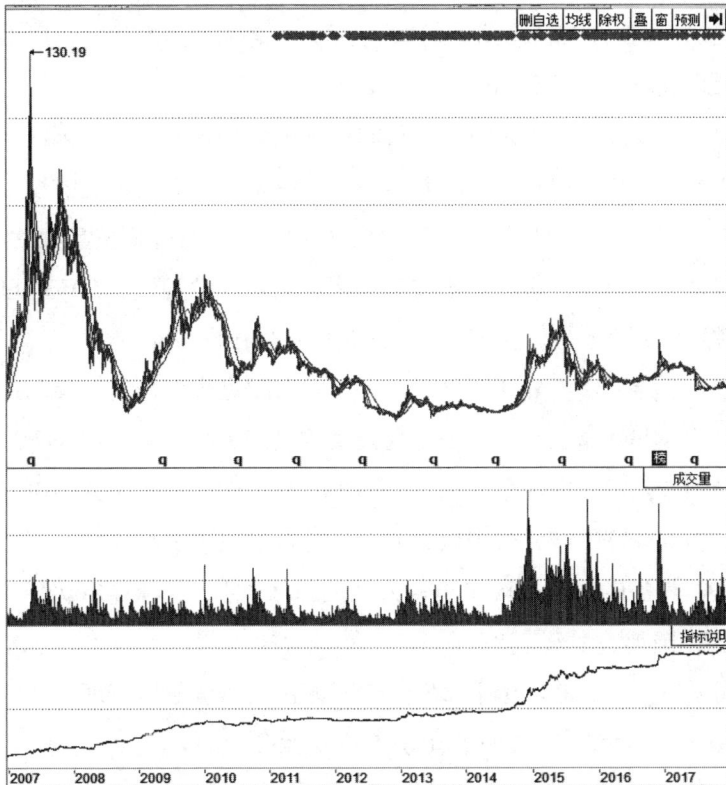

图 3-25　吉林敖东（000623）2007 ～ 2017 年股价走势日 K 线图

十八、获利率

1. 指标释义

获利率又称为股息率，是每股股利与每股股价的比率。它说明每一元投资所获得的现金分红报酬。获利率是衡量股票投资价值的重要指标，该指标越高，说明公司的盈利能力越强，为股东创造的利润越多，越会受到投资者的青睐。

获利率可以衡量公司的成长性。公司本红派息一般都在行业和企业经营已经步入稳定期，盈利能力趋于稳定，在短期内也不会有大的产业转型或者扩张，因此这些公司都有较稳定的股利发放政策。而长期处于成长期或者衰退期的行业或公司，它们的盈利能力无法稳定，成长性公司需要资金发展壮大，衰退的公司一方面盈利能力下降，另一方面需要资金周转，以维持后续发展，因此也无法保证较高的股利发放政策。

获利率代表投资者可以真正从某家公司收到的现金报酬。因此，该项指标是价值投资者衡量投资回报的重要指标。投资者可以对不同的投资进行比较，如 10 年期国债、银行利息等，如果获利率大于其他投资品种的收益率，说明投资者的投资是划算的。不过需要注意的是，像国债、银行利息等往往在一定时间内是固定的，波动率有限，而股息率的波动较大。

上市公司给投资者分红派息，是我国股市改进和完善的必经之路。创造股市的目的无非就是两个，一个是为公司的发展进行融资，另一个是为投资者的投资创造回报。在完善的股市交易中，公司融资是为了公司更好的经营和发展，提供更好的产品或者服务，而不是通过股市进行圈钱。而投资者投资股市获得收益的途径，应该是从公司的持续成长中获得持续稳定的收益，而不能将股市视为赌场。

我国股市在逐步的完善中，投资者要逐步培养价值投资理念，多关注股息率等具有实质性价值的指标，用于判断股票的投资价值。

在分析获利率时，要注意该项指标的稳定性。获利率不像国债或者银行利息那样固定，它们会随着公司的盈利能力而变化，随公司股利发放政策的改变而变化。在对它们进行分析时，不要关注某一次分红的多少，而应该关注它们的稳定性。投资者不能仅凭某次获利率的高低来评价公司的股息发放水准和盈利能力。上市公司的股利发放水平和持续性会因公司的经营需求而改变，一般有着稳定持续性盈利股利发放政策的公司，其盈利能力既强也能够持续。

上市公司高分红派息的原因主要有以下 3 点。

第一是回报股东，获得投资者的信任和关注，许多白马股对公司的形象和股价表现比较关心，他们会采用较高的股利发放政策来赢得投资者的信任，以保持公司的良好形象。这些公司一般是绩优蓝筹或者是细分行业的龙头。

第二是提高净资产收益率。随着公司的发展和净资产的快速增长，公司如果没有进一步扩大再生产的需要，那么净资产收益率会下降，对于股东来说是一种资源的浪费，也不利于公司形象的塑造。因此公司会倾向于将积累的这部分资产分配给股东，这样净资产收益率会有较大的提高。这类公司一般是那些经营较为稳定、盈利能力强、现金流充沛、每股净资产高的上市公司，采用高派息的分红政策，可以使上市公司和投资者双方受益。

第三是初始股东套现。在 A 股市场里，公司刚上市时需要大资金的认购，这些大资金控制着公司的股利发放政策。由于某些原因，持有大量低价股票的大股东收回或降低投资成本时，会选择高比例派息。

股息率往往局限于评价已经有股息发放记录的公司，记录越多，联系性越强，该指标的评价作用越高。如果公司的分红派息记录很少或根本没有，这样无法通过获利率指标来分析。特别是目前的 A 股市场中，由于公司分红派息并不是固定的，现金分红派息没有形成大的气候，因此并不是所有的股票都可以用股息率来评估公司的投资价值和股价的风险，只能借助市盈率等来分析。

2. 指标实战应用

（1）关注股息率，要注意股息派发的 4 个时间点，宣布日、登记日、派息日和除息日。这 4 个时间点中最值得注意的是登记日和派息日。所谓登记日是指确认参加本期股息分配的股份持有者名册和股份数量的时间点，即当日持有标的股的投资者，才可以按股份的多少获得公司发放的股息。只有在股权登记日以前到登记公司办理了登记过户手续，才能获得正常的股息红利收入。登记日后的第一天就是除息日或除权日，这一天或以后购入该公司股票的股东，不再享有该公司此次分配股权。除权日是转增或者配送股之后，市场可流通股数增加，原来的市场价格必须进行除权。

（2）股息率可以反映上市公司的盈利能力和未来发展预期。如果该项比率能够维持在一个稳定的水准，说明公司有着较好和较稳定的盈利能力，敢于给股东分红，管理层对公司的未来充满信心。如果公司能够坚持定期给股东分红，也说明公司经营者对股东负责，愿意回报股东。

（3）投资者可以利用获利率来寻找防御性的股票。在市场处于熊市的时候，那些能够持续分红派息的上市公司是理想的防御型品种。投资者既可以在熊市里享受公司给投资者带来的高于银行利息的股息，也可以避免错过行情启动时的机会。股价的变化幅度最终还是取决于公司的未来发展，公司的分红派息就是对过去投资者的回报，说明公司经营发展持续而稳健。

（4）股息率是衡量一只股票是不是有投资价值的重要指标。如果一只股票在其估值不高或者是估值合理的时候买入，然后长期持有，通常其每年的分红累加可能就已经收回了成本，所以对于这样的投资是可欲而不可求的。这样的股票一般所体现出来的是高股息率、低市盈率、高净资产收益率。选择这样的股票获取超额收益的概率会大很多。

3. 案例分析: 恒瑞医药和华东医药获利率指标分析

1）财务指标分析

根据恒瑞医药（600276）和华东医药（000963）2007 ～ 2017 年公布的年度财务报告，可以得出该上市公司各年度的每股股利和每股市价，以及通过计算获得两家公司各年度的获利率，如表 3-6 所示。

表 3-6　两家公司获利率对比图（单位：亿元）

年份	恒瑞医药（600276）			华东医药（000963）		
	每股股利	每股市价	获利率 %	每股股利	每股市价	获利率 %
2007	0.07	57.04	0.12	0.144	16.5	0.87
2008	0.07	38.51	0.18	0	10.77	0.00
2009	0.07	52.5	0.13	0	18.4	0.00
2010	0.06	59.56	0.10	0.297	32.87	0.90
2011	0.071	29.44	0.24	0	26.62	0.00
2012	0.071	30.1	0.24	0	34	0.00
2013	0.0805	37.98	0.21	0	46	0.00
2014	0.085	37.48	0.23	0.874	52.61	1.66
2015	0.1	49.12	0.20	1.25	81.96	1.53
2016	0.135	45.5	0.30	1.35	72.07	1.87
2017	0.13	68.98	0.19	0.72	53.88	1.34

从表 3-6 中可以看出最近两年恒瑞医药（600276）的每股股利较之前有所增加，由于每股股利的高低直接影响获利率的高低，但是该指标的计算其实有所偏颇，原因就是每股市价取的是每年年末的时点数，造成的结果就是获利率是静态的。当股价有所变化时，获利率也跟着变化。从表中可以看出，华东医药的股份分配并不是特别稳定，当每股股利为零的时候，投资者的获利率也为零。恒瑞医药的获利率比华东医药的获利率更加稳定。

2）每股股利分析

根据表 3-6 中恒瑞医药（600276）和华东医药（000963）2007 ~ 2017 年各年度的每股股利数值，可以绘制出两家公司的折线图，如图 3-26 所示。从折线图中可以看出，恒瑞医药的每股股利虽然增长不是很大，但是股利分配政策却较稳定，而华东医药的每股股利政策不是特别稳定，大起大落较为明显，这给投资者一种经营不稳定的感觉。

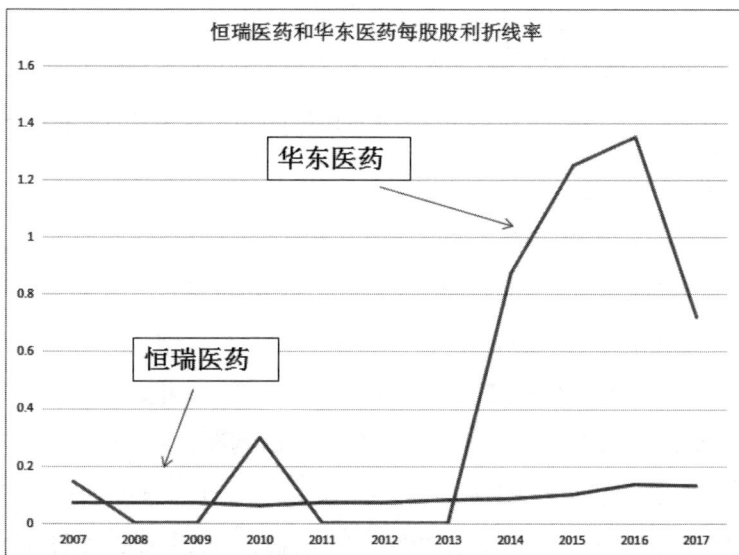

图 3-26　恒瑞医药（600276）和华东医药（000963）每股股利折线图

3）每股市价分析

根据表 3-6 中恒瑞医药（600276）和华东医药（000963）2007 ~ 2017 年各年度的每股市价数值，可以绘制出两家公司的折线图，如图 3-27 所示。从折线图中可以看出，恒瑞医药的股价 2011 年开始，每年都在增长，由于股价会受到多种因素的影响，同时选取的每股市价为每年年末的股价时点数，所以并不能够反映一家公司股价的全貌。华东医药的每股市价在曲折中增长较快，但是其经营没有那么稳定，所以可以看出 2017 年每股市价下滑较大。

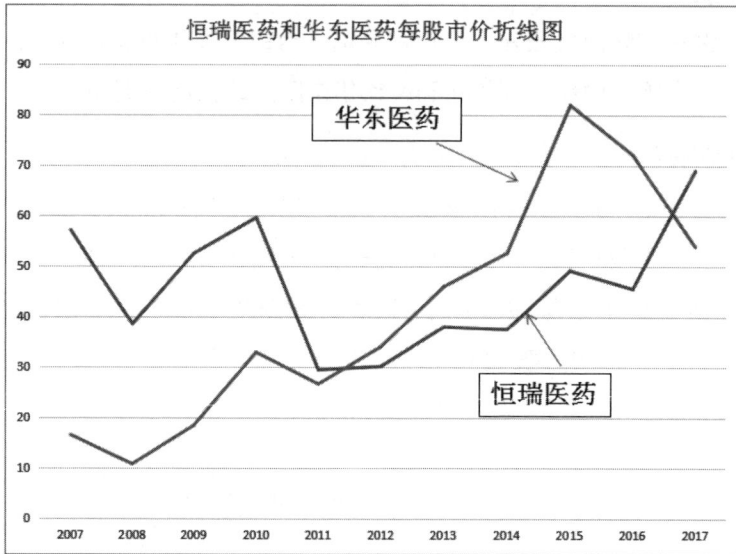

图 3-27　恒瑞医药（600276）和华东医药（000963）每股市价折线图

4）获利率分析

根据表 3-6 中恒瑞医药（600276）和华东医药（000963）2007 ～ 2017年各年度的获利率数值，可以绘制出两家公司的折线图，如图 3-28 所示。从折线图中可以看出，在过去几年间华东医药没有分红。但是从 2013 年开始华东医药的获利率明显高于恒瑞医药的获利率。当然恒瑞医药的获利率更加的稳健，基本上保持在 0.2 左右。由于每股市价取的是 2007 ～ 2017 年每年的年底数，所以这种指标计算方式也带有一定的局限性。但是通过计算财务指标的方式，可以综合评判一家公司的可投资价值，以及未来的成长性。

5）股价分析

图 3-29 所示为恒瑞医药（600276）2007 ～ 2017 年股价日 K 线图，从图中可以看出，从 2007 年至 2010 年，恒瑞医药（600276）的股价一直在震荡中上行，并在 2010 年创出了新高，之后一路下跌，从 2011 年开始创出新低，虽然也有震荡，但是振幅并不是很大，到 2017 年又创出了新高。中间这

个过程十分的漫长。那么再结合其获利率来分析，看公司股价走势与获利率的关系。通过恒瑞医药的获利率折线图，可以看出恒瑞医药的获利较为稳定，并没有大起大落。所以获利率对于股价的波动因素影响较小，虽然长期来看获利率高的公司对于股价影响较大，但是在短期内公司股价根本看不出与获利率的关系。所以在分析获利率时，要综合考虑各种因素，而不能仅考虑分红因素，尽管分红可以看出一家公司的管理层能力高低以及公司的经营发展状况。

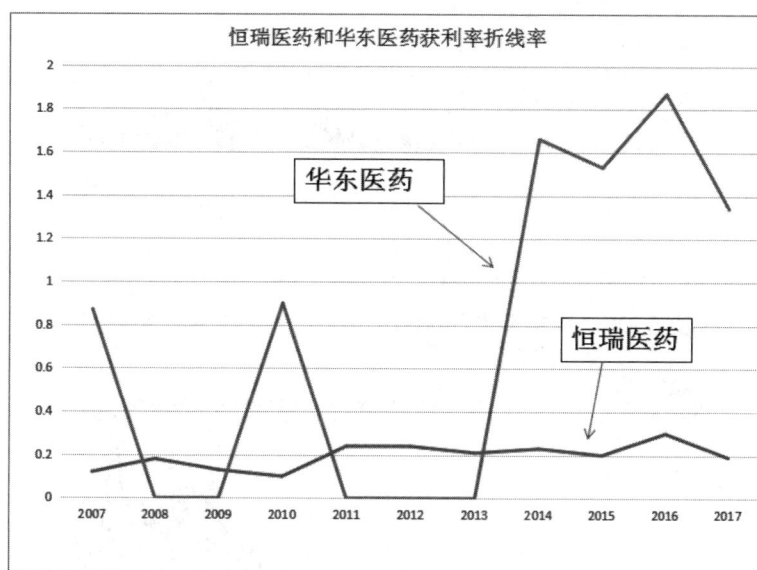

图 3-28　恒瑞医药（600276）和华东医药（000963）获利率折线图

图 3-30 所示为华东医药（000963）2007 ～ 2017 年股价日 K 线图，从图中可以看出，从 2007 ～ 2016 年，华东医药（000963）的公司股价一直处于上涨状态，并且屡创新高。但是从 2017 年开始出现了一次断崖式下跌。当然影响股价的因素有很多，结合其获利率来分析，可以看到当华东医药的获利率为零的时候，股价并没有下跌多少，但是 2017 年公司的获利率虽然有所下滑，公司股价却出现了大幅回撤。究其原因，公司股价会受到多种因素的影响。从中也可以看出，虽然获利率在长期来看会影响公司的股价，但是在短期之内并不会直接对公司股价产生影响。所以在利用获利率分析公司股价时，要结合其他财务指标来进行。

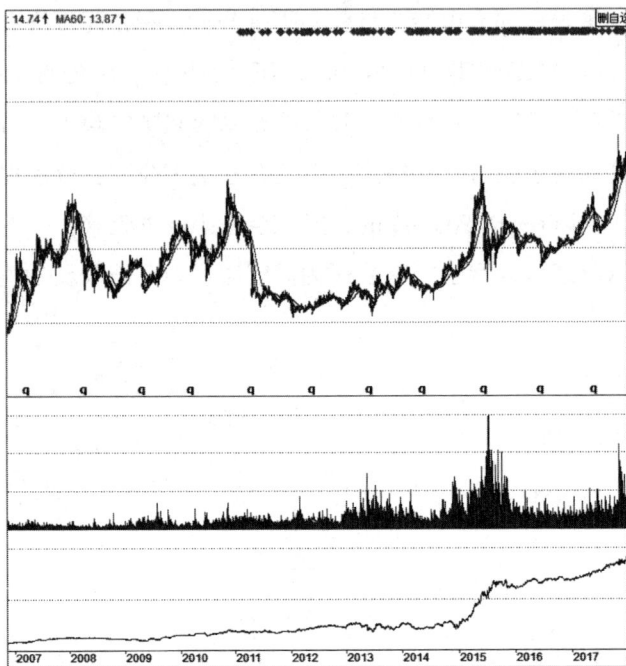

图 3-29　恒瑞医药（600276）2007 ～ 2017 年日 K 线图

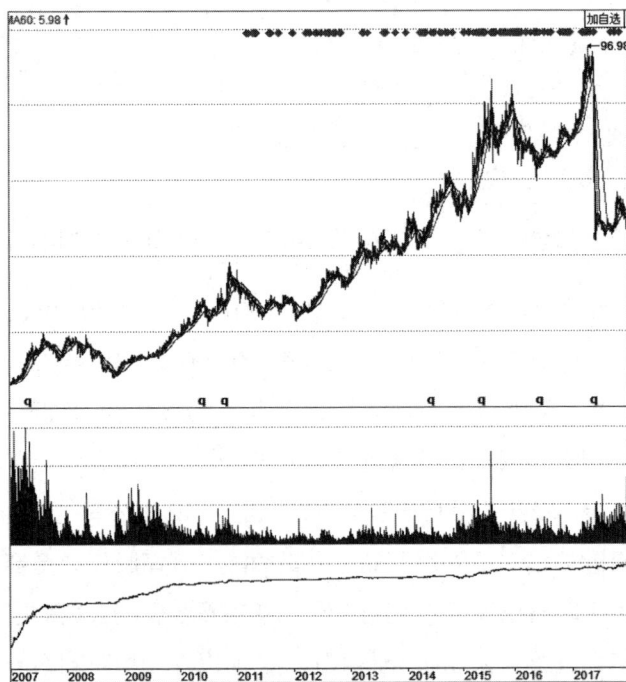

图 3-30　华东医药（000963）2007 ～ 2017 年日 K 线图

十九、市盈率

1. 指标释义

市盈率是每股市价与每股收益的比率，也即总市值与总收益的比率。市盈率是关于上市公司估值的最重要的指标之一，它表示在目前的盈利水平下，投资者用多少年可以把投资成本收回。一般情况下，市盈率越低，越具有投资价值。当然有时候很多公司市盈率低也可能说明公司没有投资价值。所以任何指标都要结合其他指标来分析。

市盈率有静态市盈率和动态市盈率之分。在炒股软件上，静态市盈率是用现在的每股市价除以去年的每股收益，而动态市盈率是用现在的股价除以最新 4 个季度的每股收益。如最新报表是一季报，那么年化每股收益为一季报每股收益乘以 2。还有一种是 TTM 市盈率，是用最新的每股市价除以最近 4 个季度的每股收益为分母计算得来的。由于每年的盈利总是会增长的，所以一般情况下，动态市盈率是小于静态市盈率指标的。

市盈率指标能够反映公司的投资价值大小和风险程度。市盈率越高，证明公司投资价值越低，股价风险越大。盈利能力是公司的核心，所以当公司的盈利能力越强时，代表公司能够为股东创造更大的收益，在股价不变的情况下，市盈率越低，公司的投资价值越大。如果公司的盈利能力下降，则市盈率上升，公司的投资价值下降。如果公司的盈利能力没有变化，股价出现了上涨，说明投资者要花更多的钱购买同等价值的股票，公司的投资价值降低，此时的市盈率为上升。

市盈率的倒数为投资回报率，比如市盈率为 10 倍，那么投资回报率为 10%，如果市盈率为 20 倍，那么投资回报率为 5%。

还有一个概念叫作整体市盈率，意思是说一个市场中所有股票的平均市盈率是多少，整体市盈率的高低能够反映整体经济情况和股市大势情况。一般认为，A 股的市盈率在 15 到 20 倍为合理空间。如果 A 股整体的市盈率偏低，说明市场进入投资区域。如果偏高，则市场的风险加大，不适合投资。

市盈率并没有合理的范围。在不同的经济环境下，市场的整体市盈率也会有所不同。宏观经济向好时，市盈率整体偏高，宏观经济低迷时则偏低。不同行业的整体市盈率也不一样，由于市场对于新经济公司有着较好的预期，所以这些行业有着较高的市盈率。不同的公司发展阶段也会有不同的市盈率合理范围。公司处于高速成长期时，有较高的市盈率。当公司步入成熟期时，市盈率会逐步下降到通常认为合理的水平。而当公司迈入衰退期时，由于投资者对于未来没有信心，市盈率也会随股价下跌而降低。所以低市盈率公司就不一定值得投资。

市盈率有一定的局限性，它只是反映某一个时间点的市场价格与公司每股收益的比率。由于股票价格时有波动，即使到了公司的年终，每股收益也会有较大变化，所以市盈率每时每刻都在变化。因此在比较市盈率时，一定要考虑公司未来的成长性。不能仅靠市盈率一个财务指标就做出投资决策。

虽然市盈率指标简单易用，但也正是因为简单使得投资者缺乏系统考虑公司基本面的情况，误用市盈率的情况普遍存在。周期行业由于产品大多同质化，公司盈利取决于产品的供求关系。在行业波峰时周期公司盈利状况很好，市盈率分母较大，市盈率较低，给了投资人估值看上去很便宜的错觉，但正是因为丰厚的利润吸引了产品供给的增加，很可能发生行业反转，公司盈利下降的情况，股价下降，市盈率反倒上升。而在行业低谷时，公司普遍亏损或者微利，市盈率高达成百上千，股票估值看上去很贵，但真实却可能很便宜，一旦走出低谷，盈利上升，反倒出现股价越涨市盈率越低的情况。因而周期公司除了关注市盈率指标的变动，更需要结合后面所说的市净率指标判断。

运用市盈率最关心的仍然是公司未来的发展前景，投资者要确保买到的不是未来业绩大幅下滑的公司，否则即便现在买入的市盈率再低也无济于事。市盈率指标关注的是公司的净利润情况，这使得在使用时缺乏从 DCF 模型的角度去思考公司的现金流情况。如果公司利润状况不错，但是经营性现金流净额很少，而投资性现金流净额又很大，这样低市盈率的公司，其实背后是因为公司的价值低。

之前提到市盈率的驱动因素之一是贴现率，风险越大的公司贴现率应该越高，市盈率水平越低。如果某些行业或者个股市盈率低于其他，未必真的便宜，很可能是因为承担了过高的风险，例如财务风险过高，运营风险过高等。忽略增长及空间，现金流贴现模型显示公司大部分价值来自于未来永续增长部分，而这部分就和公司增长的空间相关。行业及个股的增长速度和空间很大程度就决定了行业与行业之间，个股与个股之间的市盈率差异。

总的来说，市盈率大致反应了股票的贵贱，但是高市盈率未必真贵，低市盈率未必真便宜，仍然需要具体分析。从概率来说，如果一个组合涵盖了来自不同行业的低市盈率公司，那么这个组合长期都跑赢市场指数的机会很大。

2. 指标实战应用

（1）市盈率是反映公司估值的重要指标。在投资中有一句话叫做，你投资的收益率高低，从买入的那一刻开始就已经决定了。那为什么会在买入的时候就能够看出市盈率的高低，原因很简单，尽管选择了一家牛股，但是由于估值太高了，也就是市盈率太高了，所以当市盈率太高，也就是以更高的价格买入公司的盈利预期时，投资一家公司的收益率基本上就能够看出来了。所以市盈率对于一家公司的估值非常重要。

（2）市盈率与股票额回率之间的关系，不论国内还是国外的研究都表明，从长期来看选择购买低市盈率股票组合产生的回报要明显高于高市盈率股票组合。根据《打破神话的投资十戒》一书研究显示，将美国股票根据市盈率分为从高到低分为 10 个等级，这些股票是根据每年年初的市盈率进行分级的，统计 1952 ～ 2001 年间的年均回报，发现最低市盈率股票组合平均年回报为 20.85%，而最高市盈率股票组合平均回报为 11%，最低市盈率股票组合的收益率几乎是最高市盈率组合的两倍。

（3）对于未来几年净利润能够保持单位数至 30% 增长区间的公司，10 至 20 多倍市盈率合适。30 倍市盈率以上公司尽量别买，并不是说市盈率高于 30 倍的股票绝对贵了，而是因为仅有少之又少的伟大公司既有超高的盈利能力又有超快的增长速度，能够长期维持 30 倍以上的市盈率，买中这种股票需要非同一般的远见和长期持有的毅力。

一般的公司也不可能长期保持超高的利润增长速度，因为净资产收益率受到竞争因素的限制，长期能够超过 30% 的公司凤毛麟角，对应的可持续增长率也不会长期超过 30%。如果你组合里都是 30 倍市盈率以上的公司，奉劝还是小心谨慎些好，因为能够称为伟大公司的真的非常稀少。

（4）在低市盈率买入股票，待成长潜力显现后，以高市盈率卖出，这样可以获取每股收益和市盈率同时增长的倍乘效益。这种投资策略被称为戴维斯双击，反之则为戴维斯双杀。

戴维斯双击的发明者是库洛姆·戴维斯。戴维斯 1950 年买入保险股时 PE 只有 4 倍，10 年后保险股的 PE 已达到 18 倍。也就是说，当每股收益为 1 美元时，戴维斯以 4 美元的价格买入，随着公司盈利的增长，当每股收益为 8 美元时，一大批追随者猛扑过来，用 8×18 美元的价格买入。由此戴维斯不仅本金增长了 36 倍，而且在 10 年等待过程中还获得了可观的股息收入。

3. 案例分析：康美药业和仁和药业市盈率指标分析

1）财务指标分析

根据康美药业（600518）和仁和药业（000650）2007 ～ 2017 年公布的年度财务报告，可以得出该上市公司各年度的每股市价和每股收益以及通过计算获得两家公司各年度的市盈率，如表 3-7 所示。

表 3-7　两家公司市盈率对比图（单位：亿元）

年份	康美药业（600518）			仁和药业（000650）		
	每股市价	每股收益	市盈率	每股市价	每股收益	市盈率
2007	14.77	0.32	46.16	18.11	0.18	100.6
2008	9.11	0.385	23.66	8.35	0.32	26.09
2009	10.63	0.309	34.4	20.9	0.68	30.74
2010	19.71	0.422	46.71	22.9	0.52	44.04
2011	11.22	0.466	24.08	12.01	0.48	25.02
2012	13.14	0.655	20.06	5.58	0.26	21.46
2013	18	0.855	21.05	5.41	0.2	27.05
2014	15.72	1.04	15.12	7.72	0.3	25.73
2015	16.95	0.623	27.21	10.57	0.32	33.03
2016	17.85	0.667	26.76	7.05	0.3	23.5
2017	22.36	0.784	28.52	5.21	0.31	16.81

从表 3-7 中可以看出，2007 年康美药业（600518）的每股市价为 14.77 元，市盈率为 46.16 倍，而仁和药业（000650）的市盈率为 100.6 倍，从这个角度上来看，仁和药业的估值远大于康美药业的市盈率，但是在看一家公司的市盈率高低时，还要考虑公司的成长性。也即当公司的盈利成长性较高

时，公司的市盈率就会下降，公司的估值就会降低。所以 2017 年仁和药业的市盈率为 16.81 倍，而康美药业的市盈率为 28.52 倍。从表中可以看出，康美药业的每股收益大于仁和药业的每股收益，但是仁和药业的每股市价却小于康美药业的每股市价。从中可以看出，仁和药业市盈率的下降不是每股收益的上升，而是每股市价的下降。

2）每股市价折线图

根据表 3-7 中康美药业（600518）和仁和药业（000650）2007 ～ 2017 年各年度的每股市价数值，可以绘制出两家公司的折线图，如图 3-31 所示。从折线图中可以看出，从 2007 年到 2010 年，两家公司的每股市价波动差不多，但是从 2011 年开始，两家公司的股价出现了分化，仁和药业的公司股价不断地探底，而康美药业的股价在探底后持续上涨，虽然也有所波动，但是却又创出了新高。虽然公司股价会受到多种因素的影响，但是一定是好公司的股价越来越高，而差的公司虽然会在短期内创出新高，但是依然会跌得更厉害，而且长期来看其公司股价反弹的可能性会更小。

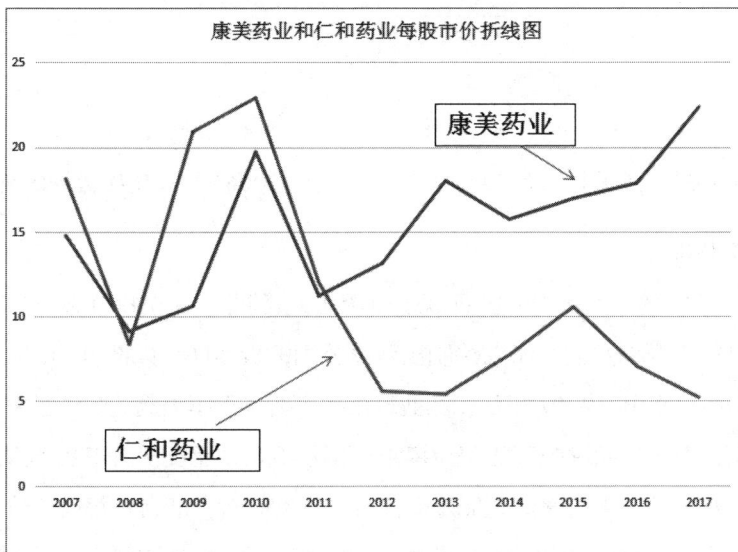

图 3-31　康美药业（600518）和仁和药业（000650）每股市价折线图

3）每股收益分析

根据表 3-7 中康美药业（600518）和仁和药业（000650）2007 ～ 2017

年各年度的每股收益数值，可以绘制出两家公司的折线图，如图 3-32 所示。从折线图中可以看出，从 2007 年开始，康美药业（600518）的每股收益就屡创新高，虽然 2015 年有所下滑，但是接着就出现了回升。而仁和药业（000650）的每股收益在 2009 年达到高点后就开始下跌，特别是从 2011 年开始，两家公司的每股收益出现了分化，而同时也可以看出其每股市价的分化和每股收益的分化非常相像。

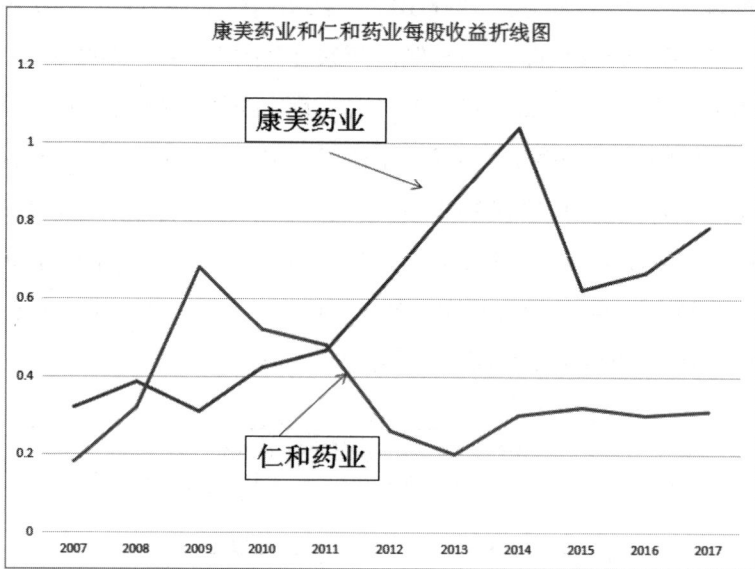

图 3-32　康美药业（600518）和仁和药业（000650）每股收益折线图

4）市盈率分析

根据表 3-7 中康美药业（600518）和仁和药业（000650）2007 ~ 2017 年各年度的市盈率数值，可以绘制出两家公司的折线图，如图 3-33 所示。从折线图中可以看出，2007 年仁和药业的市盈率要高于康美药业的市盈率，但是从图中可以看出，两家公司的市盈率走势相差不大。而仅仅看市盈率只能看出其估值，却看不出市盈率的高低是受什么因素的影响，结合其每股市价和每股收益可以看出，康美药业的每股收益持续上涨，同时其股价也不断创出新高，所以其市盈率高，公司的估值高。而仁和药业的每股收益并没有成长，同时其股价也下降了很多。虽然其公司的市盈率比康美药业的市盈率低，但是同时其公司的成长性也比较差。

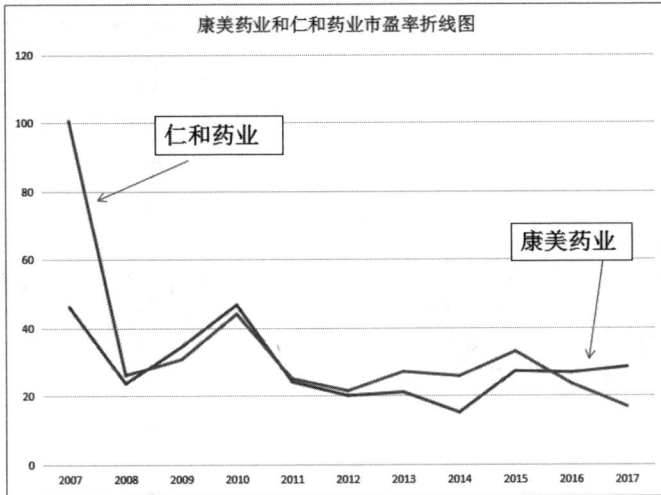

图 3-33　康美药业（600518）和仁和药业（000650）市盈率折线图

5）股价走势分析

图 3-34 所示为康美药业（600518）2007 ～ 2017 年股价日 K 线走势图，从图中可以看出，康美药业（600518）的股价整体呈上升趋势，虽然直观看涨幅不大，同时也只有 2015 年的牛市创出了新高，但是从日 K 线图的整体走势看，仍然呈上升趋势，结合其每股收益和市盈率看，其每股收益不断上涨，而市盈率的估值整体在区间范围之内波动，其股价有所上涨，同时其每股收益也同时上涨。康美药业的基本面基本上与股价走势相符，当然在分析一家公司时，也要结合其他指标综合分析。

图 3-35 所示为仁和药业（000650）2007 ～ 2017 年股价日 K 线走势图。从图中可以看出，公司股价 2010 年、2011 年创出新高后就开始一路下滑，即使是到了 2015 年的牛市，公司股价也没有回到 2010 年的高点，都说好公司是时间的朋友，坏公司是时间的敌人。结合其每股收益和市盈率来看公司的股价走势，其每股收益从 2011 年之后开始持续走低，同时其市盈率也在低位徘徊，可以看出公司股价与每股收益走势为强相关性，其每股收益创出新低时，公司股价也出现了大幅回撤。而其市盈率也保持在低位，当每股收益下降后，每股市价也出现了回调，但是可以看出仁和药业的市盈率和康美药业的市盈率走势基本相符。这就是市盈率指标的局限性，不能仅从市盈率的角度来分析公司估值的高低，还要结合其他指标如每股收益来具体分析。

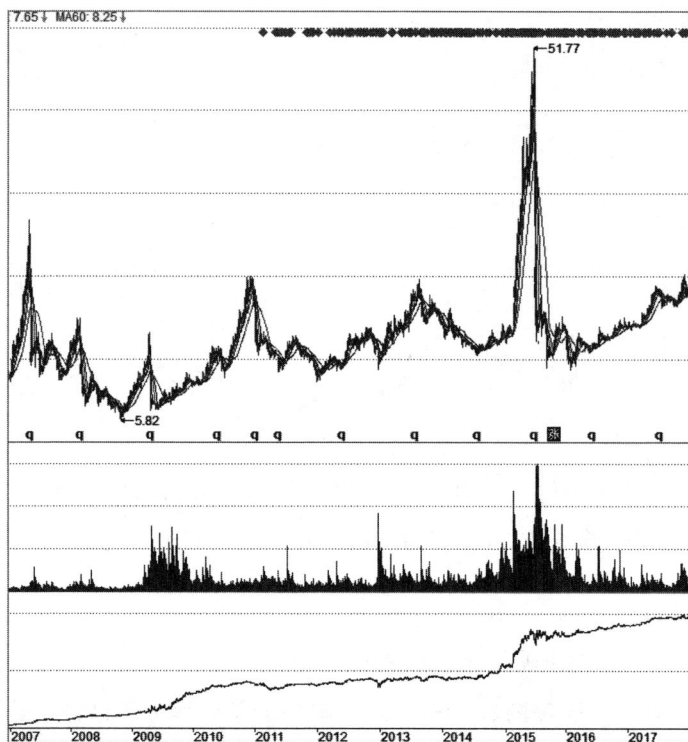

图 3-34　康美药业（600518）2007 ～ 2017 年股价日 K 线走势图

图 3-35　仁和药业（000650）2007 ～ 2017 年股价日 K 线走势图

二十、市销率

1. 指标释义

公司总市值与销售收入的比值，也是每股市价和每股销售收入的比值。该指标说明每一元的销售收入对股价的影响程度。市销率越低说明公司越有投资价值，一般认为该指标小于 0.75 时才具有投资价值，而当该指标高于 1.5 时，那投资该公司风险会较大。当然要结合行业特性和公司的成长性综合做出判断。

市销率是评估上市公司投资价值的重要指标之一。公司的长期稳定增长基于盈利能力，而盈利来源于营业收入，较高的销量和毛利才是获得较多收益的前提。市销率越低，说明市价里包含的营业收入越多。如果股价在营业收入增加的情况下没有相应地上涨，那么市销率就会变小，说明当前股价较原来的股价低估了，股票的投资价值随之增加。如果股价的上涨幅度大于营业收入的上涨幅度，即市销率变大，则说明股票的内在价值虽然增值，但已经体现在股票价格的上涨中，当前股票的投资价值并没有提高。同样，如果公司的营业收入下降，股价却没有下跌，市销率变大，说明该股票的投资价值下降。

通过追踪分析市销率的历史变化，可以判断公司的成长性。有一种公司是没有被挖掘的潜在成长性公司，这类公司的销售收入逐步增加，股价却没有大的变化，市销率逐步变小。另一类是已经被市场发现的公司。这类公司的成长性一旦被公司发现，投资者便给予公司更高的预期，因此市销率高于行业的平均水平。

市销率弥补了市盈率的缺陷。市销率的特性较稳定，不容易被操纵。公司的营业收入一般不容易被改变，与公司主营业务无关的收入都不计算在内，所以市销率更加客观。而市盈率的计算需要考虑净利润的高低，利润的高低是可以通过记账方法的处理来进行人为调控的，所以说市销率比市盈率更能评估一家公司的业绩好坏。同时市盈率还有一个缺点，就是当公司的盈利为负值时，市盈率就失去了意义。而市销率由于有销售收入替代净利润，仍然可以计算一家公司的投资价值。

在同一行业间比较一个指标的高低才有意义，若是跨行业的分析则没有意义。必然有的行业销售收入很大，但是利润率却很低。而有的行业不仅销售收入很高，而且利润也很高。比如垄断的行业利润率要高于竞争激烈的行业。科技含量高的企业，其利润率要高于科技含量低的企业。如果用市销率跨行业对比利润率差别很大的公司，市销率的分析就失去了意义。

当然和市盈率一样，市销率也有一定的缺陷。对于销售与季节密切联系的公司，不能用某一次的季节指标来衡量企业的投资价值。有些行业受季节的影响非常大，在销售低迷时，公司的季度报表可能出现销售收入下滑，市销率下降，但是这并不代表公司的投资价值下降。要分析公司的实际情况，可以通过行业之间的对比，看看公司的该项指标是否相对于竞争对手下降得更加明显，或者与历史同期相比，看该指标是不是相对于前一年同期有所下降。

2. 指标实战应用

（1）市销率不是决定股价的决定性因素，但是会对股价的走势产生一定的影响。如果股价在营业收入增加的情况下却没有相应地上涨，那么市销率会变小，说明当前股价较原来的股价低估了，股票的投资价值随之增加，如果股价上涨幅度大于公司营业收入的增长幅度，即市销率变大，则说明股票的内在价值虽然增加，但已经体现于股票价格的上涨中，当前股票的投资价值并没有显现。

（2）利用市销率指标的变化可以选择成长股。有些成长性的公司没有被市场充分地挖掘出来，这类公司通常表现为营收逐步增加，股价却一直在低位徘徊，市销率逐步变小。还有一类公司是已经被市场发现的公司，这类公司一旦被市场认可，投资者便给予公司更高的预期，因此市销率高于行业的平均水平。

（3）市销率可以和市盈率一起使用。市销率的特性相对稳定，不容易被操控。营业收入比公司的盈利更能够反映公司的经营状况，因营业收入是没有经过公司的账务处理的真实数据，被操纵的可能性更小一些。如果市销率高而市盈率低，这说明公司的收入低，而盈利高，公司的利润来源不是来自公司的主业，可能是并购或者营业外收入，投资者在做出投资决策时，要分析其中的原因。如果市销率低而市盈率高，这说明公司的营业收入高，而盈利低，说明公司的成本较大，可能是重资产行业或者收入需要随着成本的扩张而增加，具体原因要具体分析。

（4）可以利用市销率指标选择个股。在确定一个行业有没有投资价值时，

要从行业自身的特点出发，了解一个行业整体市销率的最低水平和历史平均
水平，以及自身市销率的变化趋势。如果行业板块的市销率接近或者低于历
史水准，可以认为该板块有投资价值。在对行业板块进行分析后，可以在有
投资价值的行业内寻找更具有投资价值的个股。首先是对行业内所有的市销
率个股进行排序，寻找低市销率的公司，然后再对公司的其他指标进行综合
评估对比，选出优质个股。

3. 案例分析: 青岛啤酒和重庆啤酒市销率指标分析

1) 财务数据分析

根据青岛啤酒（600600）和重庆啤酒（600132）2007 ~ 2017 年公布的
年度财务报告，可以得出该上市公司各年度的每股市价和每股营业收入以及
通过计算获得两家公司各年度的市销率，如表 3-8 所示。

表 3-8　两家公司市销率对比图（单位：亿元）

年份	青岛啤酒（600600）			重庆啤酒（600132）		
	每股市价	每股营业收入	市销率	每股市价	每股营业收入	市销率
2007	39.14	10.48	3.77	20.95	5.26	3.98
2008	19.99	12.25	1.63	11.77	4.38	2.69
2009	37.61	13.34	2.82	21.3	4.67	4.56
2010	34.62	14.73	2.35	50.59	4.91	10.3
2011	33.48	17.14	1.95	26.1	5.57	4.69
2012	33.06	19.08	1.73	14.22	6.51	2.18
2013	48.95	20.94	2.34	15.15	7	2.16
2014	41.78	21.5	1.94	15.32	6.55	2.34
2015	33.2	20.46	1.62	15.26	6.87	2.22
2016	29.44	19.32	1.52	17.84	6.6	2.7
2017	39.33	19.45	2.02	20.86	6.56	3.18

从表 3-8 中可以看出青岛啤酒（600600）的市销率小于重庆啤酒
（600132）的市销率，市销率越小，说明越具有投资价值。同时从表中可以
看出，青岛啤酒的每股营业收入也大于重庆啤酒的每股营业收入。当然青岛
啤酒的每股市价也大于重庆啤酒的每股市价。从市销率这个角度来分析的话，
青岛啤酒的投资价值要大于重庆啤酒的投资价值。当然仅仅通过一个财务指
标并不能够判定一家公司的投资价值，要结合其他指标进行分析。

2）每股市价分析

根据表 3-8 中青岛啤酒（600600）和重庆啤酒（600132）2007 ～ 2017 年各年度的每股市价数值，可以绘制出两家公司的折线图，如图 3-36 所示。从折线图中可以看出，重庆啤酒（600132）的每股市价在 2010 年创出了新高，但是之后开始一路下滑，并一直在低位震荡。但是看青岛啤酒的股价走势可以看出，股价虽然也有震荡，但是总体呈上升趋势。由于所取的每股市价为每年的最后一个交易日的数据，所以在分析一家公司的时候，也不是完全能够反映一家公司的情况。

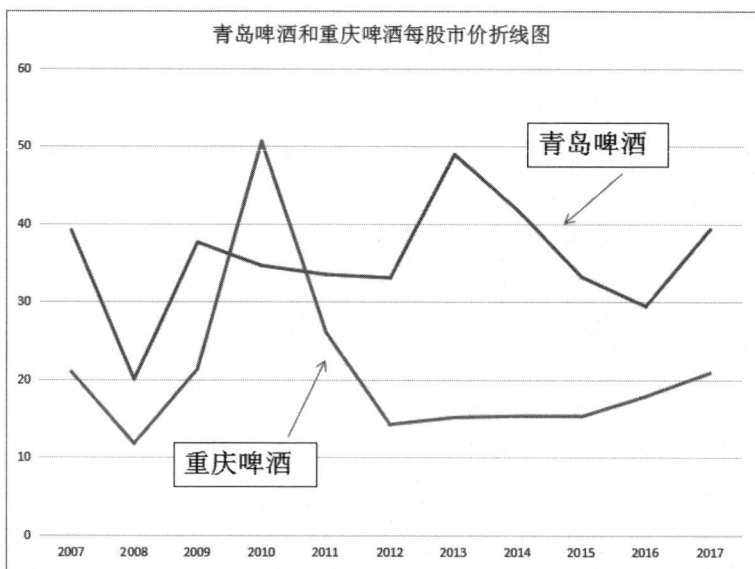

图 3-36　青岛啤酒（600600）和重庆啤酒（600132）每股市价折线图

3）每股营业收入分析

根据表 3-8 中青岛啤酒（600600）和重庆啤酒（600132）2007 ～ 2017 年各年度的每股营业收入数值，可以绘制出两家公司的折线图，如图 3-37 所示。从折线图中可以看出，青岛啤酒的每股营业收入高于重庆啤酒的每股营业收入，同时从图中可以看出，青岛啤酒的每股营业收入虽然有所回落，但是青岛啤酒的每股营业收入呈上升趋势。而重庆啤酒的每股营业收入虽然也有所上升，但是却一直在低位徘徊。从营业收入的高低可以看出一家公司是不是龙头公司，以及市场占有率如何。

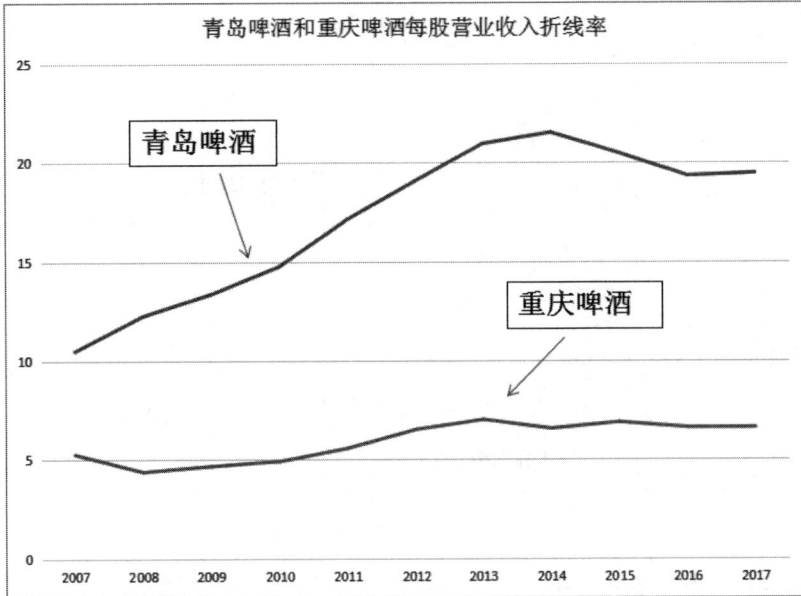

图 3-37　青岛啤酒（600600）和重庆啤酒（600132）每股营业收入折线图

4）市销率分析

　　根据表 3-8 中青岛啤酒（600600）和重庆啤酒（600132）2007～2017 年各年度的市销率数值，可以绘制出两家公司的折线图，如图 3-38 所示。从折线图中可以看出，重庆啤酒的市销率大于青岛啤酒的市销率，从上面的分析中可以看出，市销率越小越好。同时从图中可以看出，重庆啤酒的市销率不如青岛啤酒的市销率稳定。如果从市销率的角度来选股的话，显然青岛啤酒是更好的选择，当然要结合其他指标来分析。

5）股价走势分析

　　图 3-39 所示为青岛啤酒（600600）2007～2017 年股价日 K 线走势图，从图中可以看出，青岛啤的股价走势呈总体上升态势，并且在 2015 年的牛市中创出了新高，之后出现了回落，但是即使是回落之后也没有回到之前的低点。结合其每股营业收入和市销率可以看出，其每股营业收入虽然在 2016 年和 2017 年有所回落，但是基本上保持稳定。市销率越低越有投资价值，越低说明每股市价越低，每股营业收入越高。

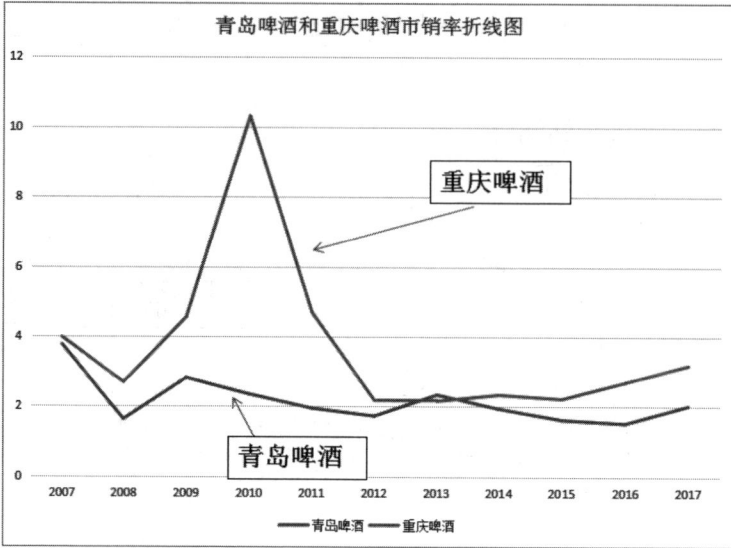

图 3-38　青岛啤酒（600600）和重庆啤酒（600132）市销率折线图

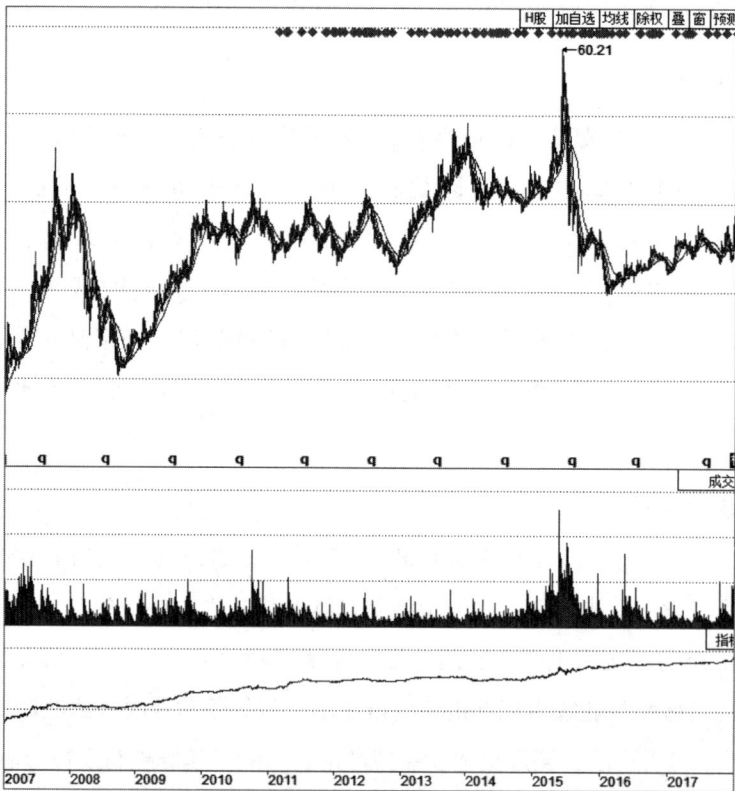

图 3-39　青岛啤酒（600600）2007 ～ 2017 年股价日 K 线走势图

图 3-40 所示为重庆啤酒（600132）2007 ～ 2017 年日 K 线走势图，从图中可以看出，重庆啤酒的股价在 2010 年至 2011 年间创出了新高，但是之后一路走低，即使是到了 2015 年的牛市小行情也没有再走高。结合其每股营业收入和市销率来看，其每股营业收入一直在低位徘徊，与行业龙头青岛啤酒相比有不小的差距。同时其市销率也保持在了低位，其市销率的高位也出现在 2010 年和 2011 年，当然这与其股价有很大的关系，其每股营业收入虽然之后高于 2010 年和 2011 年的高点，但是其股价却没有出现之前的水平。所以在做投资决策时，一定要结合各种影响股价的因素做出综合判断。

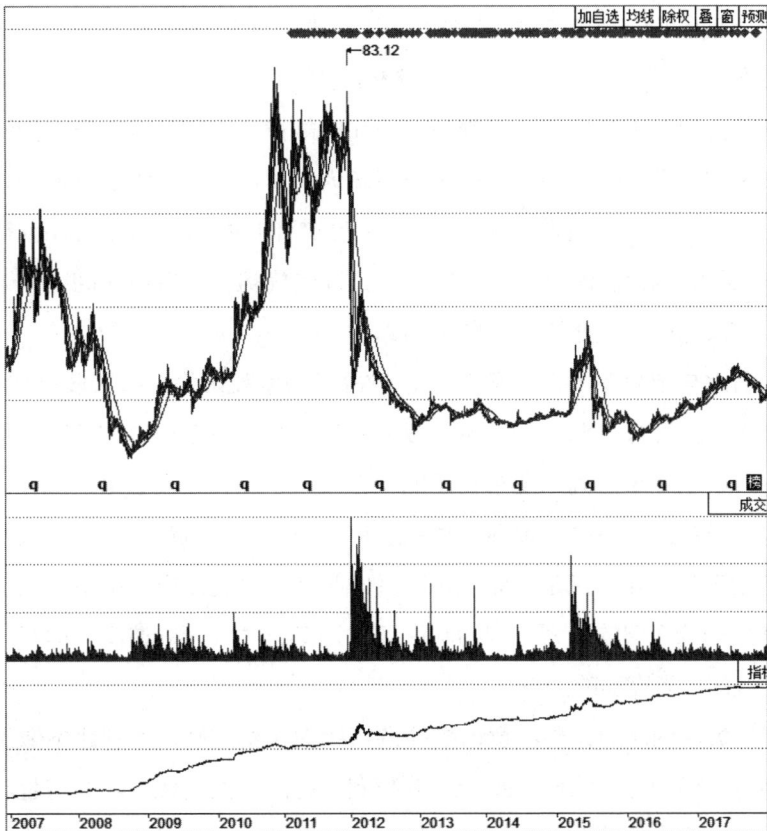

图 3-40　重庆啤酒（600132）2007 ～ 2017 年股价日 K 线走势图

二十一、本利比

1. 指标释义

本利比是每股市价与每股股利的比值，也就是上市公司的股价是股利的保障倍数。该指标是股息率的倒数，表明目前每股股票的市场价格是每股股息的几倍，以此来分析公司的价格是否高估以及有无投资价值。

本利比越低，投资者对该种股票的投资价值越高，因此本利比可以作为投资者投资选择的参考。在成熟的市场，本利比保持在 7 到 10 倍被认为是比较合理的。不过在现在的 A 股市场，投资者寄希望于上市公司的该项指标达到这种合理水平是不现实的，在分析时应考虑到 A 股的现状。

该项指标既可以与同行竞争对手进行比较，也可以在不同行业之间比较，用以判断公司的投资价值，无须考虑公司的规模大小和行业性质。投资者一般只会关注结果，投入的本金能够获得多大实质性的现金收益，在投入同等数量的成本和相同周期内，哪家公司给投资者的回报多，哪家公司就是好公司。在同行业内比较本利比，可以评估公司的优劣，在行业之间比较该项平均值，可以得到某一阶段行业的景气度。

本利比与市盈率的区别和关系。市盈率为每股市价与每股收益的比率，与本利比的差异是分母不同。每股股利和每股收益有着根本的区别，每股股利是投资者已经或者确定要拿到手的现金收入，而每股收益是上市公司确认的收入，受益人不一样。本利比是基于每一个投资者所获得的真实收益，市盈率是基于公司或者说是全体股东的共同收益。本利比市盈率更能真实地反映一家公司管理层的能力，因为利润可以造假，收入可以造假，但是分给投资者的钱却是最真实的。

在分析本利比时，要注意该指标的持续性和稳定性。本利比不像国债或银行利息那样稳定，它们会随企业的盈利能力改变而变化，随公司股利政策的改变而变化。在用该指标进行分析时，不要关注一次周期的变化，而应关注它们的稳定性和持续性。一般情况下，有着稳定持续性的股利发放政策的公司，其盈利能力既强也能够持续。

本利比往往局限于评价已经有股息发放记录的公司，记录越多，联系性越强，该指标的评价作用越高。如果公司的分红派息很少或者根本没有，那么就无法凭借本利比来分析。特别是目前的 A 股市场中，由于公司的分红派息并不固定，现金分红派息并没有形成大的气候，因此并不是所有股票都可以用本利比来评估公司的投资价值和股价的风险。只有借助市盈率、收益等其他指标来分析。

投资者可以利用本利比指标来寻找防御型股票。在市场行情不好的时候，那些能够持续分红派息的公司可以用来作为防御型品种。投资者既可以在熊市中享受公司给投资者带来高于银行利息的收益，也可以避免错过股市牛市启动时的机会。

2. 指标实战应用

（1）选择那些每股股利较高，本利比较低的公司。每股股利高，说明公司的股利分配政策较为积极，而本利比低，说明每股市价和每股股利的比例较为合理，公司的盈利能力越强，为股东创造的利润越多。同时本利比低的绩优股，一般情况下会在牛市中率先启动，而那些业绩差的公司，躲在牛市的尾声才会被炒作上涨。所以本利比可以作为行情的判断指标。

（2）本利比可以反映上市公司的盈利能力和未来发展空间。如果该指标一直保持在一个较低的水平，说明公司有着较好和较稳定的盈利能力，敢于给股东分红，管理层对未来充满信心。如果公司坚定地给股东分红派息，也说明公司管理层对股东负责，愿意回报股东。本利比反映的是公司股价与每股股利的关系，公司的股利政策并不会考虑股价的走势，但是持续稳定分红确实对股价的影响很大，一旦公司的股利政策发生较大变化，对公司股价也会有较大影响。

（3）本利比和获利率才是反映投资者在一家公司获取现金的能力，也是反映投资者获取投资回报的重要指标。

3. 案例分析: 浦发银行和兴业银行本利比指标分析

1) 财务数据分析

根据浦发银行（600000）和兴业银行（601166）2007 ～ 2017 年公布的年度财务报告，可以得出该上市公司各年度的每股市价和每股股利，以及通过计算获得两家公司各年度的本利比，如表 3-9 所示。

从表 3-9 中可以看出，浦发银行（600000）和兴业银行（601166）的本利比高点都出现在 2007 年。从表中可以看出，2007 年的每股股利并不是历年中最高的，但是每股市价却是最高的，所以本利比也是最高的。从表中可以看出，如果在 2007 年本利比最高时买入，毫无疑问会被套牢，所以本利比越高，投资价值越差。当然在本利比最低的时候也不一定有投资价值，比如遭遇戴维斯双杀，即估值和业绩都出现了大幅下滑。所以当在用本利比进行分析时，一定要结合其他指标来做出投资决策。

表 3-9　两家公司本利比对比图（单位：亿元）

年份	浦发银行（600000）			兴业银行（601166）		
	每股市价	每股股利	本利比	每股市价	每股股利	本利比
2007	52.8	0.114	463.16	51.86	0.288	180.07
2008	13.25	0.167	79.34	14.6	0.405	36.05
2009	21.69	0.105	206.57	40.31	0.45	89.58
2010	12.39	0.114	108.68	24.05	0.414	58.09
2011	8.49	0.27	31.44	12.52	0.333	37.6
2012	9.92	0.5225	18.99	16.69	0.5165	32.31
2013	9.43	0.627	15.04	10.14	0.437	23.2
2014	15.69	0.7191	21.82	16.5	0.5415	30.47
2015	18.27	0.515	35.48	17.07	0.61	27.98
2016	16.21	0.2	81.05	16.14	0.61	26.46
2017	12.59	0.1	125.9	15.14	0.65	23.29

2) 每股市价分析

根据表 3-9 中浦发银行（600000）和兴业银行（601166）2007 ～ 2017 年各年度的每股市价数值，可以绘制出两家公司的折线图，如图 3-41 所示。从折线图中可以看出，除 2007 年兴业银行的股价走势高于浦发银行的股价外，浦发银行（600000）和兴业银行（601166）的股价走势基本一致。
银行本来同质化越来越严重，随着各种政策以及经营环境的改变，银行必将
越来越差异化。当然很多资金为了避险会同时下注同一板块，造成一个板块
的繁荣，然后同时看空另一板块，造成了板块的轮动。但是其实有些有投资
价值的公司依然有投资价值，没有投资价值的，即使有资金在短期内追捧，
随着时间的推移也会回到他本来的价值。

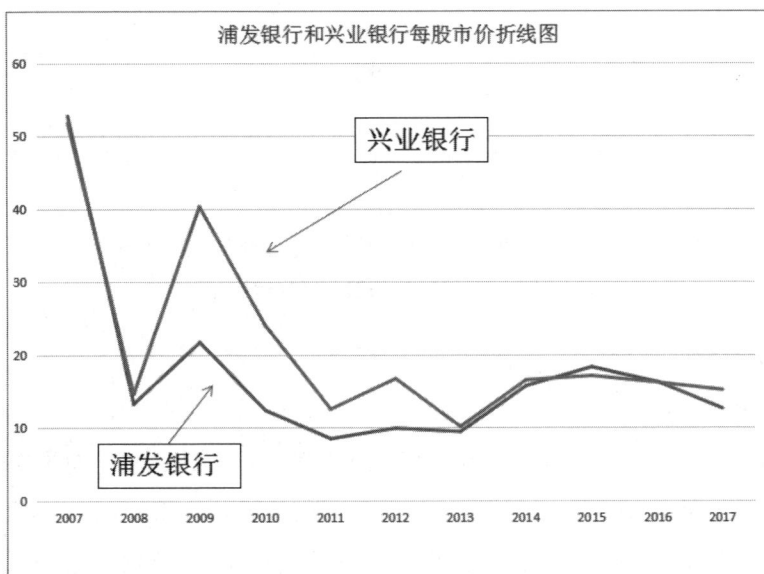

图 3-41　浦发银行（600000）和兴业银行（601166）
2007 ～ 2017 年每股市价折线图

3）每股股利分析

　　根据表 3-9 中浦发银行（600000）和兴业银行（601166）2007 ～ 2017
年各年度的每股股利数值，可以绘制出两家公司的折线图，如图 3-42 所示。
从折线图中可以看出，兴业银行（601166）的每股股利基本上呈上升趋势，
2017 年每股股利创出了新高。而浦发银行的每股股利最高点出现在 2014 年，
之后开始下滑，2017 年的分红水平又回到了 10 年前。投资者投资二级市场
的收益主要是价差收益和分红收益，而银行股中分红收益是一块不小的收益，
所以每股股利的高低对于投资者的心态影响还是挺大的，当然不会直接影响
公司的股价。

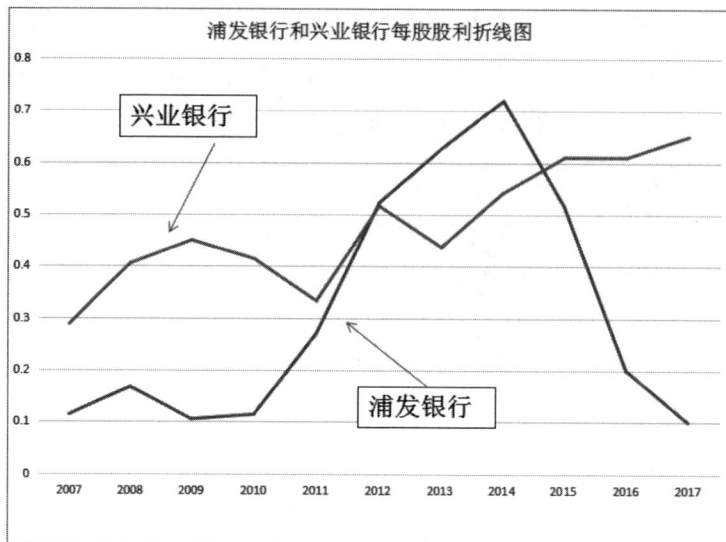

图 3-42　浦发银行(600000)和兴业银行(601166)
2007 ～ 2017 年每股股利折线图

4) 本利比分析

根据表 3-9 中浦发银行（600000）和兴业银行（601166）2007 ～ 2017 年各年度的本利比数值，可以绘制出两家公司的折线图，如图 3-43 所示。从折线图中可以看出，浦发银行的本利比最低点出现在 2011 年至 2015 年，之后出现了大幅上涨。而与浦发银行相比，兴业银行的本利比更加稳定，并且呈现出越来越低的态势。从上面对于本利比的描述中，知道本利比越低越越好。越低说明每股市价更低，每股股利跟高。所以从这个角度来说的话，兴业银行更具投资价值，当然要结合其他指标来具体分析。

5) 股价走势分析

图 3-44 所示为浦发银行（600000）2007 ～ 2017 年股价走势图，从图中可以看出，浦发银行（600000)股价在 2007 年的牛市中达到了高点，之后一路下滑，并且再也没有回到那个高点。其实很多股票在 2007 年之后依然达到了更高的价格。而银行股一路下挫，不断创出新低。所以想要找到轮动的板块，并一直踏准时间点其实是一件挺难的事。浦发银行的本利比较高，2017 年达到了 125.9 倍。本利比越低越好，特别是那些股价低，股利高的公司。即使不能够赚到股价上涨的收益，却可以获得红利收入。

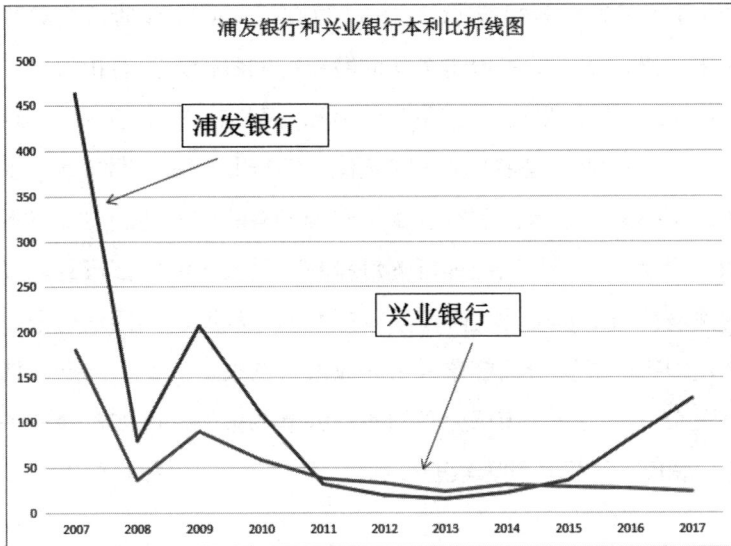

图 3-43　浦发银行（600000）和兴业银行（601166）2007～2017 年本利比折线图

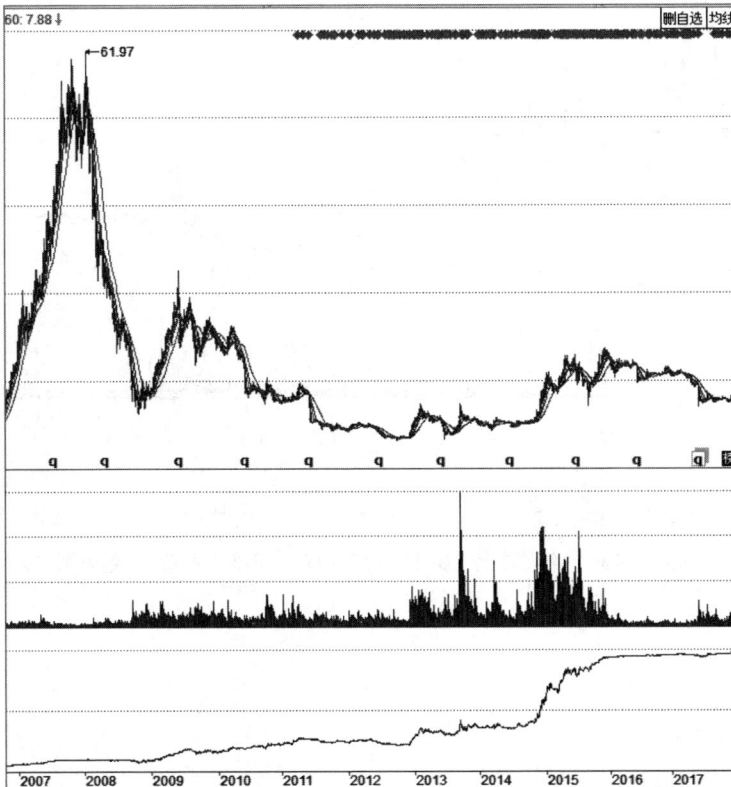

图 3-44　浦发银行（600000）2007～2017 年股价走势图

图 3-45 所示为兴业银行（601166）2007 ～ 2017 年股价走势图，从图中可以看出，兴业银行的股价走势与浦发银行的股价走势有相似之处，股价高点出现在 2007 年的牛市，之后开始下滑，虽然在 2009 年和 2010 年探底后又走出了一波行情，但是之后一路走低。银行业是强周期行业，受宏观经济和监管政策的影响很大。那么从整个宏观经济的增长情况看，就不难发现为什么银行股会走低了。兴业银行的每股股利要大于浦发银行的每股股利几倍，同时浦发银行的本利比也高于兴业银行的本利比。如果从这个角度来说的话，浦发银行的投资价值应该大于兴业银行的投资价值。但是从其股价走势看却并没有反映出来。市场会受到多种因素的影响，比如资金的多少、市场情绪等，股价会受到多种因素的影响。

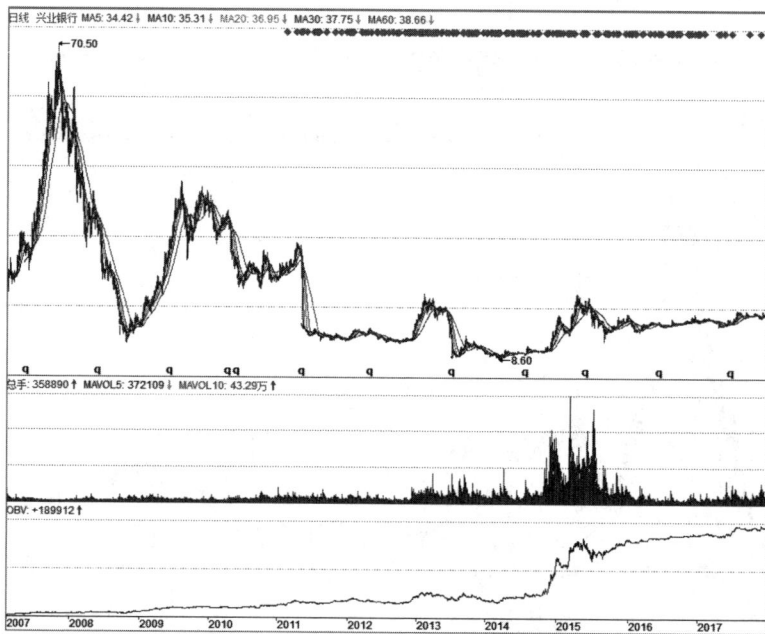

图 3-45　兴业银行（601166）2007 ～ 2017 年股价走势图

第 4 章

发展能力指标

本章主要内容包括：

二十二、销售收入增长率

1. 指标释义

营业收入增长率为本期的营业收入增长额与基期营业收入的比值。

比如某公司 2017 年的营业收入是 10 亿元，2018 年的营业收入是 12 亿元，那么营业税收入增长了 2 亿元，而营业收入增长率为 2 除以 10 等于 20%。

营业收入增长率是反映公司成长能力的指标，该指标越高，表明公司的营业收入增长速度越快，公司的产品越有竞争力，市场前景越好。营业收入增长率越高，说明公司在行业内的竞争力越强。该指标持续上升，说明公司的竞争力越大，公司属于成长股。相反，公司的营业收入增长率越小，证明公司的竞争力在下降。

营业收入增长率是反映公司经营状况的核心指标之一，是公司长期稳定盈利的基础。因营业收入不像公司利润那样容易受到公司记账方法的影响，而且营业收入比公司利润指标更快地反映公司的盈利能力和变化趋势，所以对于公司未来增长情况的预测，营业收入增长率指标起着较为重要的作用。

营业收入增长率要结合销售毛利率来分析，因营业收入增长率只考虑了公司主营业务的销售变化情况，但是并没有考虑成本对于公司经营状况的影响。毛利率是反映公司产品销售收入与营业成本之间关系的指标，它与营业收入增长率同样可以反映公司的竞争状况，营业收入增长率是从营业收入量的增长角度来描述，毛利率是从营业收入的质量角度来描述。如果公司的营业收入出现较大幅度的增长，但是毛利率却出现下降，那么公司的营业收入增长质量就可能有问题，只有毛利率保持在合理水准或与营业收入增长率同向增长时，营业收入增长率才有实际价值。

当营业收入增长率大于零时，说明公司的营业收入增长率呈正增长，公司的销售规模有所扩大，在销售毛利率等其他指标不发生变化的情况下，公司的最终盈利状况也会出现同比增长。

如果营业收入增长率小于零，则说明公司出现了负增长，公司的经营状况出现了重大变化。如果营业收入增长率下滑了 30% 以上，说明公司主营业务有较大变数，投资者对于这类公司要提高警惕。

分析营业收入增长率过去的走势，可以反映公司的经营状况。如果公司的营业收入增长率呈现稳定上升态势，那么说明公司正处于发展壮大中，如果公司的营业收入增长率连续数年出现下降，说明公司或者行业可能已经陷入衰退，公司面临业务转型来提高自己的竞争力。一般情况下，营业收入增长率保持在 10% 以上，说明公司产品处于成长期，将继续保持较好的增长势头，尚未面临产品更新的风险，属于成长型公司。如果主营业务收入增长率稳定在 5% 到 10% 之间，说明公司已进入稳定期，不久将进入衰退期，需要开发新产品进行转型。如果该比率连续低于 5%，说明公司产品进入衰退期，保持市场份额已经很困难，如果公司没有开发新产品，将步入衰退期。

从长期来看，营业收入增长率能够影响公司股价。根据营业收入增长率的增长速度稳定性，可以预估出公司股价的未来走势，以及可能达到的高度。在预测股价走势时，营业收入增长率、净利润增长率、自由现金流量增长率都是较为重要的财务指标。

2. 指标实战应用

（1）营业收入增长率可以作为选股的标准。稳健的价值投资者可以将营业收入增长率作为主要的参考指标来选择优质的公司，以保证投资的确定性。这些公司的营业收入增长率趋于稳定，一般保持在 5% 以上，同时高于行业平均水平。这些公司的股价保持相对稳定，回撤幅度小，当大盘向上走时，该股上涨空间大，当大盘向下时，这样的股票的下跌空间也有限。

（2）营业收入增长率指标可以用来预测未来股价走势。优质的上市公司一般会保持较高的营业收入增长率，比如该指标稳定在 10% 到 20%，这样的公司股价稳定性强。成长型公司的营业收入增长率往往表现为增长的趋势较长，这类公司的股价波动幅度往往较大，衰退期的营业收入增长率是下降的，甚至可能负增长。这类公司的股价表现较为疲软，没有生机。

（3）营业收入增长率应结合毛利率、利润率等指标来分析。若是营业收入增长较快，而利润增长较缓慢时，说明公司规模的扩大需要持续的投入和成本的不断扩大。投资者在投资这类公司时应提高警惕，这说明公司的内生性增长不足，需要扩大渠道等方式来完成销售，当成本较低时，规模也就下来了，主营业务收入增长率也就不存在了。

（4）营业收入是反映公司经营发展状况的核心指标之一，同时也是公司长期稳定盈利的基础和源泉。营业收入不像利润那样会受到会计记账方法的影响，还能比盈利更快一步反映公司的盈利状况和变化趋势。所以在对公司短期收益的预测方面，营业收入增长率有着不可替代的作用。当营业收入增长率大于零，说明公司的营业收入呈正增长，相较于前一个会计期间的销售状况处于扩大状态，在公司的成本不发生大的变动的情况下，公司的盈利也会出现同步上涨。如果营业收入增长率小于零，则说明公司的营业收入呈负增长，公司的经营可能出现了问题。

3. 案例分析：海螺水泥和华新水泥销售收入增长率指标分析

1）财务数据分析

根据海螺水泥（600585）和华新水泥（600801）2007 ～ 2017 年公布的年度财务报告，可以得出该上市公司各年度的销售收入，以及通过计算获得两家公司各年度的销售收入增长率，如表 4-1 所示。

表 4-1　两家公司销售收入增长率对比图（单位：亿元）

年份	海螺水泥（600585）			华新水泥（600801）		
	基期	增长期	销售收入增长率	基期	增长期	销售收入增长率
2007	160.96	187.76	116.65	35.59	47.7	134.03
2008	187.76	242.28	129.04	47.7	63.49	133.1
2009	242.28	249.98	103.18	63.49	69.06	108.77
2010	249.98	345.08	138.04	69.06	84.69	122.63
2011	345.08	486.54	140.99	84.69	126.38	149.22
2012	486.54	457.66	−5.94	126.38	125.21	−0.09
2013	457.66	552.62	120.75	125.21	159.84	127.66
2014	552.62	607.59	109.95	159.84	159.96	100.08
2015	607.59	509.76	−16.1	159.96	132.71	−17.04
2016	509.76	559.32	109.72	132.71	135.26	101.92
2017	559.32	753.11	134.65	135.26	208.89	154.44

从表 4-1 中可以看出，海螺水泥的销售收入总额大于华新水泥的销售收入总额，通过销售收入总额的多少，可以看出一家公司是不是龙头公司。在整个行业都不景气的时候，公司很难走出独立的行情，比如 2012 年、2014 年、2015 年以及 2016 年，整个行业的销售收入不增长或者负增长。

2）基期销售收入分析

根据表 4-1 中海螺水泥（600585）和华新水泥（600801）2007 ～ 2017 年各年度的基期销售收入数值，可以绘制出两家公司的折线图，如图 4-1 所示。从折线图中可以看出，海螺水泥的销售收入增幅大于华新水泥的销售收入增幅。水泥是重资产行业，容易受到基建等宏观调控的影响，所以水泥行业的增长并不是特别稳定。但是从销售收入总的规模来看，海螺水泥应该是龙头公司，所以从海螺水泥的增长幅度可以看出水泥这个行业的变化情况。有的年份有 30% 到 40% 的增长，而有的年份只有百分之几的增长。这也充分说明水泥行业增长的不确定性，要结合宏观层面的政策来做出判断。

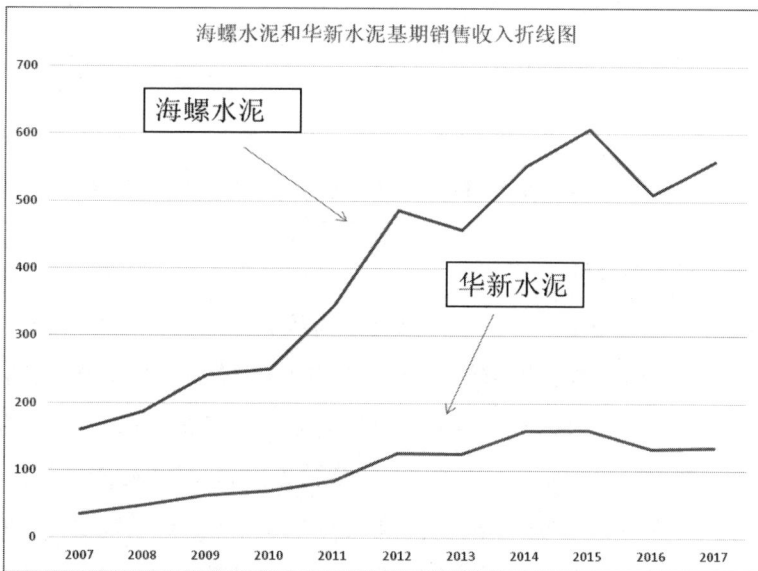

图 4-1　海螺水泥（600585）和华新水泥（600801）
2007 ～ 2017 年销售收入折线图

3）报告期销售收入分析

根据表 4-1 中海螺水泥（600585）和华新水泥（600801）2007 ～ 2017 年各年度的报告期销售收入数值，可以绘制出两家公司的折线图，如图 4-2 所示。从折线图中可以看出，海螺水泥的销售收入增幅大于华新水泥的增长幅度。报告期的销售收入增幅和基期的销售收入增幅是一致的。比如 2016 年的基期就是 2015 年的报告期。

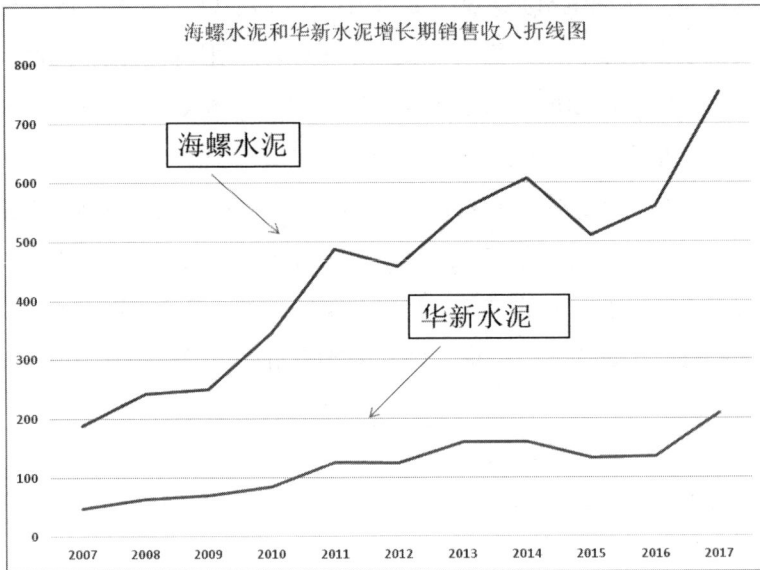

图 4-2　海螺水泥（600585）和华新水泥（600801）报告期销售收入折线图

4）销售收入增长率分析

根据表 4-1 中海螺水泥（600585）和华新水泥（600801）2007 ～ 2017 年各年度的销售收入增长率数值，可以绘制出两家公司的折线图，如图 4-3 所示。从折线图中可以看出，两家公司的销售收入增长率基本一致，但是由于基数不一样，所以即使在整个增长率一致的情况下，收入总额却呈现出了巨大差异。海螺水泥 2006 年的销售收入为 160.96 亿元，华新水泥 2006 年的销售收入为 35.59 亿元。在增长率相差不大的情况下，2017 年海螺水泥的销售收入为 753.11 亿元，而华新水泥的销售收入为 208.89 亿元。这也从侧面说明了本金的多少对于收益目标的实现有决定性作用。海螺水泥和华新水泥 2012 年和 2015 年都出现了负增长，整个行业的关联性趋同，业务同质化严重。只不过海螺水泥是行业龙头，占有更大的市场份额。

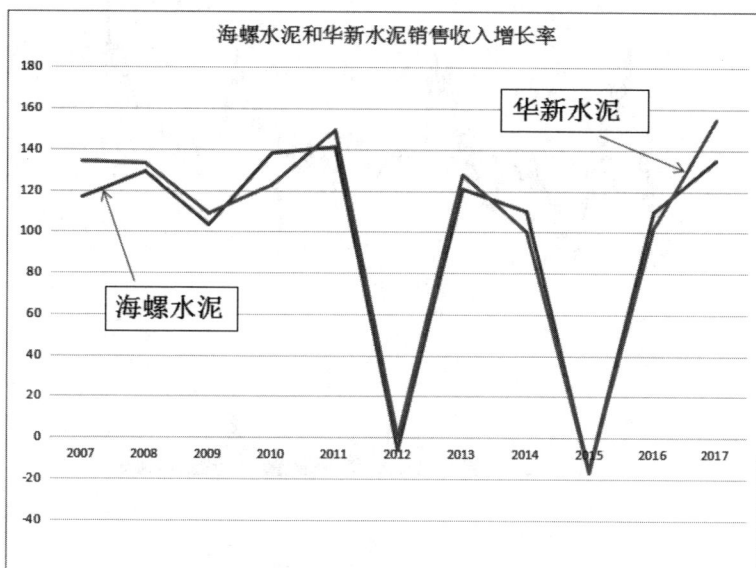

图 4-3　海螺水泥（600585）和华新水泥（600801）销售收入增长率折线图

5）股价走势分析

　　图 4-4 所示为海螺水泥（600585）2007 ～ 2017 年股价日 K 线走势图，这是复权后的股票价格，从图中可以看出，海螺水泥的股价走势波动较大，但是总体上是向上波动的，特别是 2017 年又创出了新高，结合其销售收入增长率看，2012 年销售收入为负增长时，其股价跌幅较大，2015 年销售收入为负增长，但是股价却出现了逆势上扬，这说明公司股价会受到多种因素的影响，除了受到公司基本面的影响，还受到资金等多种因素的影响。

　　图 4-5 所示为华新水泥（600801）2007 ～ 2017 年股价日 K 线走势图，从复权后的股票价格可以看出，华新水泥（600801）的股价在震荡中上行，股价的波动是常态，好公司的股票在震荡中上行，坏公司的股票在震荡中下行。从其销售收入看，2017 年销售收入涨幅较大，实现了 54.44% 的增幅，同时看其股价也创出了新高。销售收入增长率虽然不是股价的决定性因素，但是股价的上涨确实需要销售收入增长率的支撑。

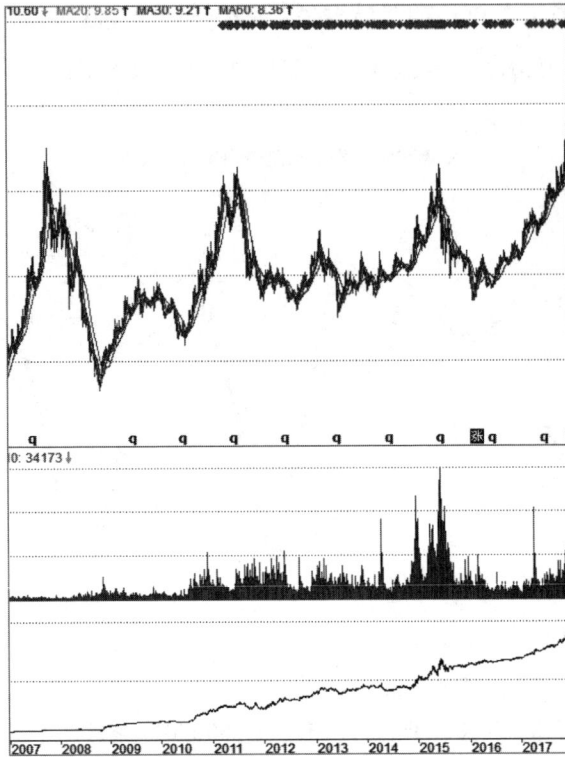

图 4-4　海螺水泥（600585）2007 ～ 2017 年日 K 线走势图

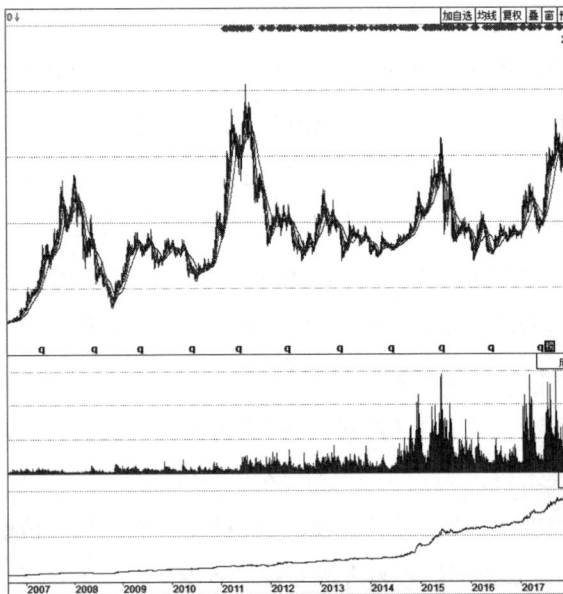

图 4-5　华新水泥（600801）2007 ～ 2017 年日 K 线走势图

二十三、净利润增长率

1. 指标释义

净利润增长率指本期较基期的净利润增加值与基期净利润的比率。该指标是反映公司成长性和经营状况的核心指标，该指标越大，公司的成长性越好，成长速度越快。净利润是公司经营的最终成果，净利润增长率则是在此基础上的增长幅度，增加得越大，说明公司成长得越快。

净利润增长率的高低对于处于不同阶段的公司来说也不一样。如果公司处于起步阶段，可能没有利润，比如很多互联网创业公司，他们刚开始是处于烧钱积累用户习惯，打造基础设施，是没有利润的。如果公司处于成长阶段，公司的利润增长会稳步上升。公司处于成熟阶段，则公司的净利润增长率趋于稳定。而当公司处于衰退期，则公司的净利润增长率处于负增长甚至是不增长。

净利润的变化对于公司股价的影响较大。一般投资者或者是专业投资者对于公司的盈利状况都是有预期的，一旦达不到预期，就会对投资者的情绪产生较大影响，股价也会产生较大波动。能够维持较高增长的净利润，股票也会有较高的市盈率，股价上涨速度也较快。净利润增长稳定，一般股价的波动也较小。

净利润增长率可以反映公司的管理能力和科技创新能力。净利润的增长主要来自两个方面：效率的不断提高和公司规模的不断扩大。效率的提高是在现有的总量规模下提高管理能力，加大科技创新，从而在使用相同单位资源的情况下，提高了公司净利润。只有效率提高了，公司的成本才能够降下来，公司净利润才能实现稳步增长。

公司规模扩大是依靠总量的扩张来实现净利润的增加，也就是使用单位资源产生的收益没有变化，而是资源总量的变化带来了净利润总量的增加。公司依靠效率的提高来实现净利润的增长才是王道。因为科技创新、提高科技创新能力是公司发展的内在动力。而依靠公司规模的扩大也会出现成本的大幅增加，这种外延式的扩张有时候所带来的收益提升是不能够持久的，一且行业发生改变，经营风险会急剧增加。

在分析公司净利润的变化时，需要分析引起公司变化的内在动力是什么。比如资产结构、负债结构的变化，甚至很多新经济公司的股本变化都会引起公司整个资产结构的变化。如果公司的资产资本结构没有发生变化，说明公司依靠经营效率来提高净利润的可能性较大。如果公司的总资产结构变化较大，比如净利润增长率的增幅和总资产的增幅基本一致，那么这种净利润的增长就是依靠公司规模的扩大来实现的。

2. 指标实战应用

（1）净利润增长率是公司基本面分析的重要指标。该指标的稳定性和连续性非常重要，若是公司净利润增长率出现连续下滑，那么说明公司经营状况发生了改变，投资者必须关注这种变化，并且了解产生这种变化的原因是什么，判断这种变化是不是偶然因素引起的，以及这种变化对公司股价会产生的影响是什么。

（2）从长期来说，任何一家公司的股价上涨都是因为公司基本面的持续向好，当然包括净利润的不断增长。基本面优秀且持续优秀的公司会成为投资者竞相投资的对象，其股价也不断创出新高。买入此类公司的股票并坚定持有的投资者，在股市中获取超额收益的概率更高。当然有时候公司股价会受到多种因素的影响，股价的增长和净利润的增长并不是同步的，对于投资者来说，要持续关注公司基本面的变化以及股价走势的判断。

（3）净利润增长率可以帮助投资者选择成长股。一家公司的净利润增长率较高，说明公司的成长性较好。可以结合营业收入增长率等指标来分析公司净利润增长率的合理性，如果各项指标的分析结论是一致的，都呈现上涨趋势，或者创出新高，则说明公司有较强的成长性，这样的成长性也会在公司股价中表现出来。

（4）净利润增长率较高，同时助推公司股价上涨，市盈率指标也较高，这种公司业绩与股价的共同提高被称为"戴维斯双击"，戴维斯双击是投资者普遍愿意看到的结果，因为公司成长助推股价上涨，实现了完美的结合。当然也会存在"戴维斯双杀"。

3. 案例分析：工商银行和建设银行净利润增长率指标分析

1）财务数据分析

根据工商银行（601398）和建设银行（601939）2007 ～ 2017 年公布的年度财务报告，可以得出该上市公司各年度的净利润，以及通过计算获得两家公司各年度的净利润增长率，如表 4-2 所示。

表 4-2　两家公司净利润增长率对比图

年份	工商银行（601398）			建设银行（601939）		
	基期净利润	报告期净利润	净利润增长率	基期净利润	报告期净利润	净利润增长率
2007	488.19	812.56	166.44	463.22	690.53	149.07
2008	812.56	1107.66	136.32	690.53	925.99	135.00
2009	1107.66	1285.99	116.1	925.99	1067.56	115.29
2010	1285.99	1651.56	128.43	1067.56	1348.44	126.31
2011	1651.56	2082.65	126.1	1348.44	1692.58	125.52
2012	2082.65	2385.32	114.53	1692.58	1931.79	114.13
2013	2385.32	2626.49	110.11	1931.79	2146.57	111.12
2014	2626.49	2758.11	105.01	2146.57	2278.3	106.14
2015	2758.11	2771.31	100.48	2278.3	2281.45	100.14
2016	2771.31	2782.49	100.4	2281.45	2314.6	101.45
2017	2782.49	2860.49	102.8	2314.6	2422.64	104.67

从表 4-2 中可以看出，2007 年工商银行和建设银行的净利润增长率较高，直到 2013 年都是两位数的增长，但是从 2014 年开始，两家银行的净利润增长率开始下滑，并处于几乎不增长的阶段，由于银行业的利润通过贷款损失准备是可以调节的，所以从两家银行的增长率情况来看，如果计提更多的贷款损失准备，两家银行的净利润增长率很可能为负增长。净利润增长率的高低直接决定了公司基本面的好坏，也会对公司股价直接产生影响。

2）基期净利润分析

根据表 4-2 中工商银行（601398）和建设银行（601939）2007 ～ 2017 年各年度的基期净利润数值，可以绘制出两家公司的折线图，如图 4-6 所示。从折线图中可以看出，从 2007 年到 2014 年，工商银行的净利润增幅较大，但是从 2014 年往后，净利润增幅开始趋稳，处于不增长状态。建设银行的增幅与工商银行的增幅相像。从这个角度看，银行股整个的增幅基本一致，增幅放缓，由于银行股是强周期行业，受宏观影响较大。

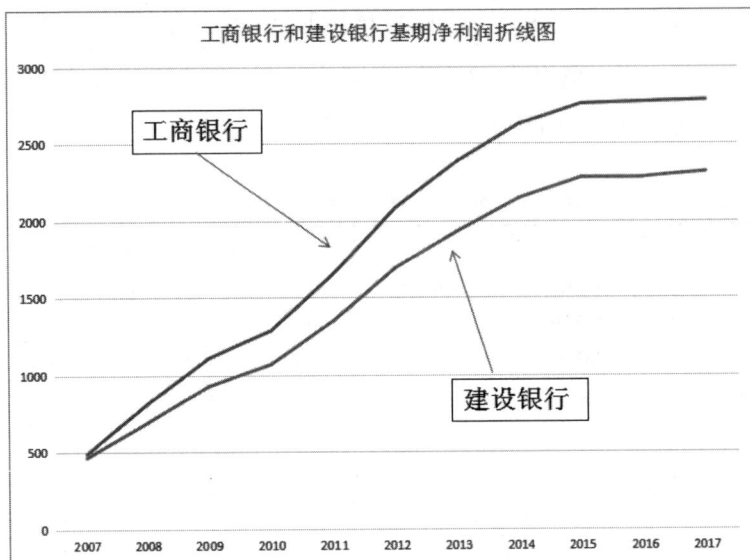

图 4-6　工商银行（601398）和建设银行（601939）
2007 ～ 2017 年基期净利润折线图

3）报告期利润分析

　　根据表 4-2 中工商银行（601398）和建设银行（601939）2007 ～ 2017 年各年度的报告期净利润数值，可以绘制出两家公司的折线图，如图 4-7 所示。从折线图中可以看出，工商银行的报告期净利润涨幅大于建设银行的报告期净利润涨幅。净利润的涨幅直接决定了一家公司的发展前景，如果增长放缓或者负增长，说明一家公司的发展遇到了困境或者经营环境以及竞争格局发生了变化，投资者在做出投资决策时要注意。当然也有很多公司能够成为困境反转型的公司，这个就要另当别论了。

4）净利润增长率分析

　　根据表 4-2 中工商银行（601398）和建设银行（601939）2007 ～ 2017 年各年度的净利润增长率数值，可以绘制出两家公司的折线图，如图 4-8 所示。从折线图中可以看出，工商银行和建设银行的净利润增长率如出一辙。从高速增长到低速增长，所以为什么市场给出银行股这么低的市净率以及这

么低的估值，是有一定道理的。当净利润增长率较低的时候，也会影响市场
对于公司的估值。

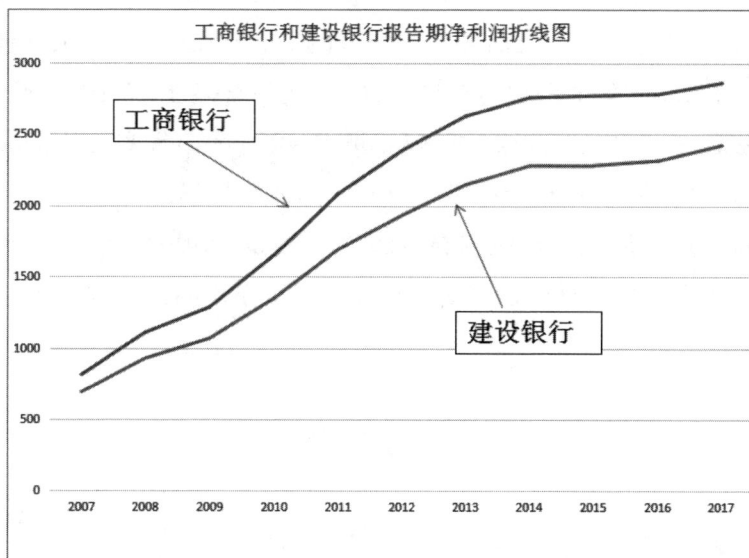

图 4-7　工商银行（601398）和建设银行（601939）
2007 ～ 2017 年报告期净利润折线图

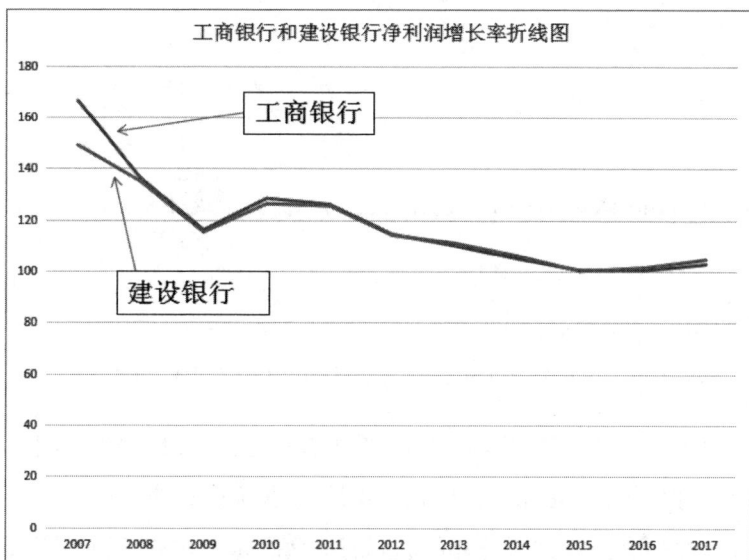

图 4-8　工商银行（601398）和建设银行（601939）
2007 ～ 2017 年净利润增长率折线图

5）股价走势分析

图 4-9 所示为复权后工商银行（601398）股价日 K 线走势图，从图中可以看出，工商银行的股价在 2007 年达到了最高点，之后下探到低点，并且一直处于震荡横盘状态，之后又在 2015 年的牛市走出了一波行情，但也没有到达之前的高低，如果你是恰好是在 2007 年的高点买的工商银行的股票，那么你将被套住 10 年之久。结合其净利润增长率看，净利润增长率最高时也是 2007 年，之后涨幅逐年下滑，尽管 2010 年和 2011 年也有较大的涨幅，但是股价涨幅并不大。银行是典型的利润前置，风险后置的行业，也就是说银行发放贷款刚开始可能是受益的，利润高企。但是后期由于坏账增加，开始造成风险的集聚。

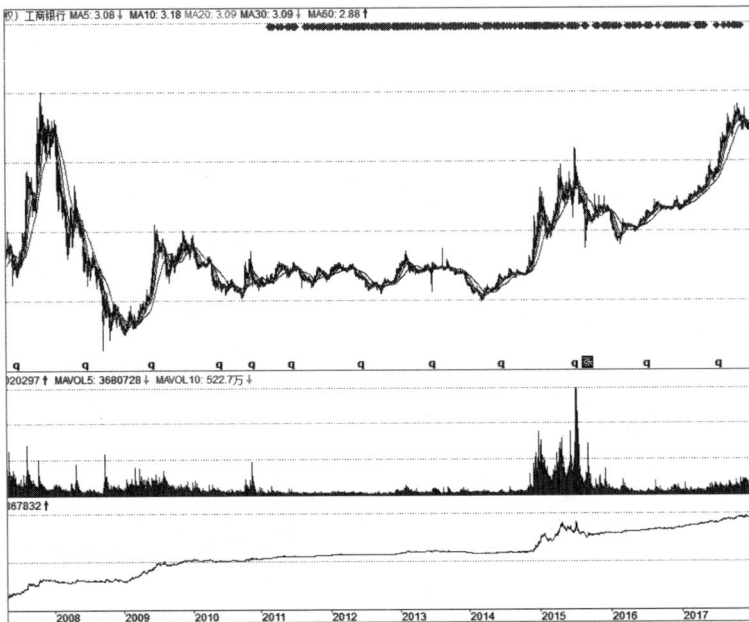

图 4-9　工商银行（601398）2007 ～ 2017 年日 K 线走势图

图 4-10 所示为复权后建设银行（601939）股价日 K 线走势图，从图中可以看出，建设银行的股价走势和工商银行的股价走势有相似之处，这说明市场对于一个行业的走势看法趋同。同时结合两家公司的净利润增长率，可以看出两家公司的净利润增长率虽然逐年下滑，但是在 2013 年以前还是两位数增长，然而公司股价并没有上涨，反而一直处于横盘状态。股价会受到多

种因素的影响，净利润增长率只是其中一个因素，2015 年公司净利润增长率并不高，但是公司股价却走出了一波行情。所以在分析公司股价时，要结合其他指标来分析。

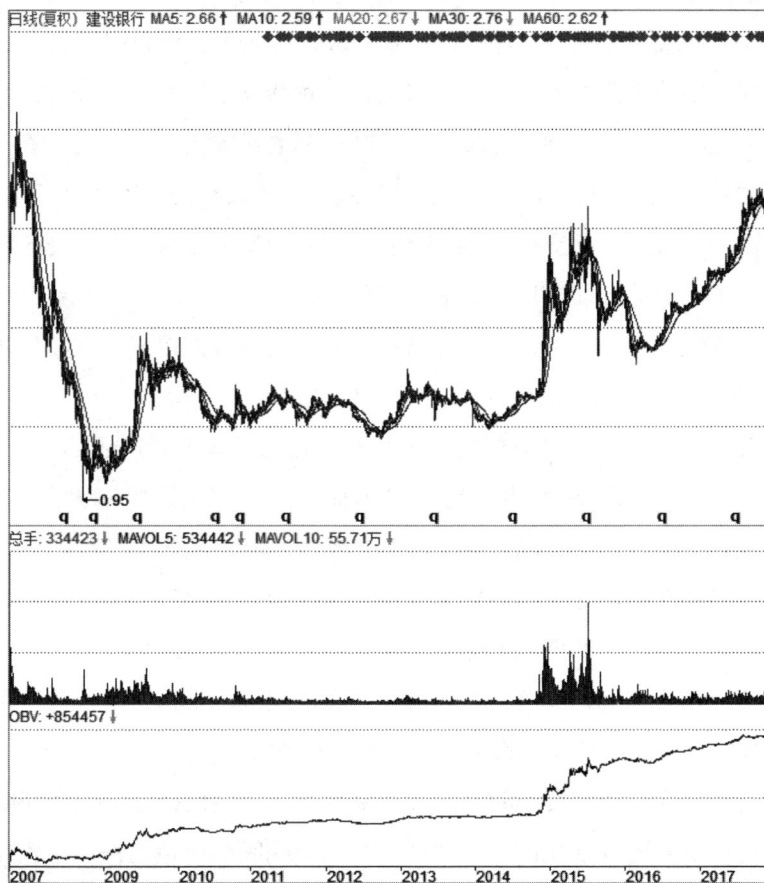

图 4-10　建设银行（601939）2007 ～ 2017 年股价日 K 线走势图

二十四、总资产增长率

1. 指标释义

公司本期的资产增长额与基期的资产总额的比率。该指标反映了公司本期资产规模的增长情况。资产等于负债加所有者权益，所以任何一方的增加都会导致公司资产的增加。所以当公司的资产规模增长时，要么是公司负债的增加，通过外部举债增加了公司的资产规模，要么是公司内生性增长，通过经营的扩大导致公司留存收益的增加，同时公司的资产规模也增加。总资产增长率越高，说明公司经营规模扩张的速度越快。

公司资产规模扩大通常是公司成长性较好的表现，但是投资者在进行具体分析时，要结合公司的营业收入增长、利润增长等情况进行分析，只有在公司的营业收入增长、利润增长超过资产规模增长的情况下，这种资产规模的增长才是良性的增长，同时反映到公司股价上才会有良好的表现。

总资产增长率可以反映公司的市场占有率及竞争力状况。总资产增长率低于行业平均值的公司被认为竞争力较差，高于行业平均值则是具有竞争力或者成长较快的公司。长期排名靠前的公司一般竞争力较强，这类公司要么是该行业的龙头公司，要么是成长性较好的公司。

总资产增长率可以用来判断公司发展所处的阶段或者产品的生命周期。通常情况下，如果总资产增长率稳定在 10% 以上，说明公司产品处于成长期，将保持较好的增长势头，尚未面临产品更新的风险，属于成长型的公司。如果总资产增长率稳定在 5% 到 10% 之间，说明公司产品已经进入稳定期，不久将进入衰退期，需要着手开发新产品。如果该比率连续低于 5%，说明公司产品可能进入衰退期，保持一定的市场份额已经很困难，主营业务利润开始滑坡。如果没有已经开发好的新产品，将步入衰落。

要注意结合公司和行业的产业属性来分析。周期性行业的总资产增长率会随着行业的周期性变化而出现波动，某一个期间出现负值并不代表公司步入衰退。比如钢铁行业，当宏观经济处于繁荣时，产品价格上涨，产品畅销，经济低迷时，产品积压，价格下降。经济繁荣时的总资产增长会大大超过经济低迷时。

总资产增长率可以预测股价未来走势。根据对总资产增长率的增长速度和稳定性推算，股价也会随着公司的扩张而上涨，因此可以用于评估未来股价可能达到的高度。在评估预测未来股价上涨空间时，营业收入增长率、净利润增长率、自由现金流量增长率等都是较为重要的参考依据。优质的上市公司一般保持相对较高且合理稳定的总资产增长率，当然对于很多重资产行业来说，刚开始经营的时候可能会负债经营扩大资产规模，资产和负债同时增加。

优质的上市公司的总资产增长率是持续增长的，比如稳定在 10% 以上的增长，这样的公司股价稳定性强。成长性的公司的总资产增长率往往表现为增长的趋势较长，这类公司的股价波动幅度较大，衰退期企业的总资产增长率是逐步下降的，甚至可能负增长，这类公司的股价多半表现疲软，没有生机。当然股价短期之内会受到多种因素的影响，但是长期看总是围绕着公司的价值进行波动。

2. 指标实战应用

（1）选择总资产增长率持续且稳定增长的个股。总资产增长率对股票价格没有直接的影响，但它可以从侧面反映公司的经营效率和管理能力，从而衡量公司当前和未来的发展形势。如果一个公司的总资产增长率一直比竞争对手低，说明公司的规模扩大得不如竞争对手快，说明公司在运用资产资源或者产品的需求方面不如竞争对手，股票的表现一般也不会好。投资时还是尽量选择总资产增长率高且稳定的公司。

（2）在投资股票时，总资产增长率只有与其他关键财务指标配合才能使用，不能仅凭该指标就做出投资决策。比如要结合净资产收益率来看公司的成长性，结合市盈率和市净率来看公司的估值高低等。

（3）总资产增长率大于零，说明公司本年度总资产正增长。该指标值越高，公司总资产的增长速度越快，公司规模扩大得越厉害。总资产增长率大于行业平均值越多，说明公司在行业内的竞争力越强。该指标持续上升，说明公司的竞争力在逐步扩大。同时对于整个行业来说，该项指标可以反映行业的景气度。景气度上升的行业，行业整体的总资产增长率会随之上升，反之，说明行业正在衰退。

（4）总资产增长率的历史趋势可以反映公司的发展情况。如果公司的总资产增长率呈现稳定上升的趋势，说明公司正处于发展壮大中。如果公司的总资产增长率连续数年出现下降，说明公司或者行业出现了衰退，公司应采取有效的措施转换经营策略或者开发新产品。

3. 案例分析：招商银行和兴业银行总资产增长率指标分析

1）财务数据分析

根据招商银行（600036）和兴业银行（601166）2007 ～ 2017 年公布的年度财务报告，可以得出该上市公司各年度的总资产，以及通过计算获得两家公司各年度的净总资产增长率，如表 4-3 所示。

表 4-3　两家公司总资产增长率对比图（单位：万亿）

年份	招商银行（600036）			兴业银行（601166）		
	基期总资产	报告期总资产	总资产增长率	基期总资产	报告期总资产	总资产增长率
2007	0.93	1.31	140.86	0.62	0.85	137.10
2008	1.31	1.57	119.85	0.85	1.02	120.00
2009	1.57	2.07	131.85	1.02	1.33	130.39
2010	2.07	2.4	115.94	1.33	1.85	139.10
2011	2.4	2.79	116.25	1.85	2.41	130.27
2012	2.79	3.41	122.22	2.41	3.25	134.85
2013	3.41	4.02	117.89	3.25	3.68	113.23
2014	4.02	4.73	117.66	3.68	4.41	119.84
2015	4.73	5.47	115.64	4.41	5.3	120.18
2016	5.47	5.94	108.59	5.3	6.09	114.91
2017	5.94	6.3	106.06	6.09	6.42	105.42

从表 4-3 中可以看出，2007 年招商银行和兴业银行的总资产处于 30% 到 40% 的增长，但是逐年下滑，到了 2017 年，两家银行的增幅只有个位数的增长了，总资产增幅下滑较大。同时，两家银行的总资产规模相差并不大，甚至到了 2017 年兴业银行的总资产规模还大于招商银行的总资产规模。

2）基期总资产分析

根据表 4-3 中招商银行（600036）和兴业银行（601166）2007 ～ 2017 年各年度的基期总资产数值，可以绘制出两家公司的折线图，如图 4-11 所示。

从折线图中可以看出，2007 年到 2017 年，招商银行和兴业银行的基期总资产都出现了较大涨幅，同时在 2016 年兴业银行的总资产第一次超过了招商银行的总资产。总资产的多少证明了公司规模的大小，从图中可以看出，两家银行的规模相差不大，当然差异性出现在资产结构，在分析时除了关注银行的总规模，也要注意公司的资产结构。只有真正的资产结构也合理的公司才是一家好公司，如果仅仅是规模增长，但是却不是内生性增长，那么公司的规模再大意义也不大。

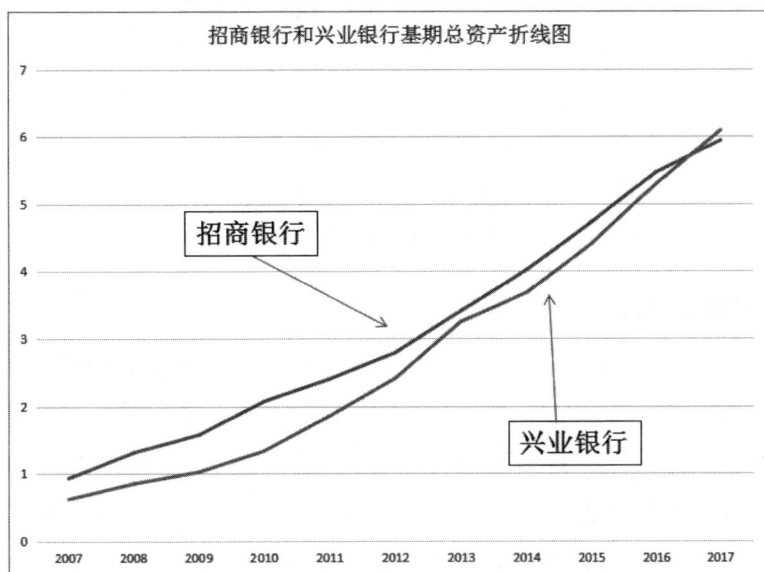

图 4-11 招商银行（600036）和兴业银行（601166）
2007 ～ 2017 年基期总资产折线图

3）报告期总资产

根据表 4-3 中招商银行（600036）和兴业银行（601166）2007 ～ 2017 年各年度的报告期总资产数值，可以绘制出两家公司的折线图，如图 4-12 所示。从折线图中可以看出，招商银行和兴业银行的报告期总资产产涨幅较大，同时两家银行的报告期总资产和基期总资产的涨幅基本一致，总资产的规模在 10 年间实现了一个快速增长，资产的规模可以反映一家公司的市场占有率，但是由于银行业务的特殊性，国内多年银行的资产规模都实现了快速增长。

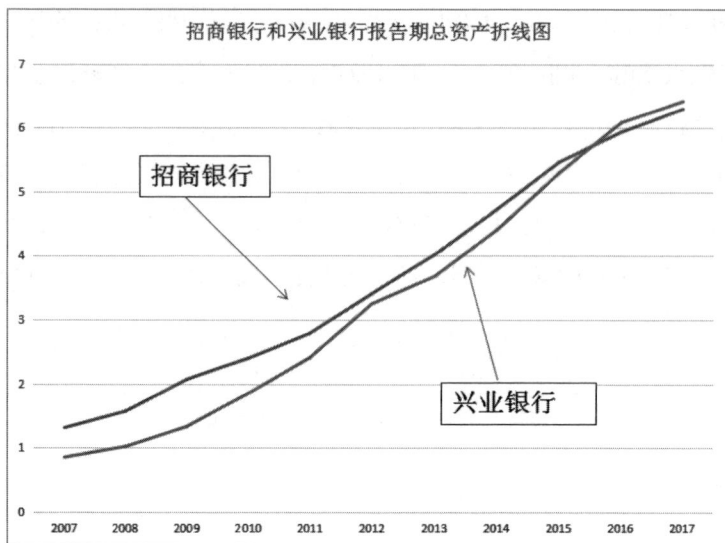

图 4-12　招商银行 (600036) 和兴业银行 (601166)
2007 ～ 2017 年报告期总资产折线图

4) 总资产增长率分析

　　根据表 4-3 中招商银行（600036）和兴业银行（601166）2007 ～ 2017
年各年度的总资产增长率数值，可以绘制出两家公司的折线图，如图 4-13
所示。从折线图中可以看出，招商银行的总资产增长率由 2007 年 40% 多的
增长到 2017 年百分之几的个位数增长，兴业银行尽管在 2010 年到 2012 年
间总资产增长率超过了招商银行，但是到了 2017 年，两家银行的总资产增长
率基本一致，涨幅为 10% 以下。对于总资产增长率为 10% 以下的公司，说
明公司进入了稳定期，不久将要进入衰退期。但是要因行业不同而定，比如
银行业是周期性行业，受宏观因素影响较大。当经济增速放缓，银行的规模
扩张也会缓慢。

5) 股价走势分析

　　图 4-14 所示为招商银行（600036）复权后 2007 ～ 2017 年日 K 线走势图，
从图中可以看出，招商银行的公司股价在 2007 年的牛市达到了高点，之后开
始深度调整，尽管之后股价又有所上涨，但是到 2015 年之前一直处于横盘状
态，在 2015 年之后实现了一波较大的上涨。结合其总资产增长率发现其总资
产的规模虽然增长较多，但是到了 2017 年，总资产增长率其实已经放缓，而

股价其实涨幅较大。这说明总资产增长率虽然对于推动股价有一定的作用，但是股价同时会受到多种因素的影响，一定要结合其他指标具体分析。

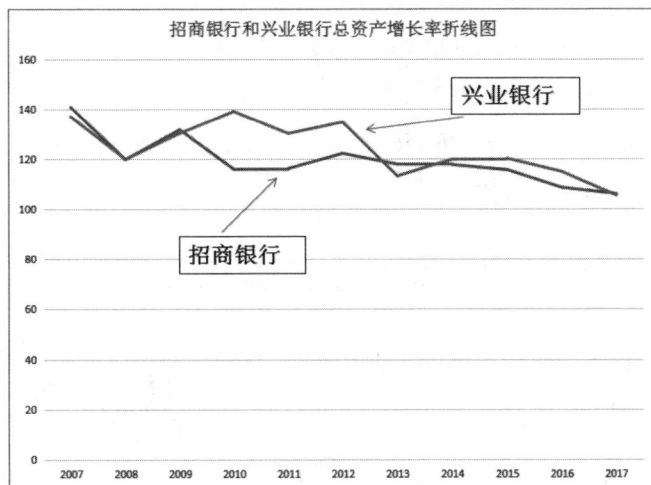

图 4-13　招商银行（600036）和兴业银行（601166）

2007 ～ 2017 年总资产增长率折线图

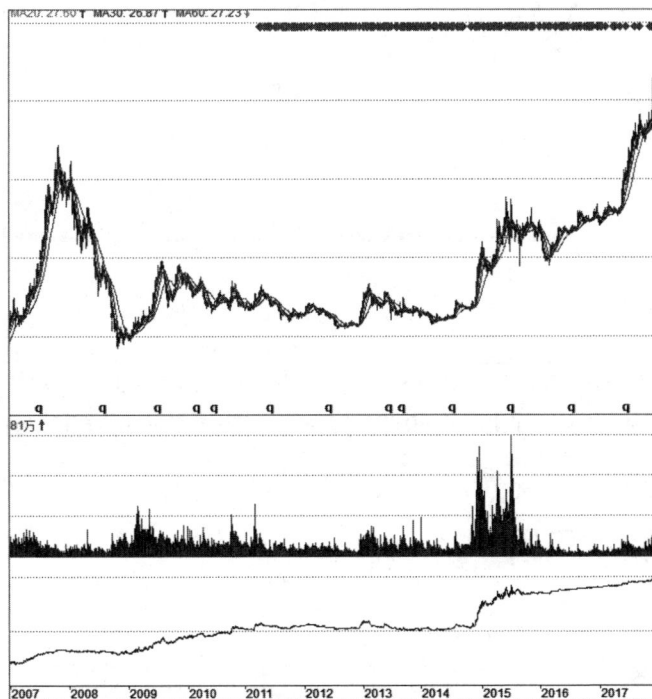

图 4-14　招商银行（600036）2007 ～ 2017 年日 K 线走势图

图 4-15 所示为兴业银行（601166）复权后 2007 ～ 2017 年日 K 线走势图，从图中可以看出，兴业银行的股价在 2007 年创出了新高，并且之后开始一直处于调整状态。结合其总资产增长率，兴业银行的总资产规模和招商银行的总资产规模相当，但是同时到了 2017 年，总资产增长率也成为了个位数增长。其股价在复权后来看也创出了新高。所以总资产增长率尽管对于股价有一定的影响，但是由于市场变幻莫测，会受到多种因素的影响，在分析时要结合其他指标来做出判断。

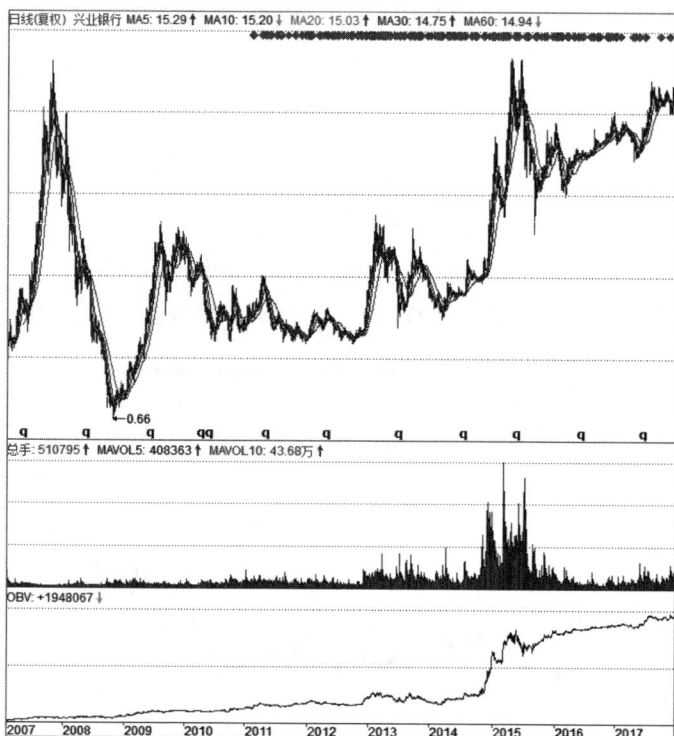

图 4-15　兴业银行（601166）2007 ～ 2017 年日 K 线走势图

二十五、资本积累率

1. 指标释义

年末所有者权益与年初所有者权益的比率，又称为净资产积累率。该指标表示公司期间内资本的积累能力，该指标越高越好，越高表明公司净资产积累的越多，公司的资本实力越强。

资本积累率反映了公司实现价值最大化的扩张速度，是综合衡量公司资产运营与管理业绩的指标，同时也是评估公司成长情况和发展能力的重要指标。资本积累率大于零说明是正增长，资本积累率小于零说明是负增长。

所有者权益的主要组成部分为股本、资本公积、盈余公积、未分配利润。所以所有者权益的积累实际上主要还是靠公司未分配利润的积累。公司净利润越高，计提的盈余公积越高，公司未分配利润越高，公司的资本积累率越高。

由于所有者权益由 4 个部分组成，所以当投资者追加投资，即公司增资扩股时，使公司的股本增加，同时由于增资扩股，还可能发生资本溢价或者资本折算差额，从而造成公司资本公积的增加。

同时公司接受捐赠、资产评估增值也可能造成公司资本公积增加，所以以上两种情况并不是公司内生性增长造成的公司所有者权益的增加，真正的增长应该是建立在公司经营状况良好的情况下的净利润增长。

所以该指标的计算公式可以拆解为期初所有者权益加本期净利润与期初所有者权益的比值，也就是说，只要净利润增加，即可完成资本积累率的增加。

资本积累率可以反映公司的管理能力和科技创新能力。资本的积累主要来自两方面，效率的不断提高和公司规模的扩大。效率的提高是在现有的总量规模下提高管理能力，加大科技创新，从而在使用相同单位资源的情况下提高了净利润收益。另一个就是公司规模的扩大，这是依靠总量的扩张来达到净利润的增加。也就是说使用单位资源产生的收益没有变化，而是资源总量的变化带来了净利润的增加。

依靠效率来实现公司资本的积累更能说明公司的发展潜力，因为科技创新、提高管理能力是公司发展的内在动力。依靠公司规模扩大，比如收购、兼并、重组等都是依靠外部力量。如果公司没有自己的核心技术和核心竞争力，那么这种增长是不可持续的。

在分析公司资本积累率时，可以根据公司的资产结构，查看公司的总资产、净资产或者负债等是否发生变化。如果公司的资产总体结构没有发生变化，说明公司依靠经营效率来提高公司资本的可能性非常大。如果公司的总资产结构发生变化，比如在净利润出现增长时，总资产也出现了同步增长，那么净利润的增长就是依靠公司规模的扩大实现的。

真正意义的资本保值增值与本期筹资和其他事项无关，与本期利润分配也无关，而是取决于当期实现的经济效益，即净利润。因此，资本保值增值指标应从损益表出发，以净利润为核心。资本保值增值率指标：

资本保值增值率 =（期初所有者权益 + 本期利润）÷ 期初所有者权益 ×100%

资本保值增值率若为 100%，说明企业不盈不亏，保本经营，资本保值；若大于 100%，说明企业有经济效益，资本在原有基础上实现了增值。

例：某企业期初所有者权益 5000 万元，本期实现净利润 1800 万元，期末所有者权益 6800 万元。

资本保值增值率 =（5000+1800）/5000×100%=136%

结果显示该企业通过本期经营，不但实现了资本保值，还使资本增值了36%，至于期末所有者权益比期初增长了40%，除了资本增值外，还可能是投资者追加投资或其他什么原因所致。资本保值是增值的基础，保值的含义在物价上涨形势下应是实际价值的保全，而非名义价值的保全。考虑物价上涨因素对资本保全的影响，只有在当期净利润不低于期初所有者权益与一般物价指数上升率的乘积时，才能实现真正的资本保值增值。

所以在物价上涨趋势下，资本保值增值率指标应为：

[期初所有者权益 +（本期利润 − 期初所有者权益 × 一般物价指数）] ÷ 期初所有者权益 ×100%

=（期初所有者权益 + 本期利润）÷ 期初所有者权益 ×100%− 一般物价指数上升率

上例中若本期一般物价指数上升 10%，则：

资本保值增值率 =[5000+（1800−5000×10%）] ÷5000=126%

重新设计的资本保值增值率指标，将资产负债表中的所有者权益与利润表中的净利润联系起来，含义直观明确，易于理解操作，克服了单纯从资产负债表出发分析资本保值增值的局限性，投资者据此不仅可以了明了自身权益的保障程度，而且可以检查考核经营者受托责任的履行情况，全面评价企业的经济效益。

2. 指标实战应用

（1）可以运用资本积累率指标选股。由于资本积累率可以反映公司的增长速度，所以该指标越大，说明公司的成长性越好，成长速度越快。所以投资者可以运用资本积累率指标选择有成长性的股票，使用时可以结合营业收入增长率等指标进行分析，如果各项指标的结论一致，都呈上涨趋势，或者创出新高，说明公司有比较强的成长性，这样的公司股价极具爆发力。

（2）资本积累率越高，说明一家公司的经营状况越好，资本积累率对股票价格没有直接的影响。但是它可以从侧面反映公司的经营效率和管理能力，从而衡量公司当前和未来的发展形势。如果一个公司的资本积累率一直较竞争对手低，说明公司的盈利能力不如竞争对手。在投资时尽量选择那些资本积累率高的公司。

（3）资本积累率的历史走势可以反映公司的发展状况。如果公司的资本积累率呈现稳定上涨的趋势，说明公司正处于发展壮大中，如果资本积累率连续数年下降，则说明公司或者行业已经进入衰退期，公司必须采取有效的措施，比如开发新产品，提高竞争力等。资本积累率与总资产增长率有异曲同工之妙。因资产等于负债加所有者权益，这种勾稽关系说明了当资本积累率上涨的时候，资产会上涨，规模会扩大。

（4）资本积累率的通用性强，适用范围广，不受行业局限。投资者通过对该指标的综合对比分析，可以看出公司的盈利能力和成长性，在同行业中所处的地位，和同类公司的差异水平。资本积累率是评价公司自有资本及其积累获取报酬水平的综合性指标，反映公司资本营运的综合效益。一般认为资本积累率越高，运营效益越好，管理者为股东创造的收益越大，对公司投资人、债权人的保证程度就越高。

3. 案例分析：平安银行和民生银行资本积累率指标分析

1）财务数据分析

根据平安银行（000001）和民生银行（600016）2007 ～ 2017 年公布的年度财务报告，可以得出该上市公司各年度的所有者权益，以及通过计算获得两家公司各年度的资本积累率，如表 4-4 所示。

表 4-4　两家公司资本积累率对比图（单位：亿元）

年份	平安银行（000001）			民生银行（600016）		
	基期所有者权益	报告期所有者权益	资本积累率	基期所有者权益	报告期所有者权益	资本积累率
2007	65.97	130.06	197.15	193.1	501.86	259.90
2008	130.06	164.01	126.1	501.86	546.72	108.94
2009	164.01	204.7	124.81	546.72	888.94	162.60
2010	204.7	331.98	162.18	888.94	1052.57	118.41
2011	331.98	753.81	227.06	1052.57	1341.1	127.41
2012	753.81	847.99	112.49	1341.1	1685.44	125.68
2013	847.99	1120.81	132.17	1685.44	2042.87	121.21
2014	1120.81	1309.49	116.83	2042.87	2477.56	121.28
2015	1309.49	1615	123.33	2477.56	3097.83	125.04
2016	1615	2021.71	125.18	3097.83	3520.27	113.64
2017	2021.71	2220.54	109.83	3520.27	3898.12	110.73

　　从表 4-4 中可以看出，平安银行的资本积累率在 2007 年实现了 97.15% 的增长，之后开始增速放缓，但仍然实现了年均 20% 以上的增长，10 年间从一个不足百亿的小银行成长为了一个 2000 亿以上的大银行，可以说这种积累速度是相当快的。当然 2017 年资本积累率增速开始放缓，资本积累率的高低说明了一家公司的发展状况好坏。当资本积累率放缓，除了发展因素，也可能是周期因素，比如银行业就是典型的周期性行业。民生银行的所有者权益也从 2007 年初的不足 200 亿成长到了接近 4000 亿的水平，同时民生银行的所有者权益规模也远大于平安银行的所有者权益规模。当然银行股不能仅仅看资本积累率就做出投资决策，而要结合资产质量、盈利能力等指标做出投资决策。

2）基期所有者权益分析

　　根据表 4-4 中平安银行（000001）和民生银行（600016）2007 ～ 2017 年各年度的基期所有者权益数值，可以绘制出两家公司的折线图，如图 4-16 所示。从折线图中可以看出，银行的基期所有者权益大于平安银行的基期所有者权益。从 2007 年到 2017 年，民生银行和平安银行的基期所有者权益都实现了较快增长，如果银行做好了风险控制，银行的规模一定是随着经济的发展越来越大的，但是随着日益增长的物质文化需求，银行经营的侧重点也在不断的变化，比如民生银行原来的定位是小微企业，而平安银行的定位是零售客户。

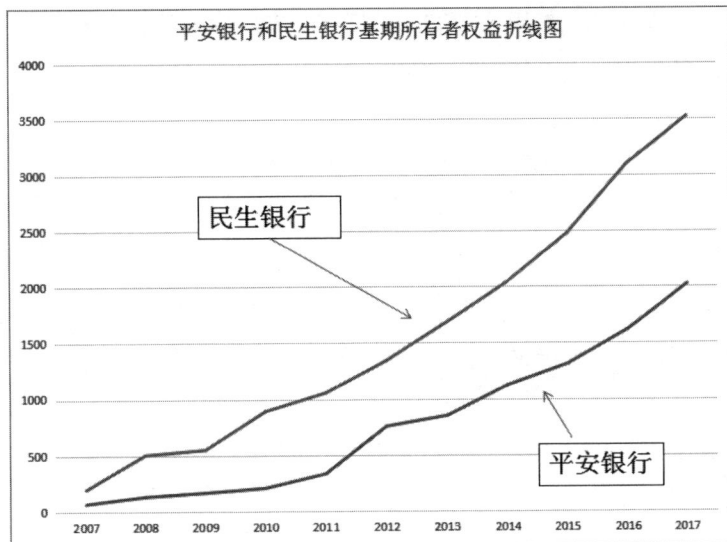

图 4-16 平安银行(000001)和民生银行(600016)
2007 ～ 2017 年基期所有者权益折线图

3)报告期所有者权益分析

根据表 4-4 中平安银行（000001）和民生银行（600016）2007 ～ 2017 年各年度的报告期所有者权益数值，可以绘制出两家公司的折线图，如图 4-17 所示。从折线图中可以看出，民生银行的报告期所有者权益较平安银行的所有者权益涨幅大，同时由于民生银行定位于小微企业，随着经济大船的快速增长，民生银行获得了较快的增长，虽然平安银行成立较早，但是却发力较晚，之后定位为零售业务，起步较晚。

4)资本积累率分析

根据表 4-4 中平安银行（000001）和民生银行（600016）2007 ～ 2017 年各年度的资本积累率数值，可以绘制出两家公司的折线图，如图 4-18 所示。从图中可以看出，平安银行 2007 年、2010 年和 2011 年的资本积累率增长较快，其他年份虽然也有 10% 以上的增长，但是这种增幅到了 2017 年开始放缓。除了 2007 年和 2009 年，民生银行的资本积累率增幅和平安银行的资本积累率增幅有相似之处。由于资本积累率是一个累积数据，即每年新增的留存收益将被累加到以前年度的留存收益中，所以资本积累率是一家公司是否具有持续性竞争优势的重要指标。如果一家公司不能保持其留存收益一直增加的话，它的净资产是不会增长的。如果公司的的净资产不能持续地增长，从长远来看，股东对该公司的投资就没有任何价值。

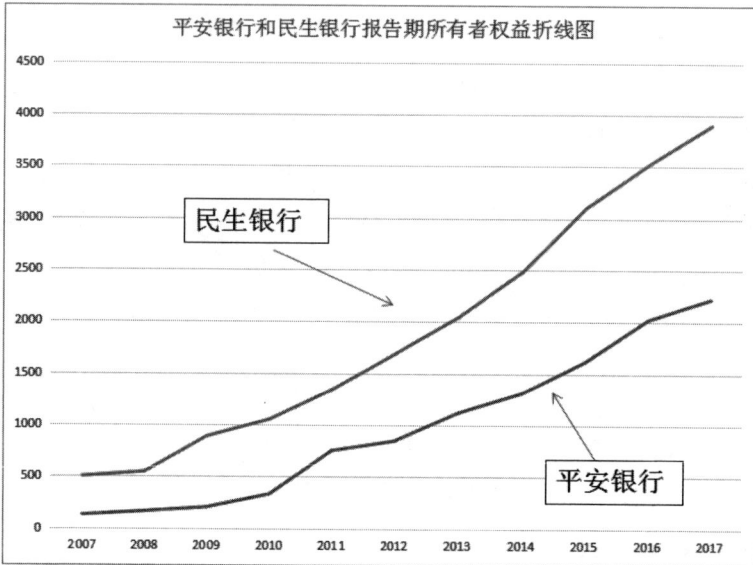

图 4-17　平安银行（000001）和民生银行（600016）
2007 ～ 2017 年报告期所有者权益折线图

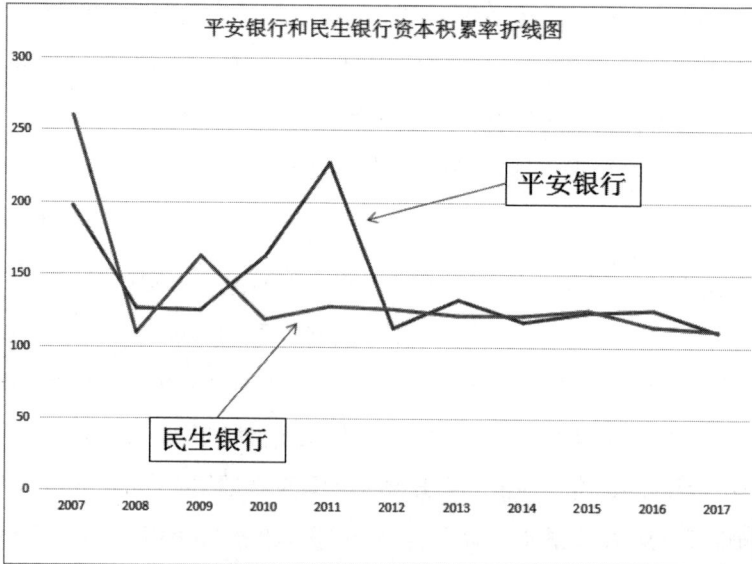

图 4-18　平安银行（000001）和民生银行（600016）
2007 ～ 2017 年资本积累率折线图

5）股价走势分析

图 4-19 和图 4-20 所示为平安银行（000001）和民生银行（600016）复权后 2007 ～ 2017 年股价日 K 线走势图，从图中可以看出平安银行的股价走势在震荡中上行，民生银行的股价走势有相似之处，结合其资本积累率分析，可以看出 2007 年是一个非常特殊的年份，不仅整个市场是牛市，而且在这一年两家银行的资本积累率走势涨幅较大，平安银行的资本积累率达到了97.15%，而民生银行的资本积累率达到了 159.9%，同时其股价也创出了新高。资本积累率的高低直接决定了一家公司有没有发展前途，但是在评估一家公司时仅仅看资本积累率是不行的，一定要结合其他指标进行分析。从 2007 年到 2017 年，两家银行的资本积累率增幅较大，同时股价在震荡之后也在2017 年创出了新高，毫无疑问，只有资本积累率的长期上涨，才会造成股价的长期上涨，否则长期来看股价一定会往下走。

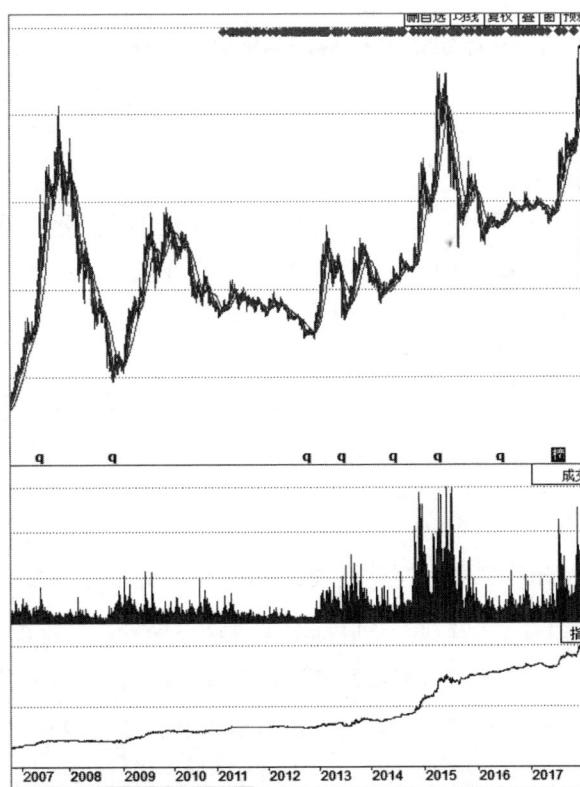

图 4-19 平安银行（000001）2007 ～ 2017 年股价日 K 线走势图

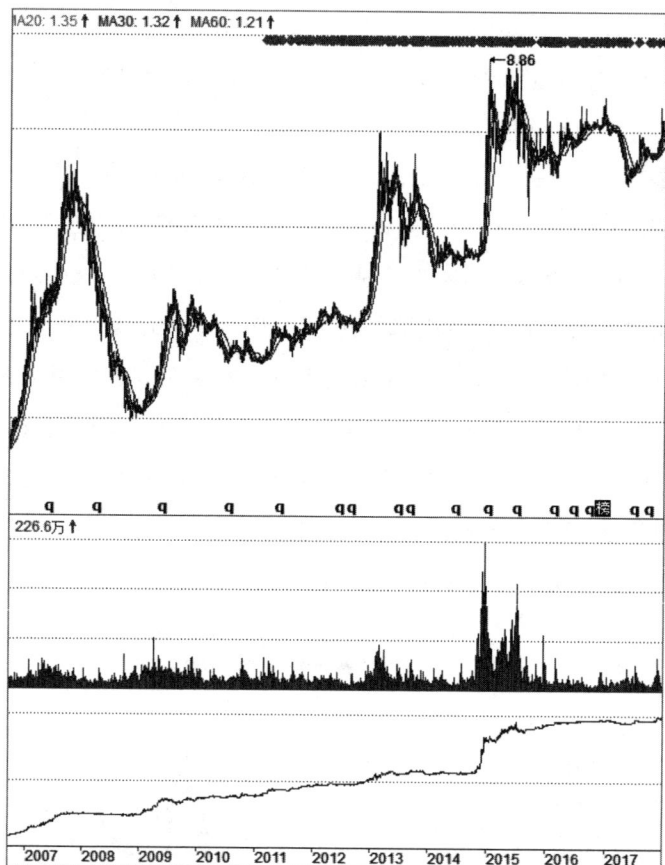

图 4-20　民生银行（600016）2007 ～ 2017 年股价日 K 线图走势图

二十六、PEG

1. 指标释义

　　PEG 是英文市盈率相对盈利增长比率的首字母缩写。是由上市公司的市盈率除以盈利增长速度得到的数值。该指标既考察公司当前的盈利与市价之间的关系，又可以通过盈利增长速度评估未来一段时间内公司增长预期下的股票价格水平。PEG 越低，说明分子市盈率越低，或者盈利增长率越高，股票就越有投资价值。PEG 值小于 1，一般认为股价被低估，或者投资者对公司未来的成长性不看好。如果 PEG 大于 1，则这只股票的价值可能被高估，或者该上市公司的业绩成长性被市场所认可。

仅凭市盈率指标选股有一个缺陷，增速较快的股票往往表现为较高的市盈率，而一直有着较低市盈率的上市公司，很可能是没有发展前景的公司，这样的公司即使有再低的市盈率，未来股价也很难有表现。PEG 指标克服了市盈率的这一缺陷，以发展的眼光看待市盈率，因此 PEG 指标成为了成长股的重要估值方法。

PEG 指标的关键是获得准确的盈利增长率，盈利增长率可以用历史上的盈利增长比率，也可以用机构分析师的预测值来计算。为什么要用两种 PEG 指标呢？因为股价既反映公司历史和当前的经营业绩，也是对公司未来盈利预期的反映，股价走势是实际盈利和预期盈利的反映，股价走势也是实际盈利和预期盈利共同作用的结果。因此分析公司股价未来发展趋势，应该是基于历史和当前的现状，并着眼于未来盈利增长预期的判断。

PEG 指标需要结合营业收入、存货周转率、应收账款等指标的变化情况来分析。从 PRG 的计算方法来看，影响其变化的因素只有两个，一是收益率的增长，二是股价。由于净利润的多少会受到会计记账方法的影响，而股价又容易受到市场情绪的影响，所以公司的价值并不能够完全被这两个指标反映出来。为了保证 PEG 能够最大程度地反映公司的真实估值水平，结合其他指标来分析是很有必要的。

PEG 指标比较适合评估盈利成长性好的公司，评估成熟稳定的公司时，PEG 指标并不能够发挥多大的效果。另外，PEG 指标并不能够评估那些目前处于亏损或者盈利衰退的公司。也就是说，PEG 指标更适合激进的投资者选择那些一直处于成长中的公司。

由于 PEG 需要对未来至少 3 年的盈利增长情况进行预测，而不会只预测未来一年的盈利预测，因此更加大了准确预测的难度。事实上，只有当投资者有把握对未来 3 年以上的业绩表现作出比较准确的预测时，PEG 的使用效果才会体现出来，否则反而会起误导作用。此外，投资者不能仅看公司自身的 PEG 来确认它是高估还是低估，如果某公司股票的 PEG 为 1.3，而其他成长性类似的同行业公司股票的 PEG 都在 1.6 以上，则该公司的 PEG 虽然已经高于 1，但价值仍可能被低估。

2. 指标实战应用

（1）PEG 指标可以作为选股的标准。市盈率反映了公司股票价格和公司盈利能力的关系，而 PEG 指标根据公司历史数据能够反映公司当前市盈率是否被高估，根据未来盈利能力的成长性来衡量当前股价的估值，或者是反映以当前市盈率的倍数在未来可能达到的股票价格。通过分析，投资者可以综合判断股价的合理性、未来股价的变化趋势以及最好状况下股价可能达到的价位。

（2）对公司的历史盈利增长率的综合计算和对未来盈利增长的预估是决定 PEG 值是否有效的关键，只有较正确的评估公司的盈利增长，PEG 才能发挥作用，否则计算出来的 PEG 指标是不准确的。在计算公司的历史 PEG 和预测盈利计算的 PEG 时，都需要历史盈利增长数据，这些数据最好是 5 年以上。对于很多新股或者次新股来说，如果无法找到 5 年以上的数据，可以采用年报加季报相结合的分析方法。在评估盈利增长率的时候，尽量采用较科学的综合方法，既不能过于保守，也不能够夸大。特别是在对未来 3 年以上的盈利预测时，要结合公司盈利增长趋势和公司发展阶段、技术能力、行业性质等进行调整。

（3）PEG 指标可以判断公司的估值高低。在根据 PEG、预测 PEG 以及市盈率进行分析时，尽量选择那些 PEG 小于 1，并且预测 PEG 小于当前 PEG 的个股，或者是选择行业中 PEG 较小，而预测 PEG 在未来进一步缩小的公司。PEG 适合评估盈利成长中的公司，评估成熟稳定的公司时，PEG 指标的作用并不大，但是在评估成长股时，却可以发挥较大的作用，因为 PEG 本身的计算方式就是考虑到了公司的盈利增长率。

（4）PEG 指标也有一定的局限性，比如 PEG 指标不适用于评估那些处于亏损或者获利衰退的公司，因为这些公司的盈利增长率是不稳定的，或者是负增长的。同时 PEG 为市盈率与盈利增长率比率，而分母盈利增长比率可以是历史盈利增长比率，也可以是预估盈利增长比率。两者都不能准确地反映公司是不是能够保持这样的增长率，所以说 PEG 指标并不能够作为预测股价走势的唯一依据。

3. 案例分析: 美年健康和宜华健康 PEG 指标分析

1) 财务数据分析

　　根据美年健康（002044）和宜华健康（000150）2007～2017 年公布的年度财务报告，可以得出该上市公司各年度的市盈率和盈利增长率，以及通过计算获得两家公司各年度的 PEG 指标，如表 4-5 所示。

表 4-5　两家公司 PEG 指标对比图（单位: 万元）

年份	美年健康（002044）			宜华健康（000150）		
	市盈率	盈利增长率	PEG	市盈率	盈利增长率	PEG
2007	44.33	−4.67	−9.49	2802.41	382.35	7.33
2008	38.78	−48.07	−8.07	11.38	−27.64	−0.41
2009	88.34	45.17	1.96	19.41	22.28	0.87
2010	109.88	22.29	4.93	46.33	−91.49	−0.51
2011	54.56	153.83	0.36	145.16	−7.66	−18.95
2012	24.83	11.82	2.1	234.17	−70.42	−3.33
2013	26.24	−109.46	−0.24	140.56	3842.97	−0.04
2014	−564.16	2347.26	−0.24	70.52	−67.55	−1.04
2015	420.51	85.76	4.9	569.83	73.07	7.80
2016	115.17	73.55	1.57	13.59	1342.25	0.01
2017	123.78	35.89	3.45	−194.93	−76.58	2.55

　　从表 4-5 中可以看出，美年健康的盈利增长率并不稳定，但是不难看出从 2014 年到 2017 年的 4 年间，美年健康实现了 30% 以上的增长，但是由于美年健康的市盈率太高，其 PEG 指标并不低，通常 PEG 低，是市盈率低，或者是盈利增长率高，这种估值下投资是划算的，当然还有一种方式是估值和业绩都较高的戴维斯双击，其实也是有投资价值的。最近几年随着国民收入的增加，大健康领域的增速越来越快，但是从表中看宜华健康增长幅度起伏不定，稳定性差，不考虑其他因素，仅从表中数据看，2017 年盈利增长率为负的 76.58%。这样的增幅对于一家公司来说并不健康，就如同巴菲特所说，如果在投资的某一年内是负的 50%，那么下一年只有实现 100% 的收益才能完成投资目标。尽管宜华健康的 PEG 指标比美年健康的 PEG 低，但是无论是盈利增长率的稳定性还是市盈率的稳定性，都比美年健康差。

2）市盈率分析

根据表 4-5 中美年健康（002044）和宜华健康（000150）2007 ～ 2017 年各年度的市盈率数值，可以绘制出两家公司的折线图，如图 4-21 所示。从图中可以看出，从 2007 年宜华健康 2802.41 倍的市盈率到 2017 年 −194.93 倍的市盈率，中间的市盈率甚至到过 569.83 倍，如果对于短期投资者，或许能够抓住这样的波段机会，但是这里讲求的是一种基于基本面分析的价值投资，如果一家公司的基本面是由有问题的，或者经营是不稳定的，那么投资者最好慎重。从美年健康的折线图中可以看出，2014 年其市盈率为负值。市盈率为每股市价与每股收益的比值，市盈率为负值，每股市价不可能为负值，说明每股收益为负值，说明其经营有不稳定的因素存在。2017 年美年健康的市盈率为 123.78 倍，当然这是年底数，有一定的偏颇，但是当估值过高的情况下，还是不值得投资的。

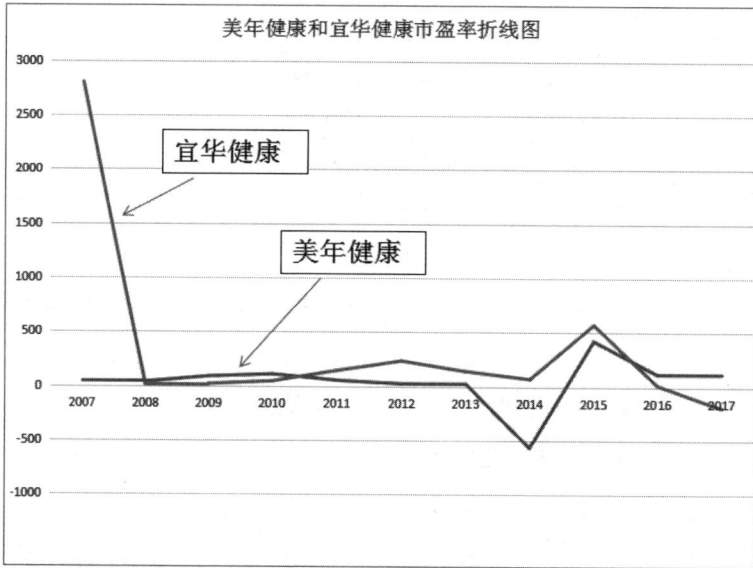

图 4-21　美年健康（002044）和宜华健康（000150）2007 ～ 2017 年市盈率折线图

3）盈利增长率分析

根据表 4-5 中美年健康（002044）和宜华健康（000150）2007 ～ 2017 年各年度的盈利增长率数值，可以绘制出两家公司的折线图，如图 4-22 所示。从图中可以看出，从 2007 年到 2017 年的 11 年中，美年健康的盈利增长率有

3 年为负增长，宜华健康的盈利增长率有 6 年为负增长。投资者特别是价值投资者喜欢投资那些有着稳定盈利的公司，而不是那些大起大落，盈利空间不明确的公司。从 2014 年到 2017 年，美年健康盈利增长率较快，而宜华健康增长较快的年份为 2013 年和 2016 年。盈利增长率的高低可以看出一家公司的成长性，持续而稳定的增长是投资人比较乐意看到的。

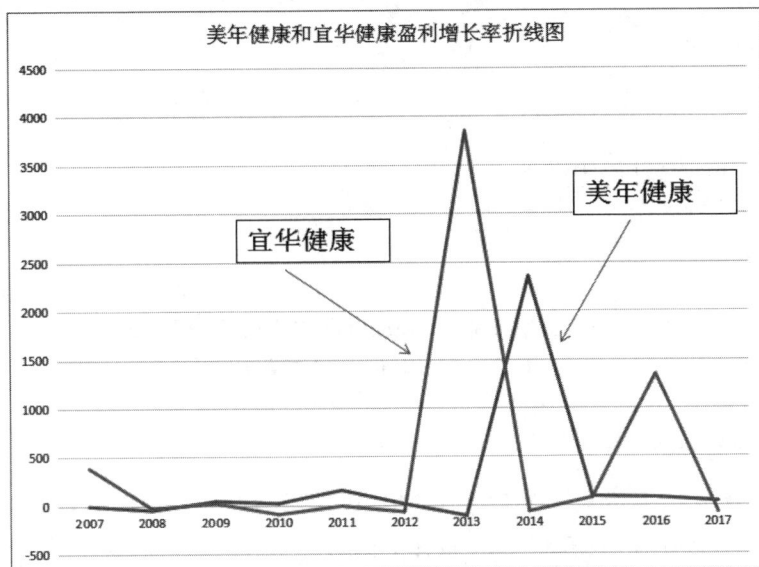

图 4-22　美年健康（002044）和宜华健康（000150）
2007 ～ 2017 年盈利增长率折线图

4）PEG 指标分析

　　根据表 4-5 中美年健康（002044）和宜华健康（000150）2007 ～ 2017 年各年度的 PEG 指标数值，可以绘制出两家公司的折线图，如图 4-23 所示。从图中可以看出，美年健康的 PEG 指标较宜华健康的 PEG 指标更为稳定。PEG 指标衡量的主要是公司估值与成长性的关系，如果市盈率高，但是盈利增长率低，则 PEG 指标高，不适合投资。如果市盈率低，盈利增长率高，则是绝佳的投资方式。按照这样的投资逻辑来看的话，美年健康和宜华健康并不值得投资，要么盈利不稳定，要么估值太高。当然在分析一家公司时要综合进行考虑，不能仅仅从一个指标来分析，况且每一个指标都有其局限性。

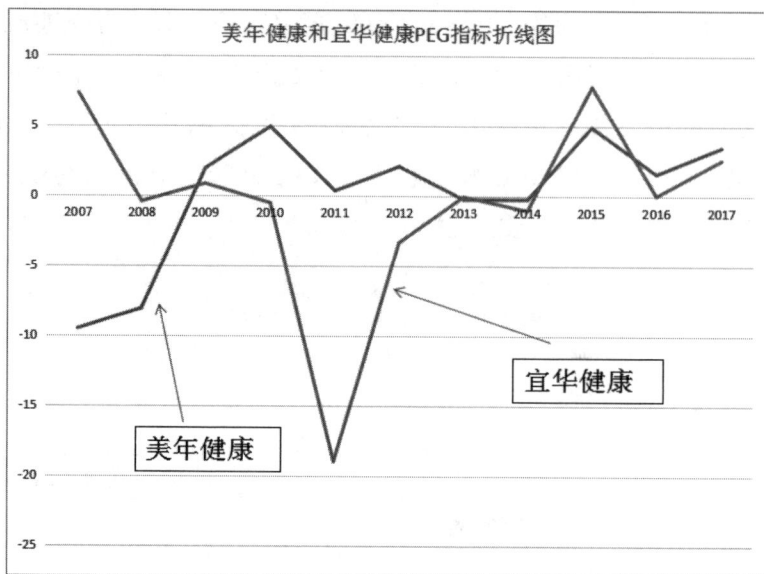

图 4-23　美年健康（002044）和宜华健康（000150）

2007 ～ 2017 年 PEG 折线图

5）股价走势分析

　　图 4-24 所示为美年健康 (002044) 复权后 2007 ～ 2017 年股价日 K 线走势图，从图中可以看出，美年健康的股价从 2007 年到 2014 年一直在低位徘徊，2015 年的牛市股价上涨较快，尽管之后两年有所回落，但是涨幅大大超过 2014 年之前，结合其盈利增长率和 PEG 指标来看，从 2014 年美年健康的盈利增长率就有较大的涨幅，同时其 2014 年的市盈率为负值，说明每股收益为负，而 2015 年之后无论是其市盈率还是其盈利增长率都保持在较高水平，这对于股价的上涨也有一定的促进作用。

　　图 4-25 所示为宜华健康（000150）2007 ～ 2017 年股价日 K 线走势图，从图中可以看出，2015 年到 2017 年宜华健康的股价走势涨幅较大，特别是在 2015 年的牛市。尽管 2016 年股价走势有所回落，但是整个股价涨幅远大于 2014 年之前，其 2015 年和 2016 年的盈利增长率增长较快，2017 年无论是净利润还是盈利增长率都是负值，所以整个公司的股价在 2017 年没有再创新高，而是呈下降趋势，上市公司的股价会受到多种因素的影响，但是好公司的股价一定是越来越高，坏公司的股价会越来越低。

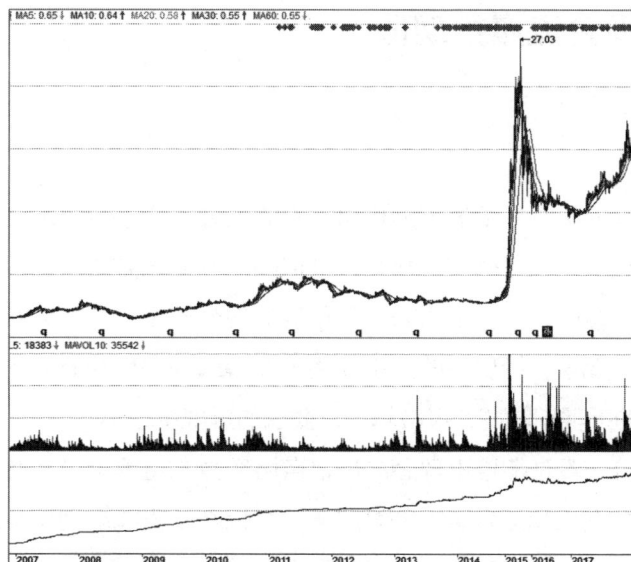

图 4-24　美年健康（002044）2007 ～ 2017 年股价日 K 线走势图

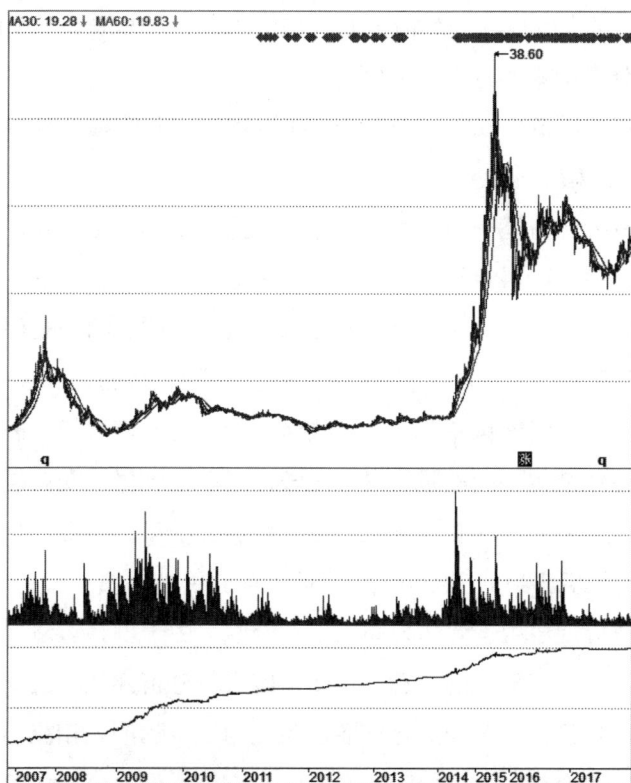

图 4-25　宜华健康（000150）2007 ～ 2017 年股价日 K 线走势图

二十七、现金流量折现值

1. 指标释义

现金流量折现值是通过预测公司未来的现金流量，并按照一定的折线率计算公司的现值，从而确定公司股票价值的一种估值方法。使用这种方法的关键要确定：第一，预估公司未来各年度的现金流量；第二，要找到一个合理的公允的折现率，折现率的大小取决于取得的未来现金流量的风险，风险越大，要求的折现率越高，风险越小，要求的折现率越小。

现金流量一般是指自由现金流量，自由现金流量等于税后净营业利润加折旧减去资本支出和运营资本的增加值，是指在不影响公司可持续经营的前提下，可供分配给公司资本供应者的最大现金额。

而折现率是指加权平均资本成本。

加权平均资本成本 =（资本净值 ÷ 总资本）× 股权资本 +（债务资本 ÷ 总资本）× 债务成本 ×（1－ 企业所得税率）

由于加权平均资本成本较为复杂，可以用无风险收益率代替，即 5 年期国债或者是 10 年期国债。

现金流量折现值是一种较为科学的评估预测工具，是建立在某些假设条件下的推断，是一种科学的方法，并非随意估算。根据条件的变化，采取修正后仍能较真实地反映未来结果。现金流量值的评估时间一般是 5 到 10 年，时间越长，不确定因素越多，预测结果的意义也随之减弱。

现金流量折现值能够较综合地反映当前股价的投资价值。按照现金流量模型计算的评估结果与当前股价进行比较，当现金流量折现值越大于当前公司的市场价值，说明当前股价越被低估，股价上涨动力越足。相反，如果现金流量折现值越低于当前市场价值，说明当前股价被高估。

现金流量折现值用于评估公司未来的价值，由于现金流量折现法考虑更多的是变量，包括了更多的信息，从多角度进行分析评估，因此较充分地反映了公司的内在价值。公司的经济活动表现为现金的流入和流出，现金流量折现法是资本投资和资本预算的基本模型，它被看作是公司估值定价在理论上最有成效的模型。由于该模型有坚实的基础，当与其他评估方法一起使用时，现金流量折现法得出结果往往是检验其他模型结果合理与否的基本标准。

现金流量折现值能够较综合地反映当前股价的投资价值。在很多股价评估方式中都采用横向对比和历史对比来衡量股票的价值。横向对比是与同类型的公司进行比较，看标的股是否更便宜，从而决定是否投资，这种横向比较方法最大的缺陷是无法确认股票本身的价值。历史比较方法是以历史数据作为参照，看当前的股票价值处于历史的什么水准，从而判断股票的投资价值，但股票投资最关注的是公司的未来成长。现金流量折现值是考虑了公司的成长性、风险性，用公司未来的价值折算后回到当前，并与当前的股价进行对比，达到评估股票估值的目的。

业务越简单、增长越平稳、现金流量越稳定的公司，现金流量折现模型的预测就会越准确。有的公司各项指标波动性非常大，需要进行数字平滑处理，这样也会对评估的准确性产生较大的误差。有的公司的利润和现金流根本没有什么规律，时正时负，现金流量折现模型是很难进行预估的。

现金流量折现法也有一定的局限性，比如很难预测自由现金流量的动态变化。公司自由现金流量的变化较大，特别是那些增长不稳定的公司。确定合理的折现率存在一定的难度，目前的评估方法对折现率的选取一般是在公司资金成本的基础之上，考虑财务风险的情况下选取的。在具体评估公司价值时，一般会以静态的方法确定折现率，以目前的资本结构下的折现率进行公司价值评估，折现率是固定的。但是在实际中，由于公司经营活动发生变化，公司的资本结构必然处于变化之中，导致公司风险发生变化，进而影响资本结构中各项资金来源的权重，导致折现率出现波动，从而影响公司价值评估结果发生变化。

2. 指标实战应用

（1）现金流折现值用于评估公司未来的价值，该评估方法相对于相对估值方法更加合理、准确。现金流折现法考虑的更多是变量，包括了更多的信息，从多角度进行分析评估，因此较充分地反映了企业的内在价值。企业的经济活动表现为现金的流入和流出，现金流量折现法是资本投资和资本预算的基本模型，它被看做是企业估值定价在理论上最有成效的模型。由于该模型有坚实的基础，当与其他评估方案一起使用时，现金流量折现法得出的结果往往是检验其他模型结果合理与否的基本标准。

（2）现金流量折现法实用性较强。该模型起源于企业收购，通过权衡为收购而投入的现金量这一投资所有未来能产生的净现金量和时间（扣除折旧、营运需要等）来计算，后来被广泛地应用于上市公司的价值评估中。该模型通过对未来现金流量的预测，并折算成现值与原始投资比较，从而评估未来企业的估值水平以及企业当前的投资价值。

（3）现金流量折现法不容易被市场情绪偏见误导。现金流量折现法的出发点是基于企业自身增长，从自由现金流量的角度对未来进行评估，既避免了会计中的人为干扰，也避免了市场情绪对股价产生的影响。现金流量折现值计量与提供的财务信息具有高度的相关性。会计信息要具有相关的质量特征，必须能够帮助财务信息使用者评价过去、控制现在、预测未来，或者证实或者纠正先前预期的情况，从而具有影响决策的能力。因此，相比历史成本等其他计量属性，用未来现金流量现值计量属性来对资产、负债进行计价，能够直接反映企业有关资产所带来的未来经济利益和损失。

（4）现金流量折现模型适用于各种行业。虽然不同行业、企业的不同发展阶段都不相同，但现金流量折现模型可以满足各种类型企业的评估。在现实生活中，几乎每个企业都会随着其生命周期的起伏而经历不同的成长阶段。

现金流量折现值能够较综合地反映当前股价的投资价值。在很多股价评估方式中，都采用横向对比和历史对比来衡量股票的价值。横向对比是与同类型的公司进行比较，看标的股是否更便宜，从而决定是否投资，这种横向比较方法最大的缺陷是无法确认股票本身的价值。

历史比较方法是以历史的数据作为参照，看当前的股票价值处于历史的什么水准，从而判断股票的投资价值，但股票投资最重要的是关注企业的未来成长。现金流量折现值是考虑了企业的成长性、风险性，用企业未来的价值折算后回到当前，并与当期的股价进行对比，达到评估股票价值的目的。

现金流量折现值是投资股市的重要分析方法之一，根据该项数字可以对当前股票价格给予较真实的评价，指导投资者采取相应的交易策略。

3. 案例分析：京东方和深天马现金流量折现值指标分析

1）财务数据分析

根据京东方（000725）和深天马（000050）2007～2017年公布的年度财务报告，可以得出该上市公司各年度的现金流量，以及通过计算获得两家公司各年度的现金流量折现值，如表4-6所示。

表 4-6　两家公司现金流量折现值对比图（单位：亿元）

年份	京东方（000725）			深天马（000050）		
	现金流量	折现率	现金流量折现值	现金流量	折现率	现金流量折现值
2007	22.92	5%	20.79	1.18	5%	1.12
2008	11.28	5%	10.23	2.23	5%	2.02
2009	8.1	5%	7	4.36	5%	3.77
2010	−10.53	5%	−8.25	3.55	5%	2.92
2011	−7.79	5%	−5.81	5.33	5%	4.18
2012	30.89	5%	23.05	8.17	5%	6.1
2013	89.56	5%	63.65	22.64	5%	16.09
2014	80.96	5%	54.8	13.86	5%	9.38
2015	104.93	5%	67.64	44.59	5%	28.74
2016	100.73	5%	61.84	9.81	5%	6.02
2017	262.67	5%	153.58	19.21	5%	11.23

采取的是现金流量的倒算方式，即没有预测两家公司的现金流量，而是采用其真实的经营现金流量净额，选取预期收益率的最低值为折线率进行计算，折算到2007年年初，计算出总的现金流量折线值，然后与2007年真实市值比较，若低于现金流量折线值，则具有投资价值，若高于现金流量折线值，则没有投资价值。当然这里提供的只是一种投资方法，并不是真实的预测其股价的投资价值。

从2007年到2017年，京东方（000725）的现金流量折现值总和为448.52亿元。而其2007年初的总市值为74.54亿元，如果按照这样的经营现金净流量，不考虑其他因素，毫无疑问京东方是有投资价值的。当然这个是按照真实经营现金流量倒推的方式，而不是按照预测自由现金流量来计算的。

从 2007 年到 2017 年，深天马（000050）的现金流量折现值总和为 91.57 亿元，其 2007 年的总市值为 16.87 亿元，如果持有一家公司 10 年，其现金流量折现值是有投资价值的，其经营现金流量的折现值为市值的 5.43 倍。

2）现金流量分析

根据表 4-6 中京东方（000725）和深天马（000050）2007 ～ 2017 年各年度的现金流量数值，可以绘制出两家公司的折线图，如图 4-26 所示。从图中可以看出，深天马的现金流量也有所增长，但是增长幅度没有那么大，甚至在某些年份增幅下降较大。同时可以看出，京东方的现金流量增幅较大，特别是 2016 年和 2017 年的现金流量涨幅较大，现金流量的增长说明现金创造能力和盈利能力越强，同时也说明公司有较强的持续竞争能力。

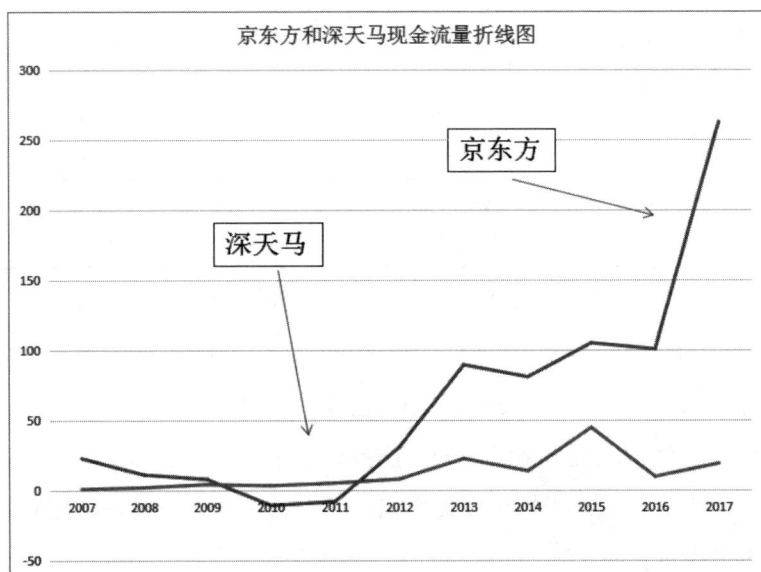

图 4-26　京东方（000725）和深天马（000050）
2007 ～ 2017 年现金流量折线图

3）折现率分析

根据表 4-6 中京东方（000725）和深天马（000050）2007 ～ 2017 年各年度的折线率数值，可以绘制出两家公司的折线图，如图 4-27 所示。从图中可以看出，京东方和深天马的折现率一致，折现率是机构或者个人投资对于预期收益的最低要求收益率。同时也是一家公司的加权平均社会资本，在计算时一般用 5 年期或者是 10 年期国债利率代替，即整个社会的无风险收益率。由于该指标只是提供方法，并没有用非常复杂的公式来计算，只是用 5% 的折现率来计算现金流量折现值。

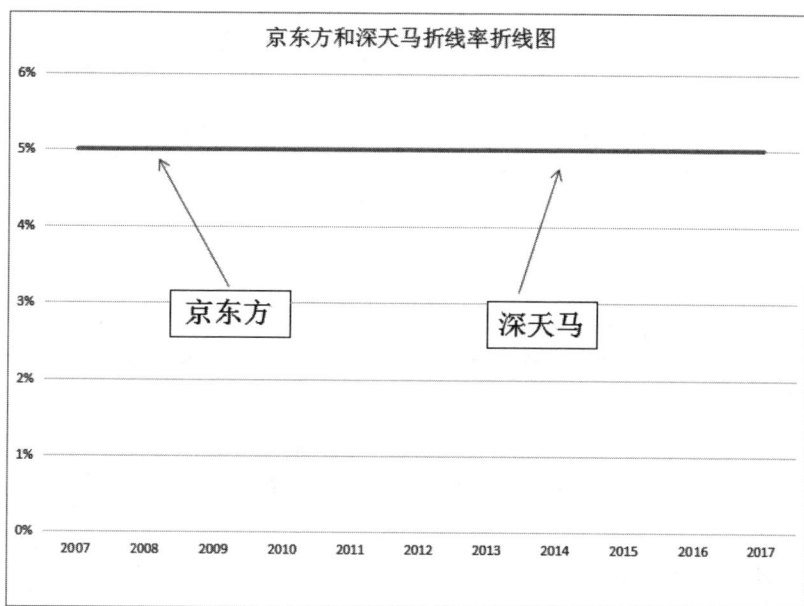

图 4-27　京东方（000725）和深天马（000050）
2007 ～ 2017 年折现率折线图

4）现金流量折现值分析

根据表 4-6 中京东方（000725）和深天马（000050）2007 ～ 2017 年各年度的现金流量折现值数值，可以绘制出两家公司的折线图，如图 4-28 所示。从图中可以看出，京东方的现金流量增幅大于深天马的现金流量折现值增幅。该指标的现金流量折现值是用公司的经营活动现金流量按照 5% 的折现率进行折算计算出来的。现金流量折现值其实是一种股票估值的方法，能够看出一家公司按照折现之后的现金流量的流入值与当时公司的市值进行比较，看一家公司的估值是高还是低。很显然按照 11 年的时间长度来计算的话，京东方和深天马都是具有投资价值的。当然这是回算到 2007 年初的时候，而不是按照预测的现金流量来计算。

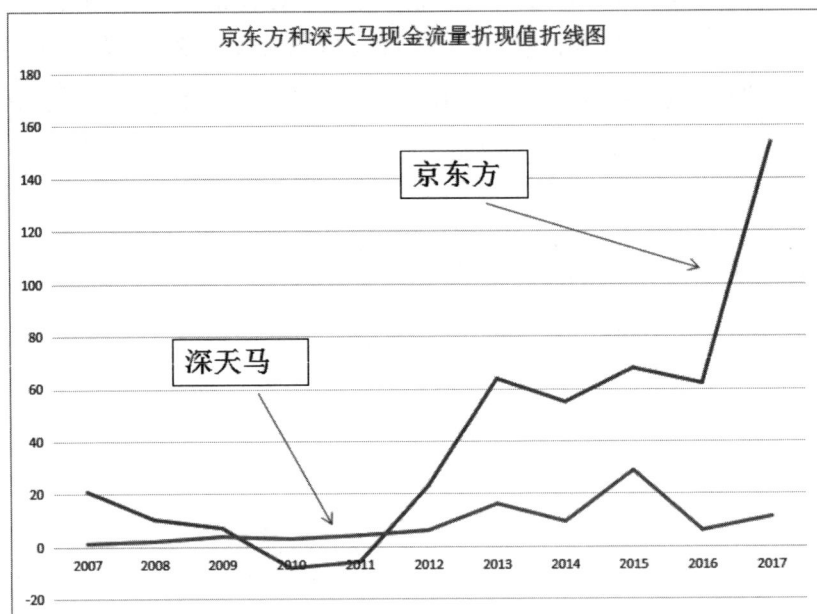

图 4-28　京东方（000725）和深天马（000050）
2007～2017 年现金流量折现图

5）股价走势分析

图 4-29 所示为京东方（000725）复权后 2007～2017 年股价日 K 线走势图，从图中可以看出京东方的股价最高点出现在 2007 年的牛市，之后股价开始一路下滑，并且在震荡中再也没有创出新高，尽管在 2015 年和 2017 年股价涨幅较大，但是股价在过去的 11 年中一直处于横盘状态。由于在分析时只是从现金流量的角度来看这家公司，所以并没有考虑其他因素。京东方的现金流量折现到 2007 年，显然是具有投资价值的，但是一家公司的股价受到多种因素的影响，除了公司基本面，还会受到公司资金面和政策面的影响。所以如果在 2007 年初买入的话是有投资价值的，但是如果从最高点买入的话，只考虑股价因

素，仍然会套住很多资金。所以在做投资决策时，一定要综合考虑多种因素。

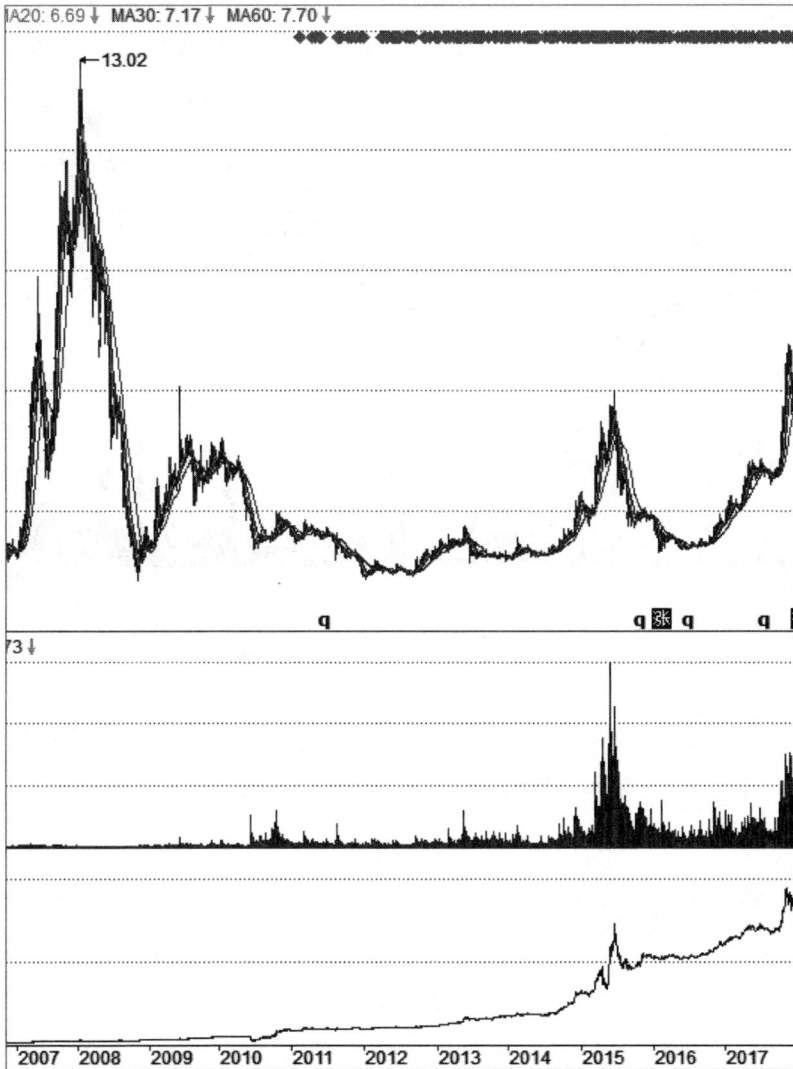

图 4-29　京东方（000725）2007 ～ 2017 年股价日 K 线走势图

图 4-30 所示为深天马（000050）复权后 2007 ～ 2017 年股价日 K 线走势图，从图中可以看出，从 2007 年到 2017 年深天马的股价在震荡中上行，如果长期来看的话，深天马的现金流量折现后确实是超过其市值，是可以买入的，当然是按照真实的现金流量折现后的结果。

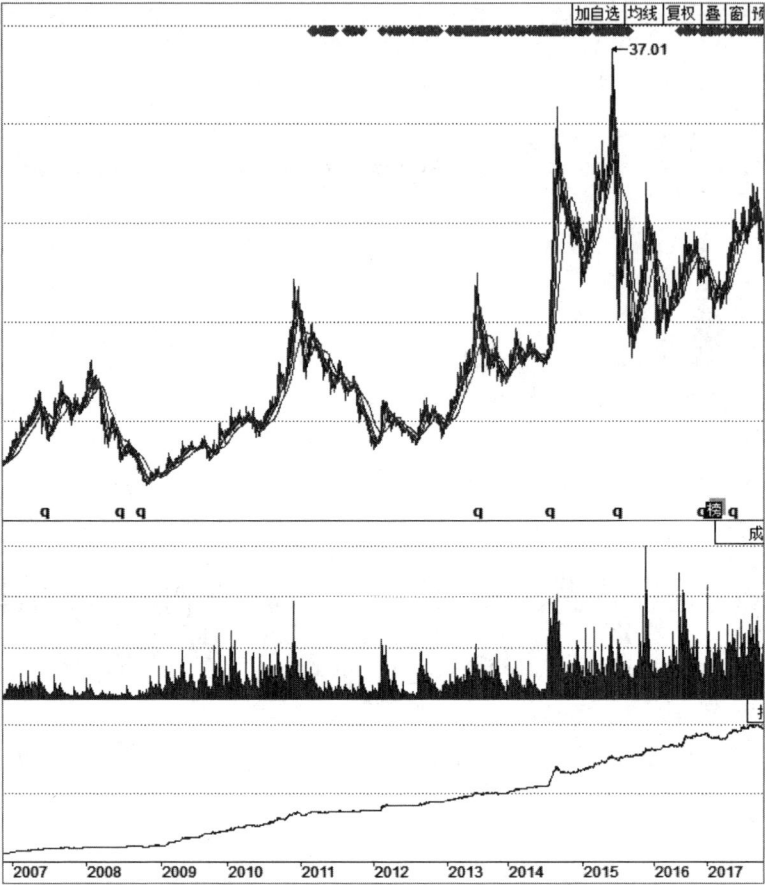

图 4-30　深天马（000050）2007 ～ 2017 年股价日 K 线走势图

第 5 章

现金流量指标

本章主要内容包括：

二十八、自由现金流量

1. 指标释义

自由现金流量指扣除税收、必要的资本性支出和营运资本净增加额后，能够支付所有的债权人和股东的现金流量。

公司自有现金流量 = 息税前利润 + 折旧 − 所得税 − 资本性支出 − 运营成本净增加额。

其实对于公司自由现金流量，虽然不同的专家学者有不同的理解，但是基本上总的思路是一致的，那就是在不影响公司生存发展前提下剩余的现金流量。自由现金流量反映的是公司拥有现金资产和用于生产经营以及扩大再生产的资金能力。一般认为，公司的自由现金流越充足越好，当然大量的闲置自由现金流对投资者来说并非是好事。

为了让读者更容易地去计算上市公司的自由现金流量，本书采用较为简单的计算方式，即经营活动产生的现金流量净额与投资活动产生的现金流量净额之和。

自由现金流量是评估公司价值的一个重要工具。该指标是指公司支付所有现金收支以及运营投资后所剩余的现金，是股东和债权人等投资者能够获得的回报体现。同时该指标也能够透露管理层对于公司未来发展前景的预测。

自由现金流量是公司可以支配的剩余资金，既可以以股利的形式分配给股东，也可以回购流通股份，还可以进行公司的兼并，也可以趴在公司账上。通过管理层对于自由现金流量的使用方式，可以看出公司是扩大规模，还是保守经营。如果公司对于自己的未来较担心，就会储备现金，如果对未来有信心，往往会回购股份或者收购其他公司。

自由现金流量可以反映公司不同的发展阶段，一般情况下，正的自由现金流量表示公司处于成熟阶段，负的自由现金流量表示公司处于发展阶段，资金产生的现金流量还不足以支撑公司扩大再生产的需要，需要从投资者那里继续筹集资金，还不能给投资者提供现金回报。

自由现金流也是巴菲特非常重视的财务指标之一，他认为真正值得投资的好企业就是，在企业运营的过程中企业自身就可产生充沛的现金流，不用靠投资者后续投入，也不用靠企业负债经营就可以实现稳定发展，甚至推动经营业绩和自由现金流的增长。

自由现金流量和现金流量一样，都是以现金为基础来衡量经营业绩的，而且在对公司的持续经营和未来价值评估等方面更具有优势。经营现金流量指标本身没有反映为了持续经营的需要而不得不投入的资源，自由现金流量是支付维持现有生产经营能力所需要的资本支出后余下的能够自由支配的现金，它更能衡量公司未来的成长机会。因为稳定充沛的自由现金流量意味着公司用于再投资、偿债、发放红利的余地就越大，公司未来的发展趋势就越好。

对比分析自由现金流量和盈利的关系，可以较大程度地避免人为的财务操作带来的投资误导。这是因为自由现金流量是基于收付实现制，只考虑维持公司主营业务的正常运行后的现金流量，反映了公司实际的可支配现金资源，不受或者较少受会计方法的影响。

自由现金流量的大小反映了公司持续稳定经营和研发新产品的资金能力。公司拥有较大的自由现金流量，说明公司具有较充足的后备资金作为维持正常生产及扩大再生产的资金基础。一些优质的公司会将逐步积累起来的自由现金流量用于公司再发展能力的开发和扩张上。

自由现金流量是判断上市公司股价未来发展变化的重要依据。自由现金流量从现金的角度反映了公司的现金资产，数量越大，说明公司的价值和股票的价值越大，股价也就越高。从股票增值的角度看，自由现金流量越充足，使用越有效率，未来股价上涨的动力就越强。

2. 指标实战应用

（1）自由现金流量可以评估公司的投资价值。该指标反映的是公司拥有现金资产以及用于生产经营和扩大再生产的资金能力，由于该指标不受公司盈利能力、偿债能力和股息支付能力以及会计方法的影响，所以能够较客观地评价上市公司基于价值创造能力的长期发展潜力。投资者可以通过该指标发现公司的投资价值。

（2）自由现金流量不会对公司的股价产生直接影响，但是根据自由现金流量的增长或者稳定程度，可以评估一家公司是否值得投资。特别是可以与同类型的公司进行比较，看标的股是否值得投资，最关键的是看公司主营业务创造收入的能力，一般来说，经营活动产生的现金流量越大越好，说明公司的经营稳定正常。

（3）自由现金流量可以判断公司盈利的真实性。在实际投资分析中，散户投资者不可能对很多家公司进行非常复杂的自由现金流量测算，因此，投资者可以利用交易软件对那些计算相对简单的指标进行分析，然后根据投资的风险偏好，利用自由现金流量对投资标的进行评估。

（4）价值投资者需要关注那些有着稳定收益的公司，如销售毛利率、净资产收益率，或者是每股收益等指标表现较好的，且拥有较稳定的自由现金流量的公司。因为收益率等指标反映公司的整体盈利能力，自由现金流量又保证了这些公司盈利的质量，且拥有持续发展的空间，这样的公司虽然在股价表现上没有成长性的公司幅度变化快，但是安全边际较高，收益相对稳定，并且未来的预期较确定。

3. 案例分析：复星医药和长春高新自由现金流量指标分析

1）财务数据分析

根据复星医药（600196）和长春高新（000661）2007 ～ 2017 年公布的年度财务报告，可以得出该上市公司各年度的经营活动现金流量和投资现金流量，以及通过计算获得两家公司各年度的自由现金流量，如表 5-1 所示。由于按照正常的逻辑进行计算较为复杂，所以这里用了较为简便的计算方法，在计算结果上难免会有偏差。从表中可以看出，复星医药和长春高新的经营现金流为正，而且复星医药的经营现金流大于长春高新的经营现金流。同时复星医药的投资现金流全部为负，而长春高新的投资现金流只有 2017 年为正。经营现金流为正，说明经营状况较为正常，如果为负，说明经营状况状况有异常。投资现金流为正，说明公司已经开始变卖资产进行变现。而投资现金流为负，说明公司处于扩张期，把钱都投出去了，投资支出大于投资收入。

表 5-1 两家公司自由现金流量对比图（单位：亿元）

年份	复星医药（600196）			长春高新（000661）		
	经营现金流	投资现金流	自由现金流	经营现金流	投资现金流	自由现金流
2007	1.31	−0.54	0.77	2.12	−0.69	1.43
2008	2.33	−0.56	1.77	1.64	−0.09	1.55
2009	2.62	−3.98	−1.36	3.9	−0.64	3.26
2010	2.03	−2.64	−0.61	3.49	−1.39	2.1
2011	3.17	−17.67	−14.5	1.69	−2.12	−0.43
2012	6.66	−9.79	−3.13	4.08	−1.72	2.36
2013	10.12	−18.03	−7.91	4.99	−2.32	2.67
2014	12	−24.78	−12.78	2.8	−1.1	1.7
2015	16.21	−18.7	−2.49	7.71	−2.95	4.76
2016	21.1	−24.47	−3.37	3.08	−16.51	−13.43
2017	25.8	−105.04	−79.24	3.81	2.24	6.05

2）经营现金流分析

根据表 5-1 中复星医药（600196）和长春高新（000661）2007 ～ 2017 年的经营现金流数值，可以绘制出折线图，如图 5-1 所示。从折线图中可以看出，2010 年之前，复星医药和长春高新的经营活动现金流量相差不大，但是从 2010 年之后，复星医药的经营现金流量超过了长春高新，并且经营现金流量急剧增加，说明公司的经营状况持续改善，利润大幅增长，才会体现出经营现金流的持续上涨。而从图中可以看出，长春高新的经营现金流量上涨幅度并没有那么大，而是起伏波动较大，这说明公司的经营不稳定，其盈利能力和持续发展空间有待进一步提高。

3）投资现金流分析

根据表 5-1 中复星医药（600196）和长春高新（000661）2007 ～ 2017 年的投资现金流数值，可以绘制出折线图，如图 5-2 所示。从折线图中可以看出，除了 2016 年，长春高新的投资现金流波动不大，基本上保持了一定的投资幅度。而复星医药的投资支出较大，造成了其投资现金净流量也出现了较大的负值。投资现金流为负值并不足惧，关键是要进行具体分析，看其钱用到了哪里，投向了哪个项目。

图 5-1　复星医药（600196）和长春高新（000661）
2007 ～ 2017 年经营现金流折线图

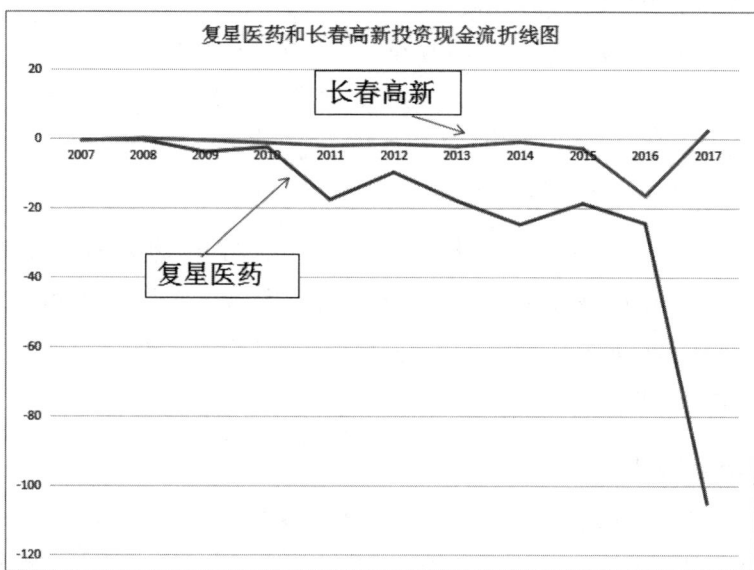

图 5-2　复星医药（600196）和长春高新（000661）
2007 ～ 2017 年投资现金流折线图

4）自由现金流分析

　　根据表 5-1 中复星医药（600196）和长春高新（000661）2007 ～ 2017

年的自由现金流，可以绘制出折线图，如图 5-3 所示。由于采取的是较为简便的计算方法，即自由现金流量为经营现金流量和投资现金流量的加总，所以受投资现金流量的影响，两家公司的自由现金流量都较低。自由现金流是扣除所有现金收支以及运营支出后所剩余的现金，即可以支配给投资人和债权人的现金。不能因为自由现金流量为负就对一家公司做出判断，由于复星医药经营活动产生的现金流量大幅增加，投资活动产生的现金流量也大幅增加，对于这两项指标的巨大变动，投资者要进行具体分析。若是公司经营稳定，用于扩大再生产，则一家公司就是值得投资的。若是经营状况恶化，则要谨慎投资。

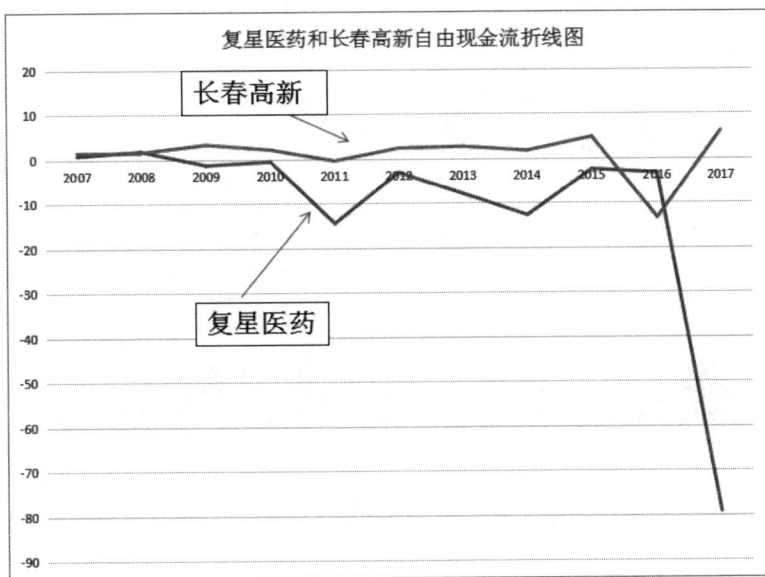

图 5-3　复星医药（600196）和长春高新（000661）
2007 ～ 2017 年自由现金流折线图

5）股价走势分析

图 5-4 所示为复星医药（600196）2007 ～ 2017 年股价日 K 线走势图，从图中可以看出，复星医药的股价在震荡中上行，尽管中间有较大的回撤，但是仍然创出了新高。结合其经营活动产生的现金流量和自由现金流量可以看出，其经营现金流量增长较快，特别是从 2015 年到 2017 年的 3 年间，复星医药的经营状况明显改善。由于计算自由现金流量时采取的是简便算法，

可能计算出的数据不够准确，但是可以看出复星医药的投资活动比较多，导致投资产生的现金净流量为负值，在分析时要结合其他指标来分析复星医药的投资活动。

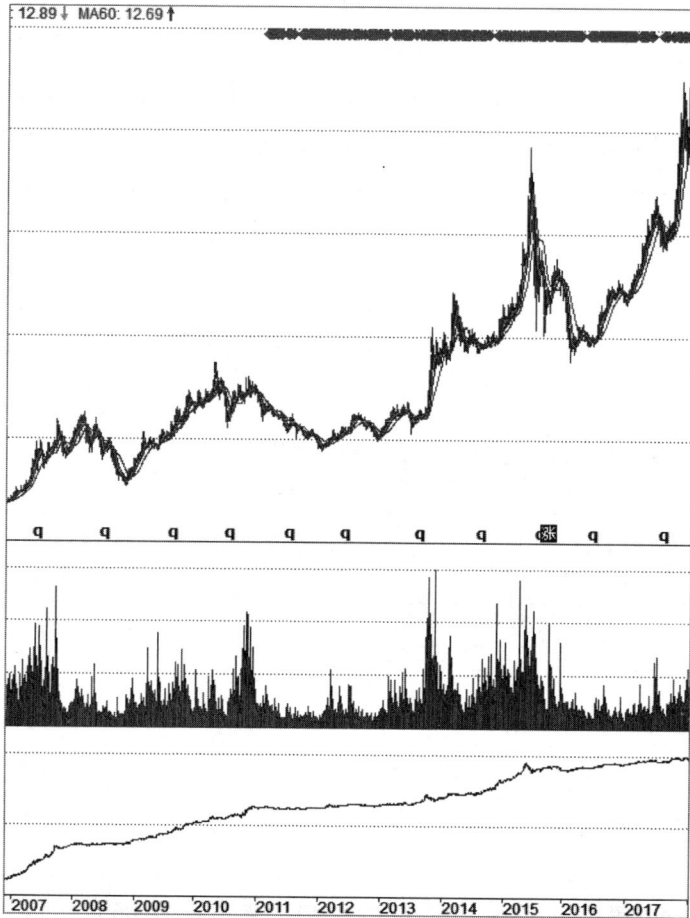

图 5-4　复星医药（600196）2007 ～ 2017 年股价日 K 线走势图

　　图 5-5 所示为长春高新（000661）2007 ～ 2017 年股价走势日 K 线图，从图中可以看出，从 2007 年到 2017 年，长春高新的股价走势在震荡中上行，股价不断创出新高。同时结合其自由现金流量和经营活动产生的现金流量可以看出，长春高新的自由现金流量和经营现金流并不是特别的优秀，特别是和复星医药比，但是仍然出现了较大涨幅，当然对两家公司进行比较，主要是通过自由现金流量这一个指标来说的。

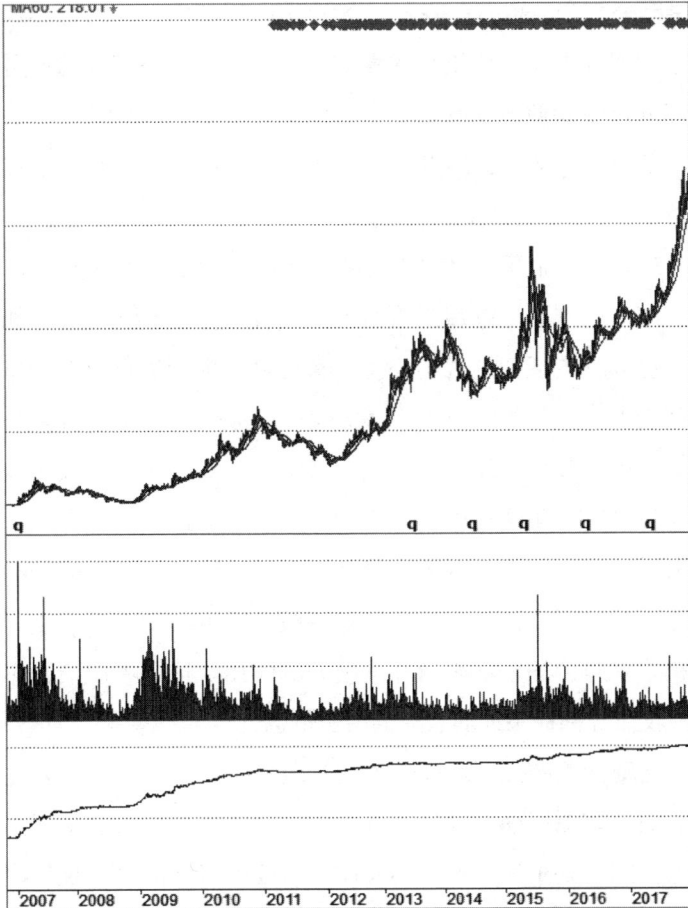

图 5-5 长春高新 (000661) 2007 ～ 2017 年股价日 K 线走势图

二十九、每股经营现金净流量

1. 指标释义

上市公司经营活动产生的现金流量净额与发行在外的普通股股数的比值。经营活动产生的现金流量净额是指用公司经营活动的现金流入减去经营活动的现金流出得出的数值。它是反映上市公司每股所获得的经营活动现金数量的指标，用来反映该公司经营流入的现金多少。

每股经营现金净流量反映主营业务的销售收现和回款力度的大小，该指标越高，说明公司产品越有竞争力，公司信用度越高，发展潜力越足。

　　每股经营现金流可以反映公司真实的盈利水平。公司经营业务的现金净流量是公司通过主营业务所获得收入与支出的净值，它剔除了应收账款、应收票据等其他存在不确定因素的营业收入。该指标越大，表明公司主营业务收入回款力度大，公司的盈利质量越高。

　　每股经营现金净流量是评估公司是否有能力进行分红派息的实质性指标。从短期看，即使一家公司的每股收益或者每股未分配利润很高，如果每股经营现金净流量较差的话，这说明公司没有足够的现金进行分红派息。在评价公司的盈利能力上，每股经营现金净流量比每股收益更能够反映公司的真实经营情况。由于每股经营现金净流量反映的是公司现金经营收入，所以该指标可以鉴别公司每股收益或者净利润等指标的真实性。

　　长期来说，每股经营现金净流量会对公司股价产生直接的影响。虽然投资者更加注重对每股收益的分析，但是每股经营现金净流量对于分析公司的投资价值和未来股价的表现有着非常重要的作用。投资者应结合每股经营净流量和每股收益等指标来评估股票的投资价值。

　　每股经营现金流在公司发展的不同阶段有着不同的表现。公司处于发展和扩张阶段时，该指标往往较低，甚至为负，这并不代表公司会出现资金流断裂等风险。因为处于扩张阶段的公司，需要把卖产品收回来的现金继续投入，而且仅靠自己经营所获得的现金还不够，还需要通过贷款或者融资来获取现金，所以就会出现该指标为负的情况。处于成熟期的公司，每股经营净流量往往表现较高、稳定和增长的特性，这是因为公司进入这个阶段，不需要再进行大规模的投入，产品也已经被市场所认可，所以公司经营现金净流量指标表现较好。

　　每股经营现金净流量与每股收益一样，会受到公司股本变化的巨大影响。很多公司采用配送股回报投资者，或者为了融资选择增发和配股，或者是发行可转换公司债券等，这些形式都会对公司总股本产生影响。每股经营现金净流量和每股收益的计算公式中，如果公司总股本发生了变化，再对这两个指标进行纵向的分析就会产生分析的偏差。实际分析中，可以用某一个时间点上的股本作为基准来分析公司经营现金净流量的变化。

每股经营现金净流量对于一家公司来说非常重要，有时候公司经营缺的不是资产，而是可以马上进行输血救命的现金流。所以现金流的重要性不言而喻，真正有管理经验的公司经营者都非常注重公司现金流量的变化。公司可以没有利润，但是却不能没有现金流，有利润和有现金流是两个概念。投资者在做公司分析时一定要进行每股经营现金流量的分析。

不过值得注意的是，每股经营现金流并不等于每股现金流。每股经营现金流是每股现金流的重要组成部分。现金流等于经营活动现金流、投资活动现金流和筹资活动现金流之和。每股现金流反映的是公司综合的现金流量状况，主要侧重于财务风险的评估。每股经营现金流则侧重于公司经营发展的评估，实际分析时要将两者结合起来。

2. 指标实战应用

（1）每股经营现金流量和净利润一样，可以反映公司的经营状况好坏。净利润和经营现金净流量都是公司经营业绩的关键指标，但是净利润容易通过记账方法的改变而被操控，但是每股经营现金流量却可以评价公司真实的盈利水平。公司每股经营现金净流量是公司通过运作所获得的现金流入与现金流出的净值，它剔除了应收账款、应收票据等其他存在不确定因素的营业收入。该指标越大，说明主营业务收入回款力度越大，公司的盈利质量越高。

（2）每股经营现金净流量对股价并不会产生直接的影响，而是通过对公司业绩和短期财务风险的影响来体现的，因此该指标并不是判断股价涨跌的直接指标。在预测股价的未来走向时，该指标可以作为辅助性指标来判断公司的真实盈利情况。因此，在对公司的基本面进行分析时，该指标应结合公司的盈利能力、成长性等指标使用。当然有时候公司的经营现金流出现异常时，也会影响上市公司的股价表现。

（3）要区分每股经营现金流量和每股收益的异同。每股收益的分子是净利润，而每股经营现金流量的分子是经营现金净流量。每股经营现金净流量反映主营业务的销售收现和回款力度的大小，该指标越高，说明公司产品越有竞争力，公司可信度越高，越有竞争力。而每股收益则是反映公司盈亏的指标，两者虽有密切的联系，但是却不能相互替代。同时，每股经营现金净流量和每股收益一样会受到公司股本变化的重大影响。

（4）虽然公司的股价会受到多种因素的影响，但是公司未来每股收益和每股现金净流量的现值也会对公司股价有重大的影响。在预估公司股价的合理性和未来公司股价的高低时，既要考虑公司每股收益，也要考虑公司每股经营现金净流量的大小。在做出投资决策时，要考虑多种因素的影响。

3. 案例分析：五粮液和顺鑫农业每股经营现金净流量指标分析

1）财务数据分析

根据五粮液（000858）和顺鑫农业（000860）2007 ～ 2017 年公布的年度财务报告，可以得出该上市公司各年度的经营活动现金流量和股本，以及通过计算获得两家公司各年度的每股经营现金流，如表 5-2 所示。五粮液的经营活动现金流一直高于顺鑫农业的经营现金流量，同时其股本也大于顺鑫农业的股本，但是五粮液的每股经营现金流量却大于顺鑫农业的每股经营现金流量。两家公司的股本相对来说都比较稳定。每股经营现金流量除了受到经营活动现金流量高低的影响，还会受到股本大小的影响。股本大的每股经营现金流量就低，而股本小的每股经营现金流量就高。尽管五粮液的股本大于顺鑫农业的股本，但是五粮液的每股经营现金流却大于顺鑫农业的每股经营现金流。仅从这个角度来看的话，五粮液的经营状况要好于顺鑫农业的经营状况。

表 5-2　两家公司每股经营现金流量对比图

年份	五粮液（000858）			顺鑫农业（000860）		
	经营活动现金流	股本	每股经营现金流	经营活动现金流	股本	每股经营现金流
2007	16.66	37.96	43.89	0.64	4.385	14.60
2008	19.73	37.96	51.98	−4.45	4.385	−101.48
2009	60.54	37.96	159.48	1.38	4.385	31.47
2010	77.03	37.96	202.92	6.51	4.385	148.46
2011	95.33	37.96	251.13	0.27	4.385	0.01
2012	87.5	37.96	230.51	−2.83	4.385	−64.54

续表

年份	五粮液（000858）			顺鑫农业（000860）		
	经营活动现金流	股本	每股经营现金流	经营活动现金流	股本	每股经营现金流
2013	14.59	37.96	38.44	7.44	4.385	169.67
2014	7.95	37.96	20.94	2.94	5.706	51.52
2015	66.91	37.96	176.26	3.5	5.706	61.34
2016	116.97	37.96	308.14	10.08	5.706	176.66
2017	97.66	37.96	257.27	24.71	5.706	433.05

2）经营活动现金流量分析

根据表 5-2 中五粮液（000858）和顺鑫农业（000860）2007 ～ 2017 年的经营活动现金流，可以绘制出折线图，如图 5-6 所示。从折线图中可以看出，五粮液的经营活动现金流量波动较大，2011 年达到了高点，之后在 2014 年达到了低点，2015 年又重新出现了反弹。但是从图中可以看出，五粮液的经营现金流量一直高于顺鑫农业的经营现金流量。经营活动产生的现金流量的高低也会受到多种因素的影响，比如公司处在不同的发展阶段也会有不同的表现，但是总体来说，经营活动现金流量越高越好，越高说明公司经营状况越好。

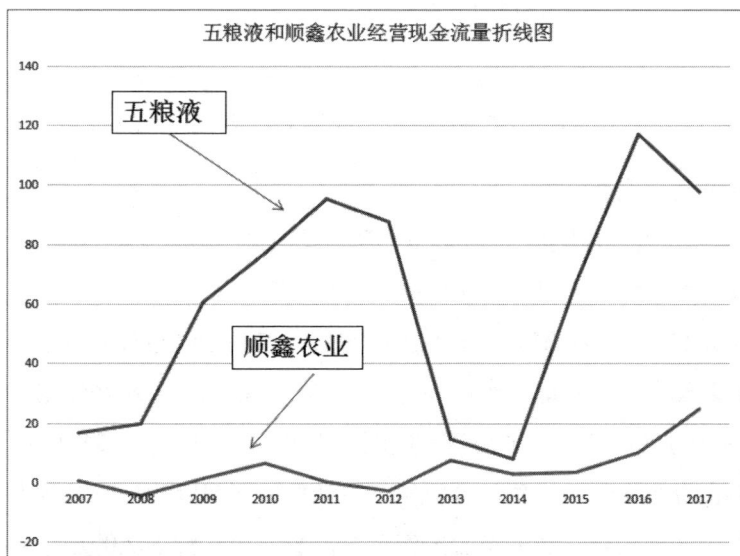

图 5-6　五粮液（000858）和顺鑫农业（000860）经营活动现金流折线图

3）股本分析

　　根据表 5-2 中五粮液（000858）和顺鑫农业（000860）2007 ～ 2017 年的股本，可以绘制出折线图，如图 5-7 所示。从折线图中可以看出，五粮液的股本大于顺鑫农业的股本。股本的高低直接决定了公司每股经营现金流的高低，股本越大，每股经营现金流量越小。当然股本会有受到多种因素的影响，比如新股发行时的多少，以及公司自身的发展等因素。还有很多公司会进行送股转股，导致股本的扩张。

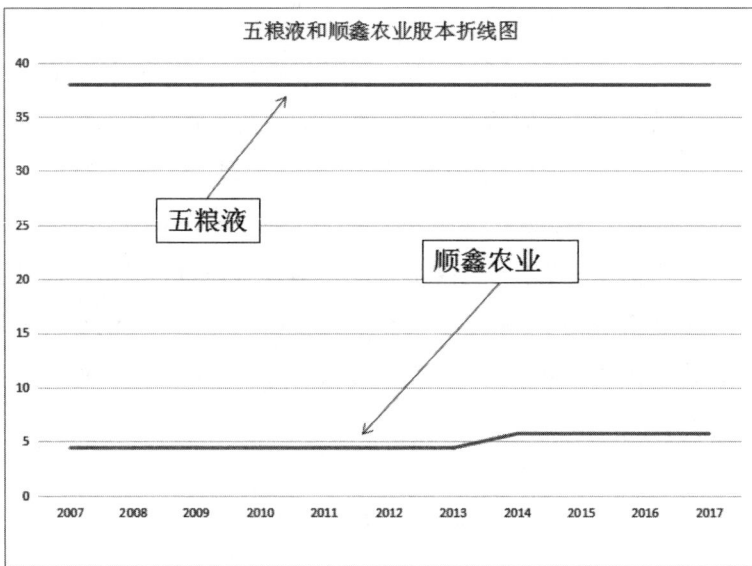

图 5-7　五粮液（000858）和顺鑫农业（000860）股本分析

4）每股经营现金流量分析

　　根据表 5-2 中五粮液（000858）和顺鑫农业（000860）2007 ～ 2017 年的每股经营现金流，可以绘制出折线图，如图 5-8 所示。从折线图中可以看出，从 2007 年到 2012 年，五粮液的每股经营现金流量一直高于顺鑫农业的每股经营现金流，但是 2013 年和 2014 年，五粮液的每股经营现金流量低于顺鑫农业的每股经营现金流量，同时五粮液 2017 年的每股经营现金流量也低于顺鑫农业的每股经营现金流量，也就是说五粮液的每股经营现金流量只有 3 年是低于顺鑫农业的每股经营现金流量的。从折线图的走势看，顺鑫农业的每股经营现金流量尽管高低起伏变化较大，但是其每股经营现金流量

总体是上行的。五粮液的每股经营现金流量走势相对稳定，但是仍然会出现
2013 年和 2014 年的低谷。所以在分析每股经营现金流量时，一定要结合其
他指标来分析。

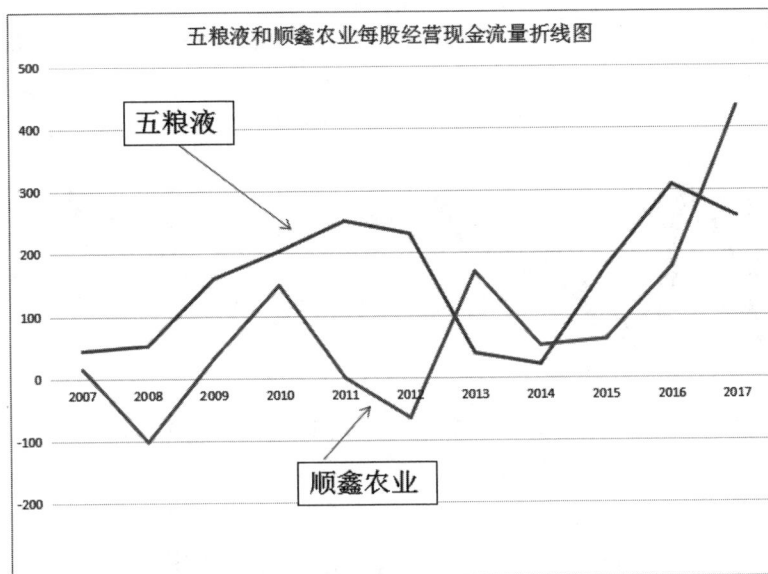

图 5-8　五粮液（000858）和顺鑫农业（000860）每股经营现金流量折线图

5）股价走势分析

图 5-9 所示为五粮液（000858）复权后 2007～2017 年股价日 K 线走
势图，从图中可以看出，五粮液的股价在震荡中上行，2013 年和 2014 年的
股价达到了低点，然后从 2015 年又开始上涨，之后 2017 年创出了新高，结
合经营活动产生的现金流量和每股经营现金流量来分析，五粮液的经营活动
现金流量低点出现在 2013 年和 2014 年，同时也可以看出其股价的低点出现
在 2013 年和 2014 年，其股价最高点出现在 2017 年，但是其经营活动现金
流量在 2017 年并没有创出新高，甚至还有所下降，而股价却创出了新高，每
股经营现金流量的走势和经营现金流量的走势基本一致，这说明公司的股价
不仅仅受经营状况等基本面的影响，还会受到市场的影响，2017 年是白马股
上涨的一年，所以五粮液这样的白马股有了一个大幅的上涨，尽管有些经营
指标有所回落，但是并未受到影响。

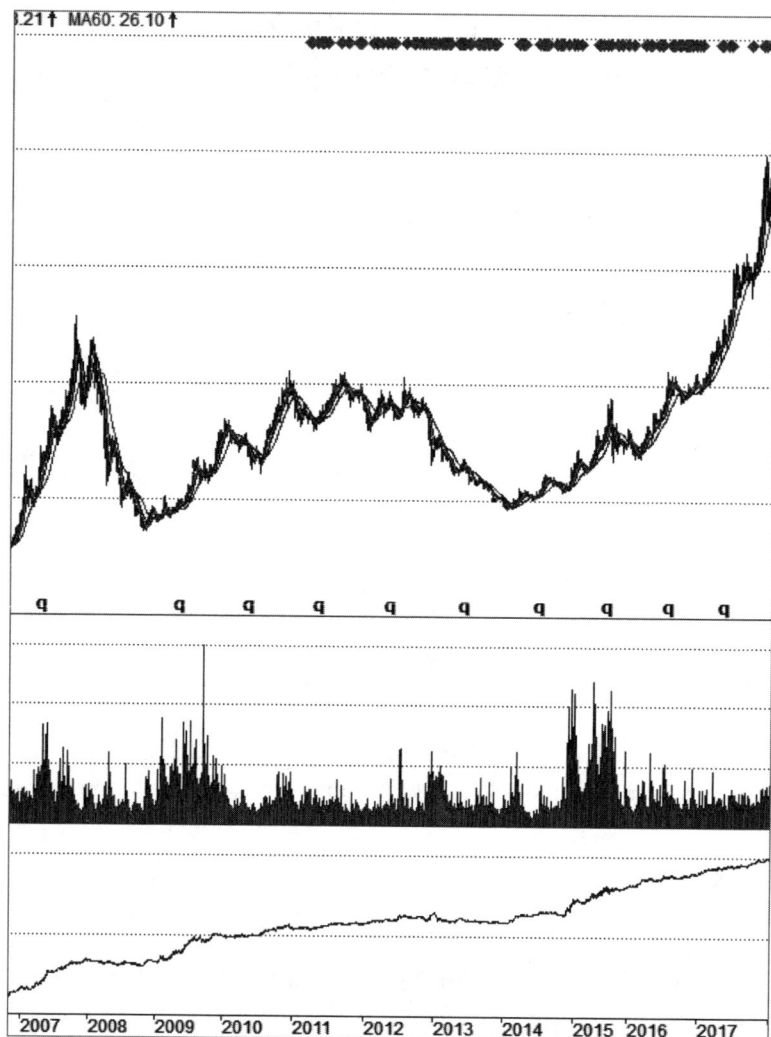

图 5-9　五粮液（000858）2007 ～ 2017 年股价日 K 线走势图

图 5-10 所示为顺鑫农业（0000860）复权后 2007 ～ 2017 年股价日 K 线走势图，从图中可以看出，顺鑫农业的股价总体上在震荡中上行，同时其股价并没有和五粮液一样创出新高，而是在 2017 年又有所回落，但是看其经营活动产生的现金流量和每股经营现金流，可以看出其每股经营现金流量创出了新高，而股价却有所回落。可以看出每股经营现金流量是影响股价的因素，但是股价会受到多种因素的影响，特别是市场的资金和政策等，在分析每股经营现金流量时，一定要综合考虑其他因素来做出判断。

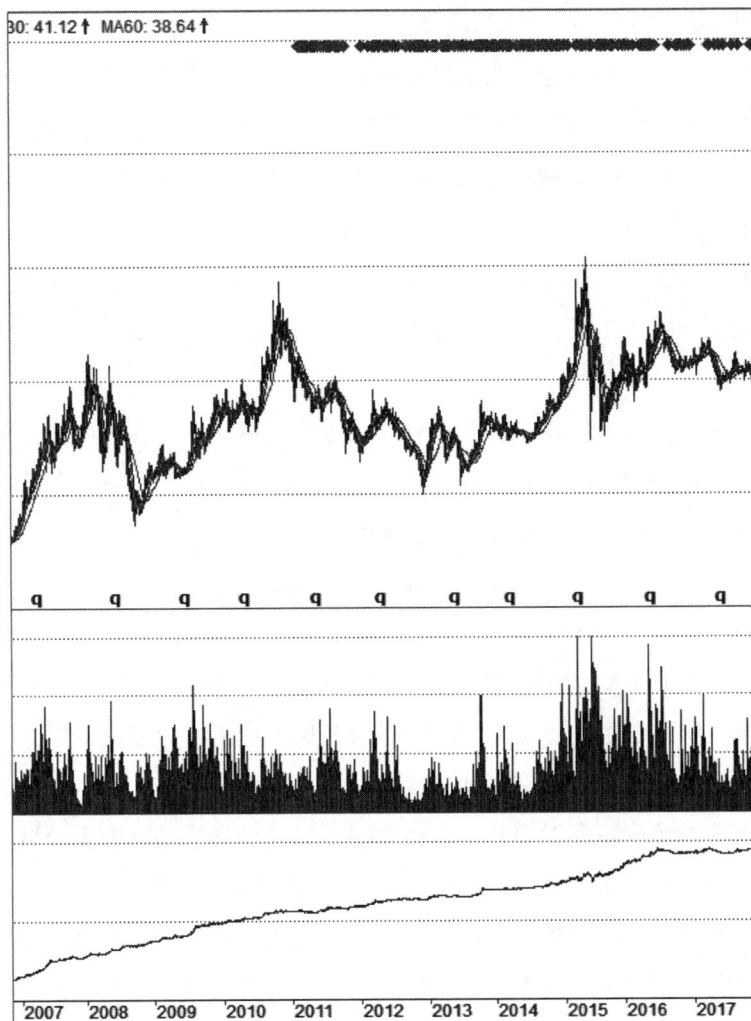

图 5-10　顺鑫农业（000860）2007 ～ 2017 年股价日 K 线走势图

三十、销售收现比率

1. 指标释义

销售收现比率是公司从事主营业务收到的现金与主营业务收入的比率。主营业务收入是公司在销售商品、提供劳务过程中获得的收入。该比率反映公司从主营业务收入中获得现金的能力，用来评价公司的销售渠道是否通畅，还可以反映公司在行业中的竞争格局。

主营业务收到的现金一般是指销售商品、提供劳务收到的现金，是反映公司当期销售商品、提供劳务收到的现金，它包括公司的营业收入、销项税额、应收账款和应收票据的期初与期末余额的差值等，该指标是现金流量表的组成部分。

该指标反映每一元的销售收入中，有多少实际收到现金的收益。一般情况下，该指标越大越好，该数值越大，说明公司销售收现能力越强，销售质量越高。

该比率大于 1，即本期收到的销售现金大于本期主营业务收入，说明不仅当期销售全部变现，部分前期应收款项也被收回，这种状况应与应收款项的下降相对应。该比率小于 1，即本期销售收到的现金小于当期的主营业务收入，说明账面收入高，而变现收入低，应收款项增多，必须关注其债权资产的质量和信用政策的调整。若该比率连续几期下降且都小于 1，则预示可能存在大量坏账损失，利润质量的稳定性会受到不利影响。

销售收现比率也能反映公司的短期财务风险程度。该项指标越大，说明公司销售产品或者提供服务收到的现金越多，短期偿债能力越强。在分析销售收现比率对公司短期偿债能力的影响时，可以结合流动比率来分析。一般情况下，销售收现比率对于解决公司的短期偿债能力有较大帮助，特别是当公司采取积极的财务政策，流动比率低于正常水平时，公司就会利用提高流动资产周转率、存货周转率和应收账款周转率，提高销售收现比率来应对公司的暂时流动风险。

销售收现比率的比较不限于行业内，可以跨行业进行对比。但在行业内比较效果会更好，因为不同行业之间的竞争情况不一样，整个行业的销售模式也会有区别，与应收账款周转率在各行业之间的合理标准有所不同类似。

在对销售收现比率进行分析时，要注意该指标的连续性，不能只看到某一次的改善。公司经营过程中不可能永远没有应收账款或者应付账款等项目出现，但需要控制在一定比例以内。销售收现比率低于 1 有时候也是合理的。投资者可以将若干个会计期间内的该项比率进行平均，如果公司在分析期内的销售收现比率平均值在 1 以上，说明公司的该项指标基本合理。如果该项指标在公司 3 到 5 年的平均值小于 1，说明公司的销售收现情况不理想。

该指标并不能够直接影响公司股价的涨跌。该指标主要是用来反映公司的真实经营情况和短期偿还能力，投资者可以靠此指标来区分公司的盈利质量、行业中的竞争力和存在的短期偿还风险等，以此来判断该公司的基本面是否支持公司股价未来的上行空间或者潜在的风险程度等。

2. 指标实战应用

（1）销售收现比率可以反映一家公司的核心竞争力以及管理能力。当一家公司的产品供不应求时，往往销售收现比率很高。而当一家公司的产品滞销时或者没有竞争力的时候，公司的产品会出现滞销，要靠更多的赊销来达到销售目标，或者是应收账款无法回笼，那么公司的销售收现比率往往很低。作为投资者，在分析一家公司的产品竞争力时，要分析公司销售收现比率。优秀的公司往往收现比率较高，特别是那些行业龙头公司。

（2）可以通过销售收现比率选取行业龙头股。行业龙头股的行业竞争力是最强的，投资最好是投资行业龙头股，或者是投资那些处于高速增长期，能够成为行业龙头股的公司。这些公司的销售收现比率往往会稳定地高于行业平均水平。在实际操作中，可以对行业公司的该项指标过去 5 年地数值进行对比，选择销售收现比率保持在行业前列的公司，同时也可以结合净资产收益率、市盈率、销售收入增长率等指标进行投资。

（3）上市公司的股价会受到多种因素的影响，而销售收现比率并不会在短期内影响上市公司的股价，但是长期来看，当一家公司的产品没有竞争力，该公司的股价增长潜力也不会大。所以销售收现比率可以反映公司的盈利质量、行业竞争力和存在的短期偿还风险等，投资者可以通过该指标判断该公司的基本面是否支持股价的未来上涨空间或者潜在风险程度。

（4）通过销售收现比率选择有潜力的成长股。这类上市公司在销售收现比率上往往是该指标获得较大的改善或者稳定回升。因很多小盘成长股的上市公司处于起步阶段，其新产品需要时间获得市场的认可，也需要更多的销售费用，刚开始时会出现销售收现比率比较低的情况，但是随着产品逐步被市场接受，产品竞争力和市场占有率加强，以前赊销等推广手段所欠的款项逐步回笼，并且新的现销比重逐步加大，销售收现比率会快速地上升。这时说明公司的产品开始成熟，竞争力加大，盈利能力加强，股价也会上涨。

3. 案例分析：科大讯飞和东软集团销售收现比率分析

1) 财务数据分析

根据科大讯飞（002230）和东软集团（600718）2007 ～ 2017 年公布的年度财务报告，可以得出该上市公司各年度的销售收到的现金和销售收入，以及通过计算获得两家公司各年度的销售收现比率，如表 5-3 所示。从表中可以看出，东软集团的销售收入高于科大讯飞的销售收入，同时从 2011 年开始，东软集团的销售收现比率高于科大讯飞的销售收现比率，原因也很简单，东软集团和科大讯飞的发展阶段不一样，所以其销售收入和销售收现比率也不一样，从其销售收入看，科大讯飞现在处于成长期，增长较快，但是从东软集团历年的销售收入看，其现在处于成熟期，增长有所停滞，销售收现比率保持得较好，能够达到 100% 以上。

表 5-3　两家公司销售收现比率对比图（单位：亿元）

年份	科大讯飞（002230）			东软集团（600718）		
	销售收到现金	销售收入	销售收现比率	销售收到现金	销售收入	销售收现比率
2007	2.59	2.06	125.73	36.92	33.65	109.72
2008	2.68	2.58	103.88	41.07	37.11	110.7
2009	3.14	3.07	102.28	43.52	41.66	104.46
2010	4.47	4.36	102.52	49.82	49.38	100.89
2011	4.83	5.57	86.71	59.05	57.51	102.68
2012	7.49	7.84	95.54	72.75	69.6	104.53
2013	10.98	12.54	87.56	77.35	74.53	103.78
2014	15.04	17.75	84.73	80.73	77.96	103.55
2015	23.99	25.01	95.92	81	77.52	104.49
2016	32.94	33.2	99.22	83.34	77.35	107.74
2017	50.15	54.45	92.1	75.67	71.31	106.11

2) 销售收到现金分析

根据表 5-3 中科大讯飞（002230）和东软集团（600718）2007 ～ 2017 年的销售收到的现金，可以绘制出折线图，如图 5-11 所示。从折线图中可以看出，东软集团销售收到的现金远高于科大讯飞销售收到的现金。同时也可以看出，东软集团销售收到的现金在到达顶点后有所回落。而科大讯飞销售收到的现金在持续增长。由于两家公司的业务以及发展阶段有所不同，可能销售收到的现金会有所差距，但是销售收到的现金越多，说明公司的经营状况越好。销售收到的现金越多，代表公司的产品越有竞争力，越会受到市场的认可。

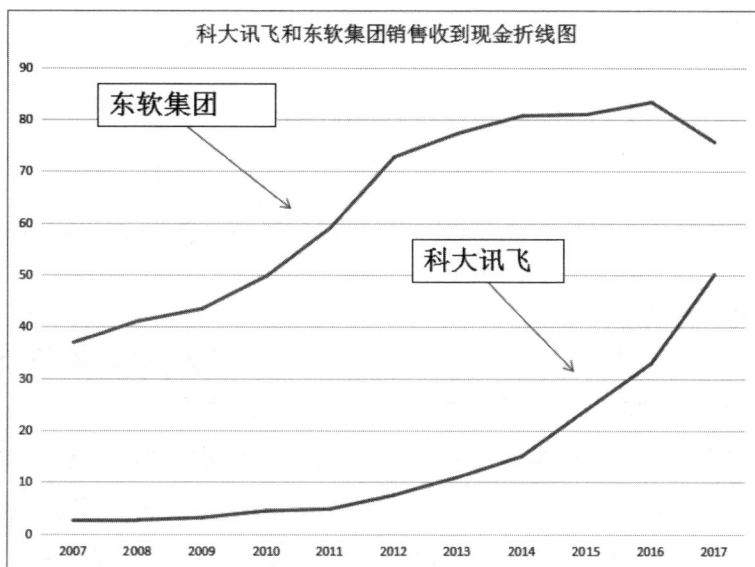

图 5-11　科大讯飞（002230）和东软集团（600718）销售收到现金折线图

3）销售收入分析

根据表 5-3 中科大讯飞（002230）和东软集团（600718）2007 ～ 2017 年的销售收入，可以绘制出折线图，如图 5-12 所示。从折线图中可以看出，东软集团的销售收入远高于科大讯飞的销售收入，但是从图中可以看出，东软集团的销售收入在达到高点之后出现了一个回落，而科大讯飞的销售收入在持续地高速增长。销售收入的高低可以看出一家公司的成长性，特别是对于上市公司来说。除了行业的变化和未来的趋势性，当一家公司的经营状况出现问题或者经营中遇到困难后，才会造成销售收入的下降。所以当一家公司的销售收入开始下降或者增长停滞时，一定要深入分析造成这种状况的原因是什么。

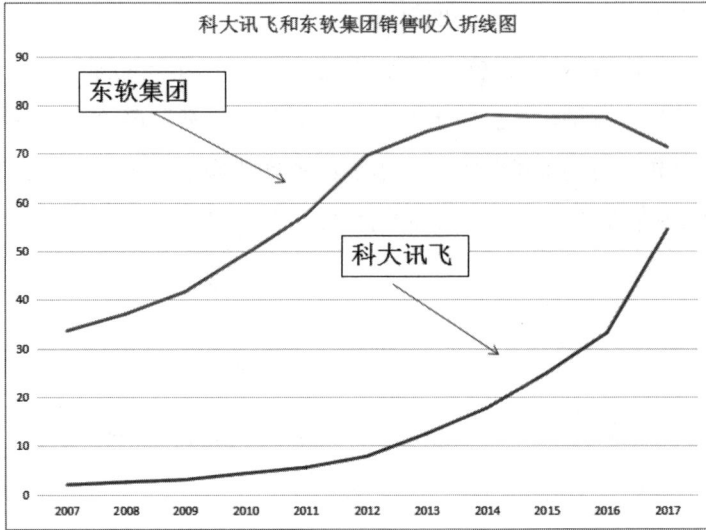

图 5-12　科大讯飞（002230）和东软集团（600718）销售收入折线图

4）销售收现比率

根据表 5-3 中科大讯飞（002230）和东软集团（600718）2007～2017年的销售收现比率，可以绘制出折线图，如图 5-13 所示。从折线图中可以看出，2010 年之后，东软集团的销售收现比率较为稳定，销售收现比率稳定，说明公司的经营状况较为良好，没有出现太大的问题。但是看科大讯飞销售收现比率，会发现科大讯飞的销售收现比率从 2007 年之后出现了一个较大幅度的下降，而且之后几年一直处于下降状态，其销售收现比率不及东软集团。由于在分析时只会考虑一个指标的变化，不会去分析其他因素对于公司的影响，所以投资者在做出投资判断时要谨慎。

5）股价走势分析

图 5-14 所示为科大讯飞（002230）复权后 2007～2017 年股价日 K 线走势图，从图中可以看出，科大讯飞的股价走势一直在震荡中上行，由于科大讯飞上市时间为 2008 年，所以截取的是从 2008 年到 2017 年的股价走势图，从图中可以看出，科大讯飞的股价开始时很低，但是后来不断地上涨，结合其销售收入和销售收现比率可以看出，尽管科大讯飞销售收现比率不是很高，但是其销售收入和销售收到的现金不断地上涨，而且每年都创出新高，在基本面好转的情况下，股价长期来看才会持续上涨。

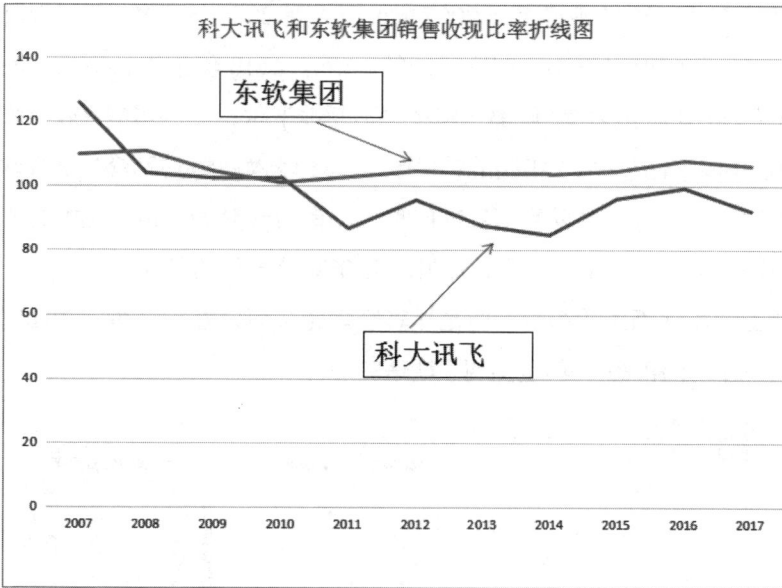

图 5-13　科大讯飞(002230)和东软集团(600718)销售收现比率折线图

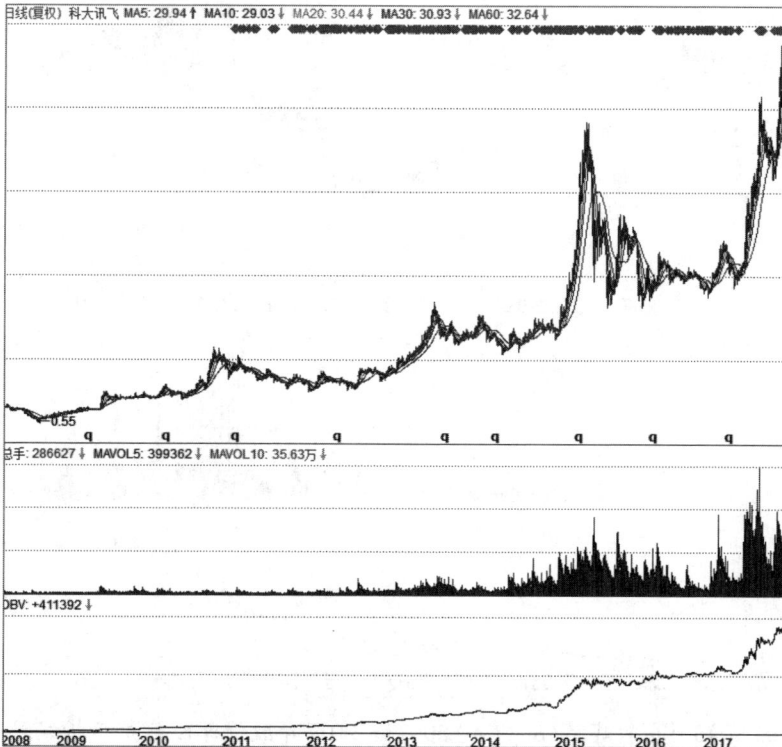

图 5-14　科大讯飞(002230)2007 ～ 2017 年股价日 K 线走势折线图

图 5-15 所示为东软集团（600718）复权后 2007 ～ 2017 年股价日 K 线走势图，从图中可以看出，东软集团的股价在 2015 年创出新高后不断地回撤，而且 2016 年和 2017 年都在震荡中不断地下跌，结合其销售收入和销售收现比率可以看出，东软集团的销售收入增长较为疲弱，尽管销售收现比率保持较为平稳，但是可以看出其销售收现比率对于公司股价的影响并不是特别的明显，由此看出销售收现比率并不是影响公司股价的决定性因素。公司股价会受到多种因素的影响，但是从其经营状况可以看出，东软集团的销售收入在 2016 年和 2017 年也出现了增速放缓。

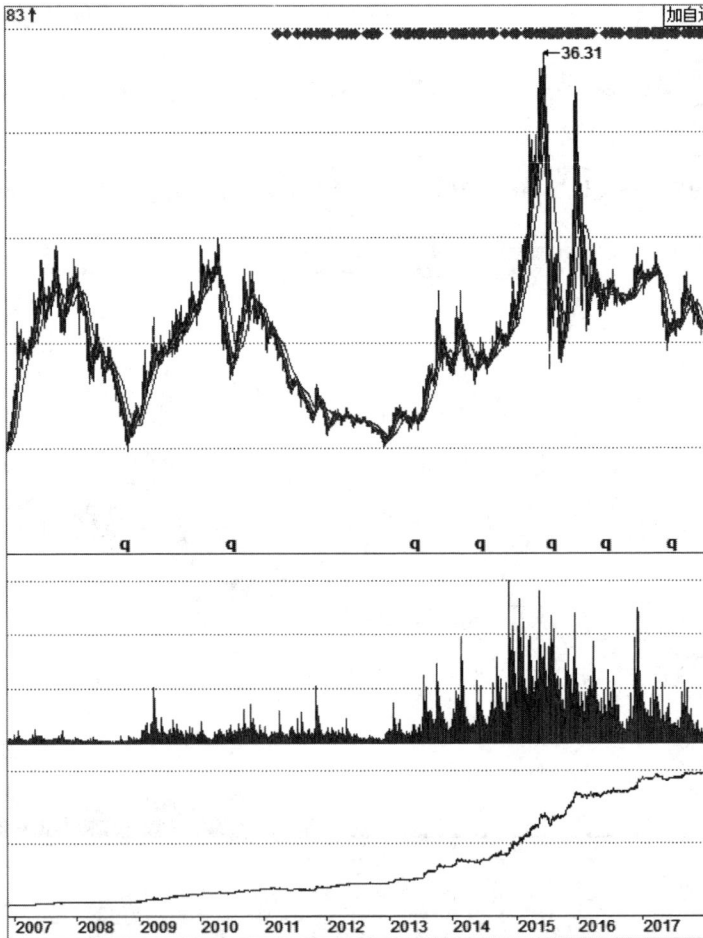

图 5-15　东软集团(600718)2007 ～ 2017 年股价日 K 线走势折线图

三十一、净利润现金含量

1. 指标释义

净利润现金含量比率是经营活动产生的现金净流量与其净利润的比率。经营现金净流量是指用经营活动的现金流入减去经营活动的现金流出的数值。净利润现金含量反映了公司经营活动中所得到的现金与净利润的关系，反映公司盈利能力的好坏和盈利能力的高低。一般情况下，该指标应该大于1，并且越大越好，表明销售回款能力强，成本费用低，财务的流动性风险低。

净利润现金含量能够反映公司短期的财务风险，因此该指标也称为盈余现金保障倍数，反映了公司净利润中现金含量的多少。盈余现金保障倍数从现金流入和流出的动态角度出发，对公司盈利的质量进行评价，对公司的实际收益能力再一次修正，从而揭示公司潜在的财务流动风险。净利润现金含量明显偏低，说明公司销售回款速度下降，存货出现积压。它反映公司的产品竞争力下降，赊销方式增加，公司的财务风险加大。

净利润现金含量能够反映公司的经营状况和行业的竞争地位。如果净利润现金含量稳定在行业较高的水准，说明公司可能是行业的龙头公司或者是成长稳定的公司。这一点可以通过看公司的预收账款和存货等科目确认。如果预收账款数值较大，说明公司能够较长时间占用客户资金，一般情况下，只有公司竞争力强，或者产品供不应求时才有这种待遇。

净利润现金含量持续上涨，说明公司的竞争力增强，产品畅销。投资者可以结合资产负债表查看预收账款、存货等，如果预收账款大幅度增加，存货非常低，基本上可以确定企业经营状况良好。净利润现金含量揭示了公司经营活动中所得到的现金和净利润的关系，反映公司盈利质量的好坏和盈利能力的高低。一般而言，当公司净利润大于 0 时，该指标大于 1 较好，并且越大越好，越大表明公司经营活动产生的净利润对现金的贡献越大，销售回款能力越强，应收账款或者存货等占用的资源越少，公司的运营效率越高。

净利润和经营活动现金净流量都是衡量公司经营业绩的关键财务指标，其评价方式是一致的，都是反映公司的盈利能力，但是也有所不同，利润表中的净利润是建立在权责发生制的基础上计算出来的，而现金流量表中的经营活动现金净流量是以收付实现制为基础计算出来的。净利润现金含量将两者结合起来，揭示经营活动所得现金和净利润的关系，反映公司盈利能力的高低和盈利质量的好坏。

所以净利润和现金流量的关系决定了净利润现金流量的走向。净利润是公司经营现金流量的基础和未来现金流的来源。也就是说，过去的净利润高低对当前经营现金流产生影响，当前的净利润对未来的现金流必定产生影响。净利润越高，未来获取更多现金流的概率越大。经营现金流量是对净利润的当期和过去业绩的总结。当前净利润现金含量比率越高，说明当前和过去的净利润质量越好，净利润损失率越低。

2. 指标实战应用

（1）投资者可以通过分析公司的净利润现金含量寻找那些未来盈利增长预期确定的公司股票作为标的股。首先这类公司的净利润或者每股收益等指标显示公司的盈利能力较好且稳定，其次净利润现金含量大于 1，或者高于竞争对手，并保持稳定状态，这说明公司的产品销路越来越好，公司也有能力提高销售毛利率，公司的盈利空间进一步加大。

（2）净利润现金含量可以帮助投资者发现盈利造假的现象。一般造假多使用假合同、假销售等营造账面净利润，但公司的现金流量则很难造假，或者说造假的成本太高。如果净利润大幅提升，而净利润现金含量突然大幅下降，则该公司存在造假的嫌疑。

（3）通过净利润现金含量选取行业龙头股或潜在的龙头股。行业龙头公司在净利润现金含量上往往会稳定地保持高于行业的平均水平。在实际应用中，可以对行业公司的该项指标进行 5 年时间的连续对比，选择净利润现金含量保持在平均线水平以上，并处于行业排名前列的公司。同时，再结合上市公司的总市值、净资产收益率、市盈率等指标，筛选出标的股。

（4）净利润现金含量可以反映公司的短期财务风险程度。该项指标越大，说明公司回收的现金越多，净利润的含金量越高，短期偿债能力也会越强。投资者在分析时，可以结合流动比率分析。一般情况下，净利润现金含量对于解决公司的短期偿债能力有很大的帮助，特别是公司规模扩张得较大，流动比率低于正常水平时，公司就会提高流动资产周转率等周转指标来应对暂时的流动性风险。

3. 案例分析: 爱尔眼科和乐普医疗净利润现金含量指标分析

1) 财务数据分析

根据爱尔眼科（300015）和乐普医疗（300003）2007 ～ 2017 年公布的年度财务报告，可以得出该上市公司各年度的经营活动现金流量和净利润，以及通过计算获得两家公司各年度的净利润现金含量，如表 5-4 所示。从表中可以看出，乐普医疗的净利润高于爱尔眼科的净利润，但是其经营活动产生的现金流量却低于爱尔眼科的经营活动现金流量。所以爱尔眼科的净利润现金含量高于乐普医疗的净利润现金含量。净利润现金含量越高越好，从这个角度来看的话，投资爱尔眼科要比投资乐普医疗要好一些，当然在做出投资判断时要考虑多种因素，净利润现金含量只是衡量公司经营状况的一个指标，只能看出一家公司的净利润中有多少是现金收取的，并不能够揭示出其他的经营状况，只有对比后才能看出哪家公司更值得投资。

表 5-4　两家公司净利润现金含量对比图（单位：亿元）

年份	爱尔眼科（300015）			乐普医疗（300003）		
	经营活动现金流	净利润	净利润现金含量	经营活动现金流	净利润	净利润现金含量
2007	0.92	0.39	235.9	0.61	1.5	40.67
2008	1.21	0.61	198.36	1.89	2.01	94.03
2009	1.69	0.92	183.7	2.4	2.92	82.19
2010	2.4	1.14	210.53	3.74	4.1	91.22
2011	2.57	1.74	147.7	2.91	4.73	61.52
2012	3.02	1.88	160.64	2.65	4.03	65.76
2013	4.13	2.23	185.2	3.3	3.62	82.27
2014	4.54	3.09	146.93	3.48	4.23	82.27
2015	5.22	4.28	121.96	4.36	5.21	83.69
2016	7.75	5.57	139.14	6.92	6.79	101.91
2017	13.3	7.43	179	9.13	8.99	101.56

2）经营活动产生的现金流量分析

　　根据表 5-4 中爱尔眼科（300015）和乐普医疗（300003）2007 ～ 2017 年的经营活动产生的现金流量，可以绘制出折线图，如图 5-16 所示。从折线图中可以看出，从 2011 年之后爱尔眼科的经营活动产生的现金流量超过了乐普医疗。当然从图中可以看出，两家公司的经营活动产生的现金流量都出现了较大幅度的上涨，但是爱尔眼科的上涨幅度超过了乐普医疗的上涨幅度，这说明爱尔眼科的增长性更强。

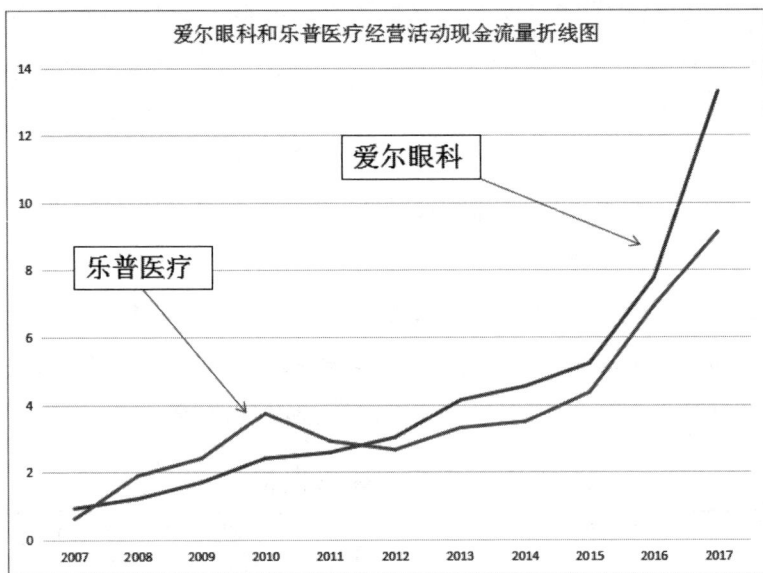

图 5-16　爱尔眼科（300015）和乐普医疗（300003）经营活动产生的
现金流量折线图

3）净利润分析

　　根据表 5-4 中爱尔眼科（300015）和乐普医疗（300003）2007 ～ 2017 年的净利润，可以绘制出折线图，如图 5-17 所示。从图中可以看出，乐普医疗的净利润在经历过 2013 年的下降之后，又重新走上了上升的轨道。乐普医疗的净利润高于爱尔眼科的净利润，这只能说明乐普医疗的净利润创造能力高于爱尔眼科的净利润创造能力，但是爱尔眼科的净利润增长幅度也很大，成长连续性更好。净利润是衡量一家公司是不是赚钱的标志，净利润的成长性也是一家公司是不是高速增长的标志。

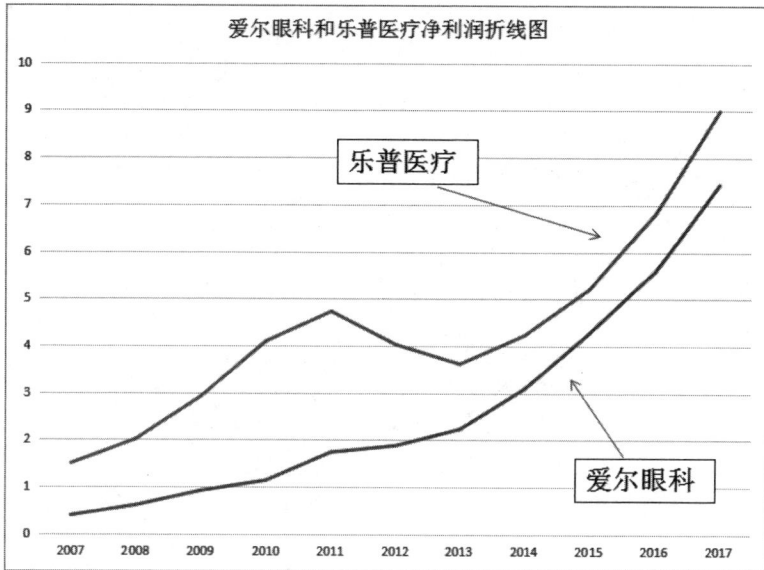

图 5-17　爱尔眼科（300015）和乐普医疗（300003）净利润折线图

4）净利润现金含量分析

根据表 5-4 中爱尔眼科（300015）和乐普医疗（300003）2007 ～ 2017
年的净利润现金含量，可以绘制出折线图，如图 5-18 所示。从图中可以看
出，爱尔眼科的净利润现金含量波动较大，并不是特别的稳定，从 2007 年到
2015 年，尽管中间有所回升，但是总体是向下的，而到了 2017 年才恢复到
2013 年的水平。而乐普医疗的净利润现金含量总体上是向上走的，与爱尔眼
科相比，净利润现金含量更加稳定。

5）股价走势分析

图 5-19 所示为爱尔眼科（300015）2009 ～ 2017 年股价日 K 线走势图，
从图中可以看出，爱尔眼科的股价走势尽管没有那么强劲，但是可以看出爱
尔眼科的股价在震荡中上行，并不断地创出新高，结合其净利润和净利润现
金含量可以看出，爱尔眼科的净利润增长幅度较大，同时其经营活动现金流
量尽管在过去也有所回落，但是仍然创出了新高，而其净利润现金含量在不
断地下降，股价不断地上涨，这说明净利润现金含量只是间接性地影响公司
的股价。

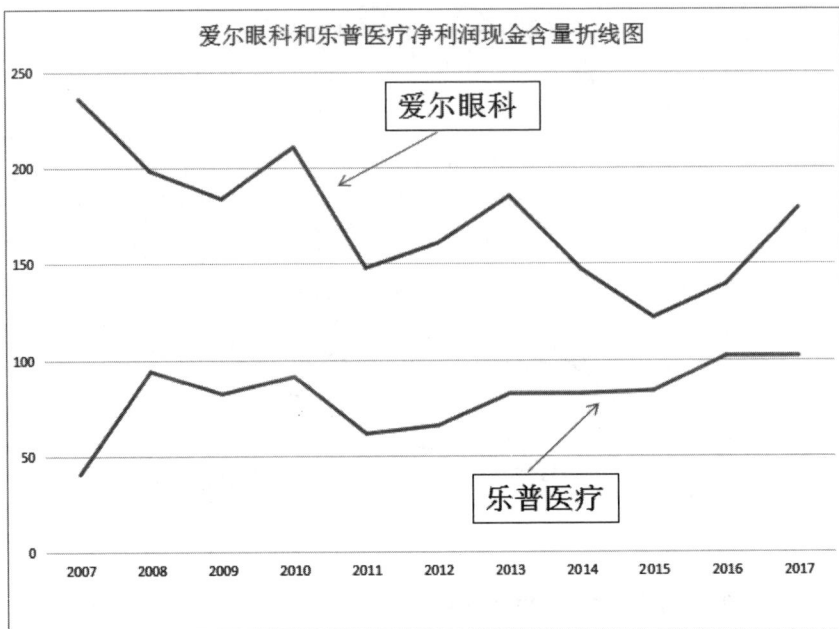

图 5-18　爱尔眼科（300015）和乐普医疗（300003）
净利润现金含量折线图

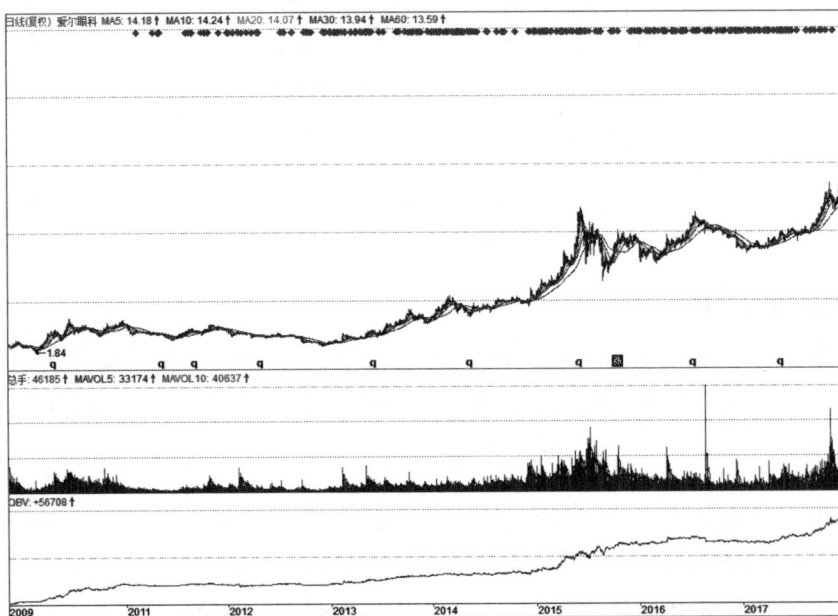

图 5-19　爱尔眼科（3000015）2009 ～ 2017 年股价日 K 线走势图

图 5-20 所示为乐普医疗（300015）2009 ～ 2017 年股价日 K 线走势图，从图中可以看出，乐普医疗的股价在 2012 年到达低点后出现了一个较大幅度的回升过程，并且在这个过程中持续不断地创出新高。结合其净利润现金含量可以看出，其净利润现金含量在 2011 年之后出现了不断地上涨，同时其净利润也从 2013 年出现了拐点，达到低点后有了一个较大幅度的反弹，从中可以看出基本面的改善对于公司股价的回暖也有巨大的影响。净利润现金含量是衡量公司净利润含金量的重要指标，该指标同时也能看出一家公司产品的市场概况。净利润现金含量肯定是越高越好。

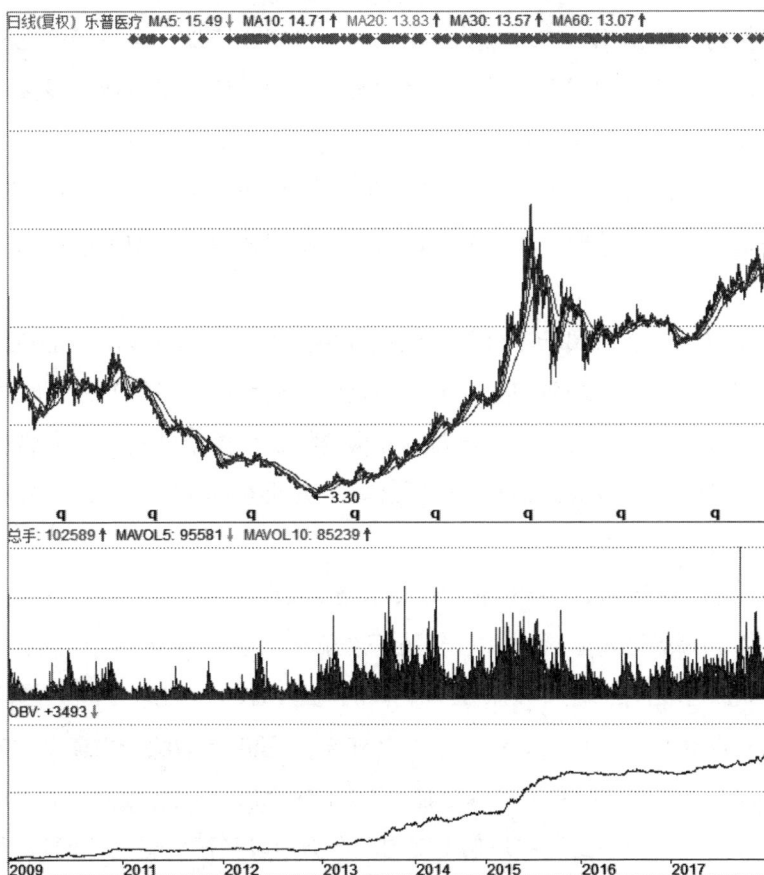

图 5-20　乐普医疗（300003）2009 ～ 2017 年股价日 K 线走势图

三十二、净收益营运指数

1. 指标释义

经营净收益与全部净收益的比值。经营净收益一般是指主营业务收入，全部净收益一般是指全部的净利润。该指标主要是反映公司的净利润有多少是主营业务贡献的，该指标越大越好，越大说明主营业务所贡献的利润越多，公司主业越清晰，说明公司持续创造利润的能力越强。

通过对该指标的历史平均指标对比和行业平均指标对比，可以考察一个公司的收益质量情况。如果一个公司的利润虽然在增加，但是经营性利润逐年下降，非经营性利润逐年增加，这说明公司已经偏离了主业，投资者在投资这类公司时就要小心。

如果营运指数小于 1，经营净收益额小于全部净收益额，说明全部净收益额中包含其他收益额，比值越小，说明主营业务盈利能力不及其他业务盈利能力。

净收益营运指数揭示了公司经营活动中主营业务收入与净利润的关系，反映公司盈利质量的好坏和盈利能力的高低，特别是该指标对公司收益的质量进行评价，对公司实际收益能力再一次分析，可揭示公司存在的潜在性经营风险。净收益营运指数越低，说明公司主营业务收入增速下降，公司的财务风险上升。

如果净收益营运指数在行业的较高水准，说明公司可能是行业的龙头或者是成长稳定的公司。这一点可以查看公司的预收账款和存货等项目确认，如果预收账款保持较大的数额，说明公司的产品竞争力较强，比较受消费者喜爱。

在有效资本市场中，公司价值的大小在很大程度上取决于投资者对公司资产的未来评估。在估价方法中，对盈利能力的评估是决定性因素之一。也就是说，估价高低取决于公司在未来年度的现金流量以及投资者的预期盈利能力。公司的现金流入越大或者投资者要求的报酬率越低，投资风险就越小。前者取决于上市公司股价的决定性因素，后者则取决于投资者的态度。公司价值最大化是价值投资者追求的目标，净收益营运指数反映了公司盈利和主营业务带来的收益之间的关系，它将盈利评估模式和盈利的结构结合起来，综合评价了公司的盈利能力。该指标越高越稳定，对股价的稳定上涨起到积极的作用。

分析净收益营运指数，需要结合资产负债表和利润表里的内容进行综合分析。现金流量表本身就是基于资产负债表和利润表而来，是对两个报表的进一步说明，净利润是利润表的核心内容，经营活动产生的现金流量可以反映公司的主营业务发展情况，是现金流量表里的现金版净利润。利润表和现金流量表都是以资产负债表为基础、逐步细化的记账方式，要详细了解公司净利润和现金流量的变化，必须结合资产负债表里相关项目的增减变化，才可以具体获知公司的经营现状，发现公司在经营管理中存在的具体问题。利润表是从经营过程中的资产流入和流出来告诉分析者有关公司经营的成果。因为主营业务对公司有着不可替代的作用，但盈利并非全部来自主营业务，这既符合事实，也不利于公司的正常经营。

注意在行业中横向比较和与公司本身的历史数据比较。任何单期的财务指标都是孤立的事件，无法充分反映动态中的公司经营状况。净收益营运指数在与同行业竞争者的比较中，可以发现公司在行业内的竞争力大小和地位。公司净收益营运指数越高，说明公司越专注于主业，公司经营造假的可能性也更小。

2. 指标实战应用

（1）净收益营运指数是净利润的检验指标，确认净利润的含金量，因此在股市应用中，该指标是起辅助作用的，不会对股价产生直接影响。但是该指标越高，说明公司净利润中主营业务获得利润越高，净利润的含金量越足，股价上涨的潜在动力就越大。

（2）价值投资者可以通过分析净收益营运指数寻找那些未来盈利增长预期确定的公司股票作为标的股。首先这类公司的净利润或者每股收益等指标显示公司的盈利能力较好且稳定，其次净利润收益营运指数越高，甚至高于竞争对手，并保持稳定状态，说明公司的产品销路越来越好，公司也有能力提高产品的销售价格，提高销售毛利率，公司的盈利空间进一步加大。

（3）可以利用该指标分析判断股价的风险。在参与股市投资时，投资者一定要知道自己当前参与的个股是哪种类型的，是短线炒作还是中长线投资，参与的个股风险有多大。净收益营运指数可以区分这类股票的类型，该项指标表现一向向好，则股价的安全性较高，相反则风险较大。

（4）净收益营运指数可以弥补净利润增长率对公司主业的评估缺陷，有时候可以采用主营利润与主净利润的比值来评估公司主营业务的盈利能力及核心竞争力。采用这项比率的好处是可以撇开与公司核心业务无关的其他非持续稳定的收入与开支，能够更客观地了解上市公司核心竞争力的大小，从而评估公司股价的未来趋势。

3. 案例分析: 宋城演艺和丽江旅游净收益营运指数指标分析

1）财务数据分析

根据宋城演艺（300144）和丽江旅游（002033）2007 ～ 2017 年公布的年度财务报告，可以得出该上市公司各年度的经营净收益和全部净收益，以及通过计算获得两家公司各年度的净收益营运指数，如表 5-5 所示。从表中可以看出，宋城演艺的经营净收益高于丽江旅游的经营净收益，同时其全部净收益也高于丽江旅游的全部净收益，导致的结果也是宋城演艺的净收益营运指数高于丽江旅游的净收益营运指数。

表 5-5　两家公司净收益营运指数对比图（单位: 亿元）

年份	宋城演艺（300144）			丽江旅游（002033）		
	经营净收益	全部净收益	净收益营运指数	经营净收益	全部净收益	净收益营运指数
2007	0.26	0.45	57.78	0.7	0.72	97.22
2008	0.64	0.64	100	0.48	0.49	97.96
2009	0.85	0.87	97.7	0.4	0.45	88.89
2010	1.71	1.63	104.91	0.17	0.2	85
2011	2.1	2.22	94.59	0.68	1.76	38.64
2012	2.24	2.57	87.16	1.39	1.96	70.92
2013	2.8	3.08	90.91	1.53	1.97	77.66
2014	3.45	3.61	95.57	1.79	2.4	74.58
2015	6.34	6.31	100.48	1.99	2.49	79.92
2016	8.87	9.02	98.34	2.19	2.55	85.88
2017	11.07	10.68	103.65	2.06	2.17	94.93

2）经营净收益分析

根据表 5-5 中宋城演艺（300144）和丽江旅游（002033）2007～2017年的经营净收益，可以绘制出折线图，如图 5-21 所示。从图中可以看出，宋城演艺的经营净收益高于丽江旅游的经营净收益，同时也可以看出，宋城演艺的经营净收益增长较快，在 2014 年之后出现了较大幅度的增长，而丽江旅游的经营净收益增长幅度较慢，同时其经营净收益在 2017 年出现了小幅的下降。在这里经营净收益的取值为主营业务收入，主营业务收入的增幅下滑，投资者一定要分析其原因，是基本面恶化，还是会出现反转，要根据具体情况具体分析。

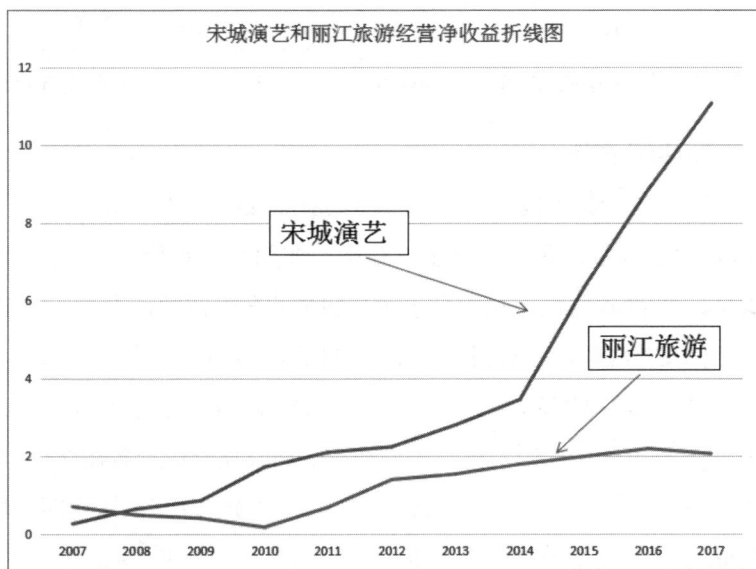

图 5-21　宋城演艺（300144）和丽江旅游（002033）经营净收益折线图

3）全部净收益分析

根据表 5-5 中宋城演艺（300144）和丽江旅游（002033）2007～2017年的全部净收益，可以绘制出折线图，如图 5-22 所示。从图中可以看出，宋城演艺的净收益绝对值高于丽江旅游的净收益绝对值，同时可以看出宋城演艺的净收益在 2014 年之后有了较大的涨幅，而丽江旅游的净收益增长疲弱，特别是 2017 年出现了负增长，净收益的高低可以看出一家公司是不是具有成长性。

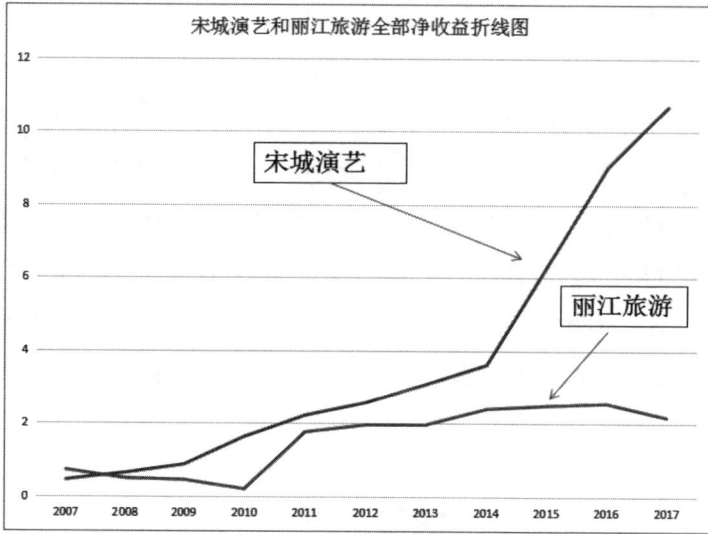

图 5-22　宋城演艺（300144）和丽江旅游（002033）全部净收益折线图

4）净收益营运指数分析

根据表 5-5 中宋城演艺（300144）和丽江旅游（002033）2007～2017年的净收益营运指数，可以绘制出折线图，如图 5-23 所示。从图中可以看出，宋城演艺的净收益营运指数高于丽江旅游的净收益营运指数。2012 年之后，两家公司的经营收益营运指数都有了较大幅度改善。净收益营运指数是经营净收益与全部净收益的比值，也就是说该指标越高，主营业务在净利润中的占比越高，从图中可以看出，宋城演艺的净收益营运指数在 2017 年达到了 100% 以上，而丽江旅游的指标数值徘徊在 100% 以下。这说明宋城演艺的经营净收益在净收益中的占比更高。

5）股价走势分析

图 5-24 所示为复权后宋城演艺（300144）2007～2017 年股价日 K 线走势图，从图中可以看出，宋城演艺的股价在 2015 年之前表现并不是很好，但是在 2015 年之后有了一个较大幅度的上涨，而到了 2017 年股价出现了一个较大的回撤，并没有再创出新高，结合其经营净收益和净收益营运指数可以看出宋城演艺的经营净收益和净收益营运指数都有了较大幅度增长，但是看其股价并没有上涨，而是有较大幅度的下跌，股价会受到多种因素的影响，净收益营运指数只是影响公司基本面的一个因素，并不会最终影响公司股价

的走势，但是长期来看，公司基本面好的股价一般都会创出新高，只是在短期内会受到其他因素的影响。

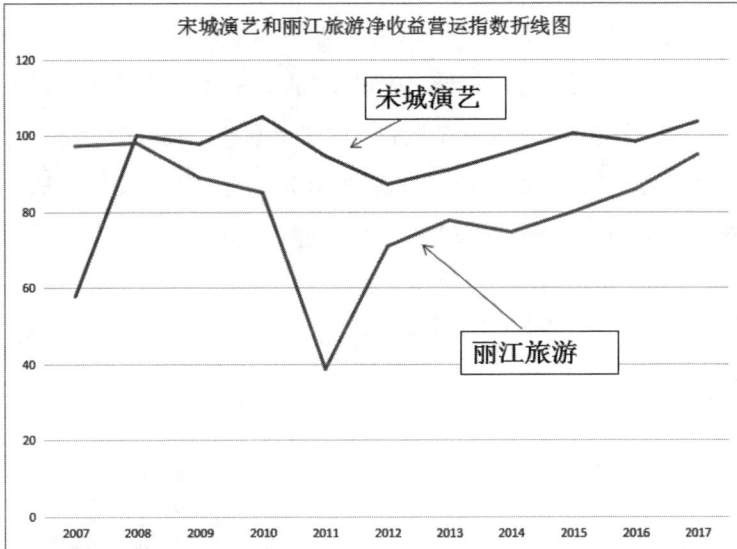

图 5-23　宋城演艺（300144）和丽江旅游（002033）净收益营运指数折线图

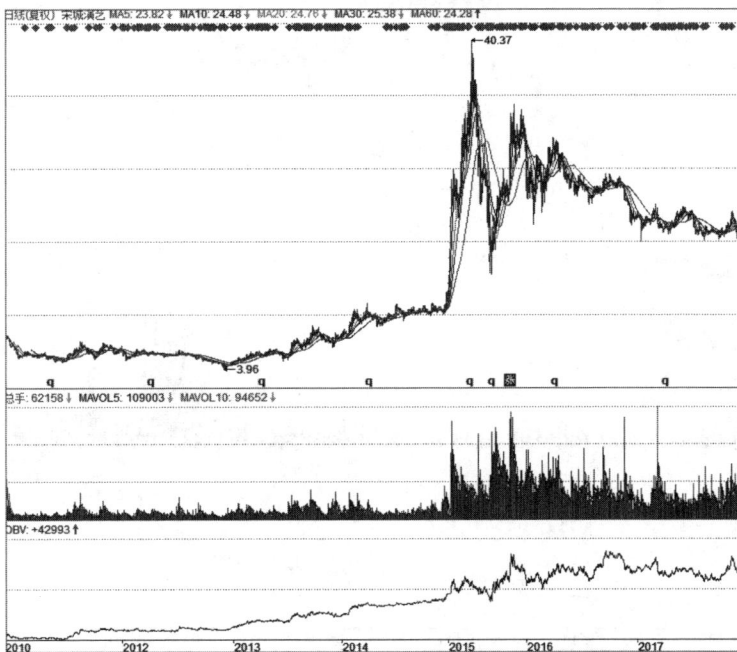

图 5-24　宋城演艺（300144）2007 ～ 2017 年股价日 K 线走势图

图 5-25 所示为复权后丽江旅游（002033）2007 ～ 2017 年股价日 K 线走势图，从图中可以看出，丽江旅游的股价在震荡中上行，尽管中间有了一定幅度的回撤，但是总体来看，丽江旅游的股价走势在低点之后反弹的增长幅度较宋城演艺更高，结合其净收益和净收益营运指数可以看出其净收益增幅并不是很高，净收益营运指数有较大的改善，其股价并不能够完全反映出基本面的情况，但是 2017 年其净收益出现了负增长，其股价也出现了小幅回落。股价并不会在短期内反映公司的经营状况，但是基本面恶化却会对公司的股价产生较大影响，比如净收益营运指数有较大的下降等。

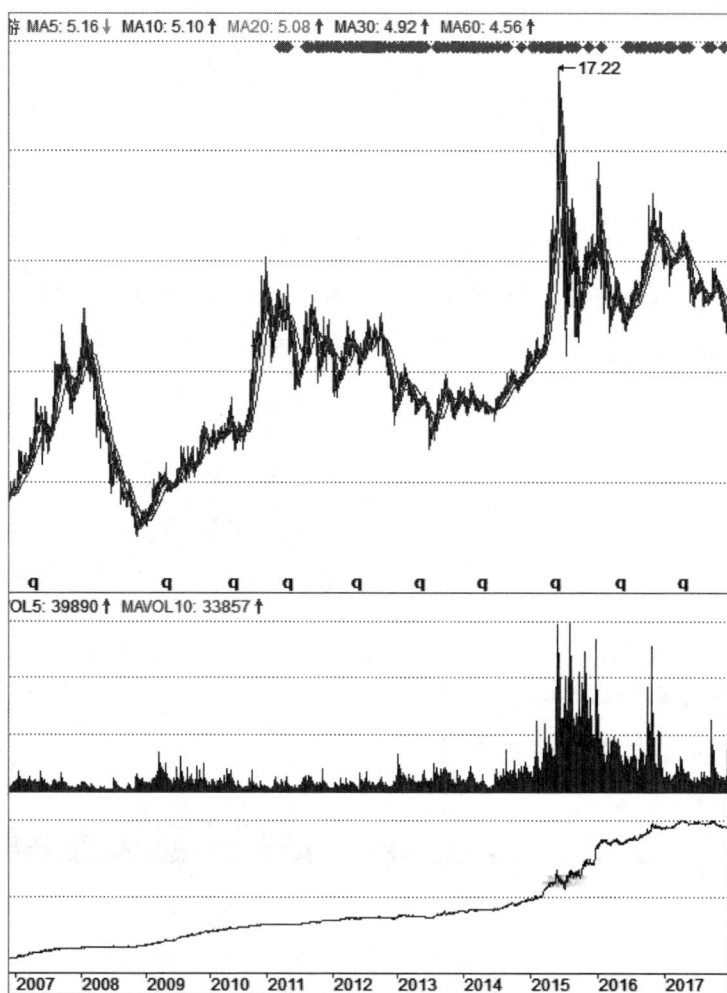

图 5-25　丽江旅游（002033）2007 ～ 2017 年股价日 K 线走势图

三十三、现金营运指数

1. 指标释义

现金营运指数指经营活动产生的现金流量与经营所得现金的比值。经营现金流量等于经营所得现金与应收账款、存货等经营性营运资产净增加之间的差额。为方便计算，可以用现金流量表中的经营活动产生的现金流量来代替。经营活动产生的现金流量净额是指经营活动产生的现金流量收入和经营活动产生的现金流量支出之间的差额。经营所得现金等于经营净收益加上各项折旧、减值准备等非付现费用。为了方便计算，可以用现金流量表中的经营活动所得现金代替。经营活动所得现金一般是指销售商品、提供劳务收到的现金。

现金营运指数是反映企业现金回收质量、衡量现金风险的指标。理想的现金营运指数应为 1，小于 1 的现金营运指数反映了公司部分收益没有取得现金，而是停留在实物或债权形态，而实物或债权资产的风险远大于现金。应收账款不一定能足额变现，存货也有贬值的风险，所以未实现的收益质量低于已收取现金的收益。现金营运指数越小，以实物或债权形式存在的收益占总收益的比重越大，收益质量越差。

一般情况下，经营活动产生的现金流量应为正数，如果出现负数，则说明公司面临赤字财务状况，公司的经营管理能力较差。不过当公司的该项指标出现负数时，还要根据具体情况具体分析。比如公司预期某些商品会在未来期间涨价，而提前购置从而占压资金。公司的商品周期性较强，当期财报刚好处于销售低谷期。这些因素应属于正常因素，不能作为公司的负面评价依据。

现金营运指数揭示了现金流量和现金的关系，该指标可以反映公司盈利质量的好坏和盈利能力的高低。一般情况下，现金营运指数大于 1 较好，并且越大越好，越大说明经营活动产生的现金流量对现金的贡献越大，销售回款能力强，应收账款或者存货等占用资源越少，公司的运营周转率越高。

现金营运指数可以反映公司短期的财务风险，同时揭示公司经营过程中现金收益的保障程度。该指标从现金流入和现金流出的角度对公司收益的质量进行评价，对公司的实际收益能力再一次修正，从而揭示公司存在的财务流动风险。现金营运指数如果明显降低，可能说明公司销售回款速度下降，存货可能出现积压。它说明公司的产品竞争力下降，赊销方式增加，公司的财务风险上升。

现金营运指数可以反映公司的经营现状和行业中的竞争地位。如果现金营运指数稳定在行业的较高水准，说明公司可能是行业的龙头企业或者是成长稳定的企业。投资者在进行投资分析时，可以查看公司的预收账款和存货等项目确认，如果预收账款保持较大的数额，说明公司较长时间获得一笔没有利息的现金资源。一般情况下，只有竞争力强，或者产品供不应求时才会出现这种现象。

现金营运指数持续上涨，说明公司竞争力强，产品畅销。投资者可以结合资产负债表查看预收账款、存货等，如果预收账款大幅增加，存货非常低，基本上确定公司经营状况良好。

现金营运指数处于低位，反映公司未来前景堪忧，因为公司没有足够的现金用于扩大再生产与新产品开发。现金营运指数长期处于低位，甚至为负数，说明公司入不敷出，特别是对于资产负债率较高的公司来说更是非常危险，随时可能发生巨额亏损。

在分析该指标时，一定要同时注意资产负债表中流动资产的变化。经营现金流量的来源是在净利润的基础上加减流动资产、流动负债以及折旧得到的。比如折旧，对于一些固定资产占比较大的资本密集型公司，折旧虽然纳入每年的成本中，而经营现金流加上了折旧，但是折旧金额过大时，投资者需注意现金营运指数中现金的水分。在流动资产和流动负债中，除了折旧外，还有存货、应收账款、预付账款、应付账款、预收账款等项目是分析者必须关注的对象，它们的大幅变化都会影响现金营运指数的变化，也反映公司某些经营状况的改变。

2. 指标实战应用

（1）现金营运指数并不直接影响股价的涨跌。该指标对股市投资的指导意义主要表现在对公司的真实营运能力和短期偿还能力的鉴别上。投资者可以通过该项指标来区分公司的盈利质量、行业中的竞争力和存在的短期偿还风险等，以判断该公司的基本面是否支持股价的未来上涨空间或者潜在的风险程度。

（2）可以通过现金营运指数选取行业龙头股或者潜在的龙头股。行业龙头公司在现金营运指数上往往会稳定地保持高于行业的平均水平。在实际应用中，可以对行业公司的该项指标进行 5 年时间的连续对比，选择现金营运指数保持在行业平均水平以上，并处于行业排名前列的公司。同时，再结合上市公司的总市值、净资产收益率、市盈率等其他指标，筛选出投资标的。

（3）在分析时要注意了解行业特性和公司规模，并在同行业内进行比较，最好不要与行业性质相差较大的公司进行比较。大多数财务指标对不同的产业有着不同的评价标准，只有将分析对象与同行业竞争对手进行比较才有意义。一般而言，商品流动性较强的行业比流动性差的行业的现金营运指数要高，具有垄断地位的公司比规模较小、缺乏竞争力的公司，其现金营运指数要高。

（4）现金营运指数更多的还是能够帮助投资者控制交易风险。投资者在买入股票时，现金营运指数虽然不是重要的指标，但是在市场风险来临时却可以起到警示风险的作用。比如宏观经济或者行业出现拐点，股票市场的行业面临转向时，此时现金营运指数的分析就非常重要。如果宏观经济或者行业出现衰退，那些现金营运指数较低的个股面临的股价下跌风险，比现经营运指数较高的个股面临的股价下跌风险更大。

3. 案例分析：全聚德和西安饮食现金营运指数指标分析

1）财务数据分析

根据全聚德（002186）和西安饮食（000721）2007 ~ 2017 年公布的年度财务报告，可以得出该上市公司各年度的经营活动现金流量和经营所得现金，以及通过计算获得两家公司各年度的现金营运指数，如表 5-6 所示。从表中可以看出，全聚德的经营活动现金流量大于西安饮食的经营活动现金流量，同时全聚德的经营所得现金也高于西安饮食的经营所得现金，导致的结果是全聚德的现金营运指数高于西安饮食的现金营运指数。现金营运指数是一家公司的经营活动现金流量与经营所得现金的比值，用于衡量一家公司的产品是不是畅销，能不能够收到现金。

表 5-6 两家公司现金营运指数对比图（单位：亿元）

年份	全聚德（002186）			西安饮食（000721）		
	经营活动现金流	经营所得现金	现金营运指数	经营活动现金流	经营所得现金	现金营运指数
2007	1.18	9.14	12.91	0.96	4.9	19.59
2008	1.2	10.71	9.34	1.07	5.45	19.63
2009	1.96	11.73	16.71	0.81	5.52	14.67
2010	1.86	13.7	13.58	0.46	5.89	7.81
2011	2.97	18.83	15.77	0.64	6.85	9.34
2012	2.73	19.95	13.68	0.36	6.67	5.4
2013	2.06	19.65	10.48	0.31	5.95	5.21
2014	1.8	19.38	9.29	0.22	5.42	4.06
2015	2.41	19.7	12.23	0.03	5.03	0.6
2016	2.17	19.72	11	0.25	5.07	4.93
2017	2.24	20.48	10.94	0.13	5.06	2.57

2）经营活动现金流量分析

根据表 5-6 中全聚德（002186）和西安饮食（000721）2007 ～ 2017 年的经营活动现金流量，可以绘制出折线图，如图 5-26 所示。从表中可以看出，全聚德的经营活动现金流量在 2011 年到达顶点，尽管中间有所回落，但是总体呈上升趋势，同时可以看出全聚德的经营活动现金流要高于西安饮食的经营活动现金流量，西安饮食的经营活动现金流量持续地向下走，而全聚德的经营活动现金流量持续地往上走。经营活动现金流量的高低能够反映出公司的经营状况好坏，由此看出西安饮食的经营状况不如全聚德的经营状况好。

图 5-26　全聚德（002186）和西安饮食（000721）经营活动现金流量分析

3）经营所得现金分析

　　根据表 5-6 中全聚德（002186）和西安饮食（000721）2007 ～ 2017 年的经营所得现金指数，可以绘制出折线图，如图 5-27 所示。从表中可以看出，全聚德的经营所得现金在不断地上涨，至少在 2012 年到 2017 年间，全聚德的经营所得现金保持在较高水平，而西安饮食的经营所得现金与全聚德相比，保持在较低水平。同时从图中可以看出，西安饮食的经营所得现金在不断地下滑。由此看出，西安饮食的经营状况不如全聚德的经营状况良好。当然在本书中多次提到，每一个财务指标尽管都能够单独地反映出一家公司的经营好坏，但是如果要做出投资决策，还是要综合考虑多种因素的影响。

4）现金营运指数分析

　　根据表 5-6 中全聚德（002186）和西安饮食（000721）2007 ～ 2017 年的现金营运指数，可以绘制出折线图，如图 5-28 所示。从图中可以看出，从 2009 年到 2017 年，全聚德的现金营运指数下滑较大，同时可以看出，西安饮食的现金营运指数下降幅度更大，并且降幅远大于全聚德的现金营运指数。现金营运指数肯定越高越好，当现金营运指数越来越小时，投资者要具体分析公司的经营状况，看一下造成公司经营状况恶化的原因是什么，然后再做出投资决策。

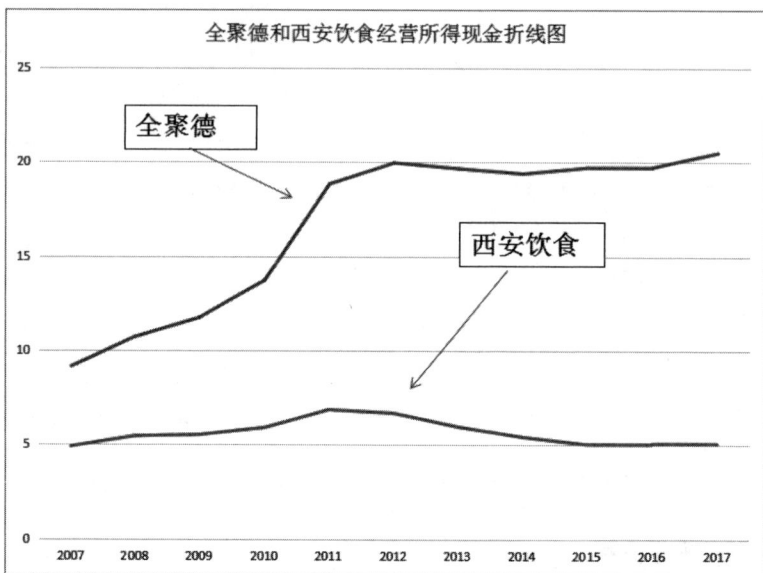

图 5-27　全聚德（002186）和西安饮食（000721）经营所得现金分析

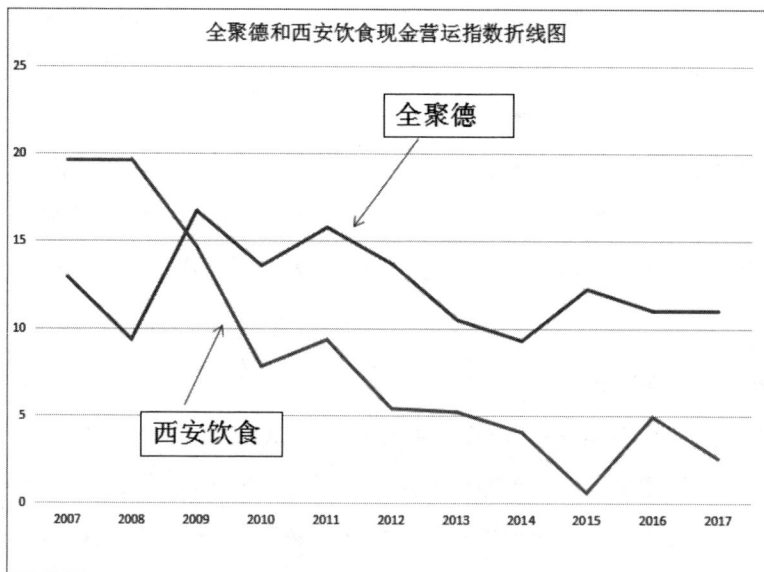

图 5-28　全聚德（002186）和西安饮食（000721）现金营运指数分析

5）股价走势分析

图 5-29 所示为全聚德（002186）复权后 2007 ～ 2017 年股价日 K 线走势图，从图中可以看出，全聚德的股价在震荡中上行，但是可以看出，无论是其股价的最高点，还是股价的最低点，上涨幅度和下跌幅度都不大，结合其经营活动现金流量和现金营运指数的走势，可以看出全聚德的经营现金流量增长态势并不是很稳定，同时其现金营运指数也处于下滑状态，特别是进入 2017 年，可以看出全聚德股价走势疲软，这跟市场情绪有一定的关系，但是更和公司基本面的好坏有很大的联系。

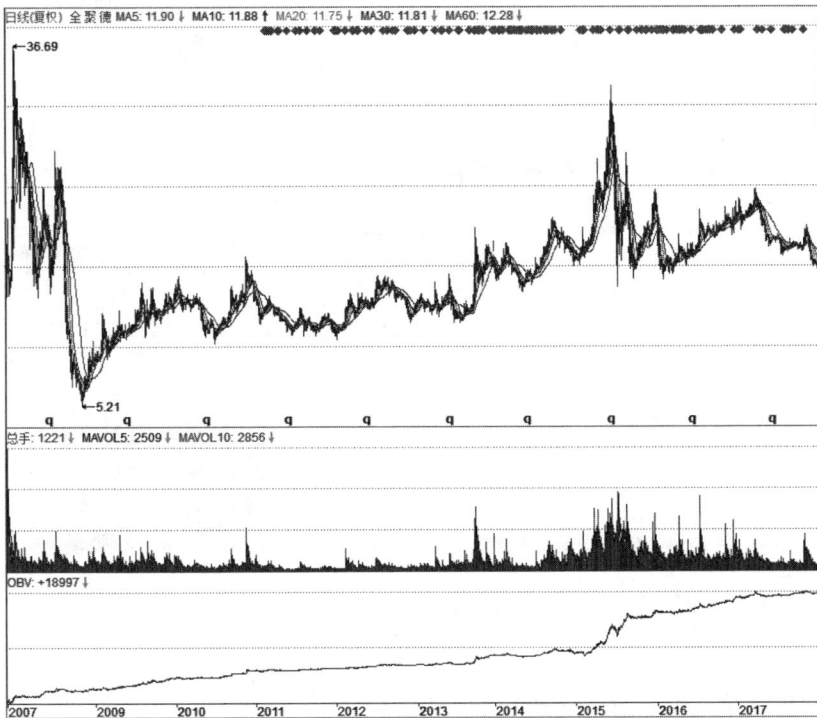

图 5-29　全聚德（002186）2007 ～ 2017 年股价日 K 线走势图

图 5-30 所示为西安饮食（000721）复权后 2007 ～ 2017 年股价日 K 线走势图，从图中可以看出，2015 年西安饮食的股价达到了高点，但是结合其现金营运指数和经营活动现金流量的变化，可以看出西安饮食的现金营运指数达到了低点，同时其经营活动现金流量也达到了低点，由此看出股价走势在短期之内并不只是会受到基本面的影响，还会受到市场等因素的影响，但

是当资金撤回去之后又会一地鸡毛，受到影响的仍然是散户，所以说选公司还是要选基本面向好的公司，这样才能够享受到复利的效应。

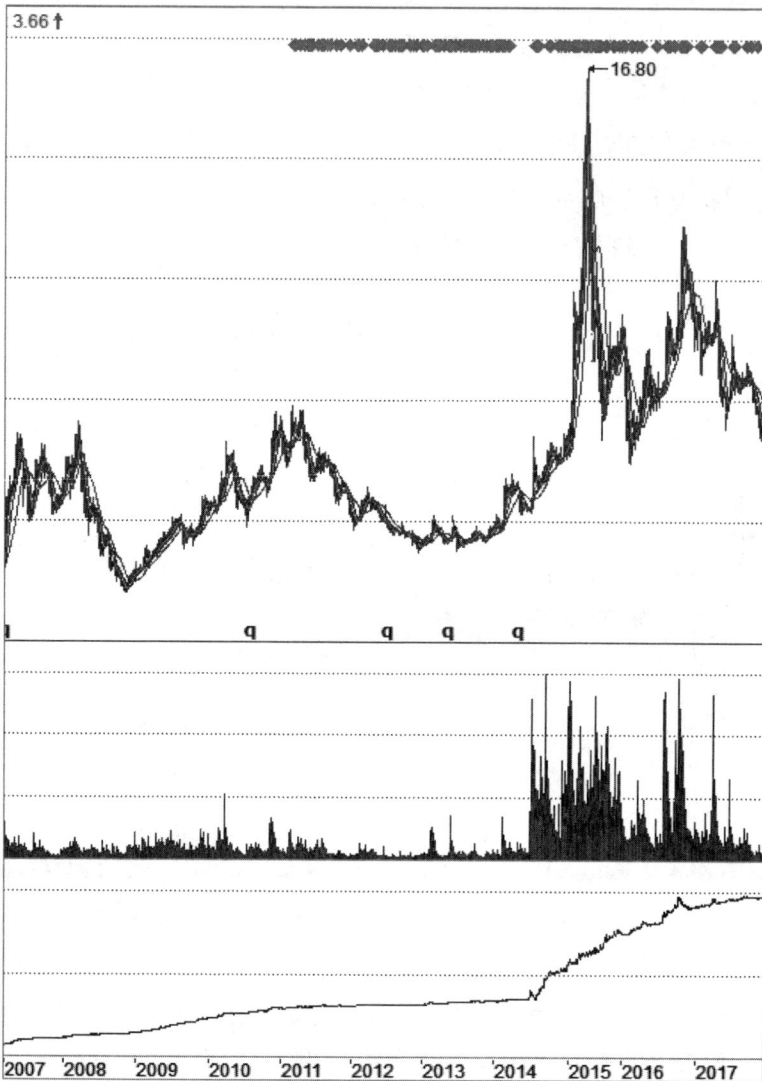

图 5-30　西安饮食（000721）2007 ～ 2017 年股价日 K 线走势图

第6章

综合绩效分析

○────────────────────────○

本章主要内容包括:

三十四、市净率

1. 指标释义

市净率为每股市价与每股净资产的比率。市价就是现在股票的价格，净资产就是公司的股东权益，由实收资本、资本公积、盈余公积和未分配利润组成。该指标表示每 1 元的净资产在资本市场中的价格是多少钱，该指标直接反映了投资者购买股票的现实价值和购买成本的差距。一般来说，市净率越低越好，越低证明用更少的成本买入上市公司的净资产，越低投资价值越高。

市净率是对公司股价进行估值的重要指标之一。当估值较高时，买入上市公司被套的可能性就较大。所以在进行投资时，一定要看市净率指标的高低。在判断公司的估值时，市净率有时候甚至比市盈率更准确。无论行业的周期如何，上市公司的每股净资产一般波动不会太大，但是公司的盈利状况则变化较大，致使市盈率的波动也较强。因此，市盈率有时候比市净率更具有投资价值。特别是对于周期性的股票来说，市净率比市盈率更有参考价值。周期性股票的每股收益容易受到行业景气度的影响而出现较大波动，但是市净率指标就会保持相对稳定。

当然不同的行业也有不同的市净率评估标准。一般来说，传统制造业的市净率会偏低。而高科技类公司的股票市净率相对较高。因此，在使用市净率这个指标时，不能一味地追求市净率较低的股票，还要看公司所在行业的情况，横向对比同行业的市净率高低来做出投资判断。

利用 PB 进行估值更适合哪些个股和行业呢？一般来说，PB 比较适合重资产的行业或公司，或者说公司的营收和利润很大程度上依赖于资产，最典型的就是银行，资产和负债直接就是钱。处于成熟期阶段的行业或公司也比较适合用 PB 进行估值，因为这个阶段公司的资产估价会较为准确，比如钢铁行业，产业非常成熟，基本上根据其资产数就能估算出产量。靠人和品牌价值的公司就不太适用于 PB，比如咨询公司，有形资产就是桌子椅子和电脑。一些重度依赖研发的企业也不太适用，投入的研发资金是算在了账面资产中的，但是其产出值就比较难估计了，可能一个水花都没有，也可能一下放了个卫星，所以一些高科技行业，比如互联网公司的 PB 都较高，此时用 PB 估值也就不太准确。

市盈率等于市净率乘以净资产收益率，所以影响市净率的一个重要因素是净资产收益率，因此，那些跌破 1 倍市净率的股票很可能是因为净资产收益率非常低，公司的盈利价值本身就很低，所以只能享有很低的市净率。投资者投资这类型的公司除非看到净资产收益率有提升的可能，或者是资产价值释放的可能，以及分配较高的现金股利的可能，否则就真的是花了低价钱买的烂股票。

银行股的净资产收益率大部分都能保持在 10% 以上，但是其估值都非常低，一般其股价都低于净资产，也就是市净率低于 1。投资者对于银行的经营状况过于担忧，最大的问题是担心其资产质量因经济增速下滑而恶化，但对于银行这种内生性增长比较强的行业来说，这种担忧虽然有必要，但是很明显银行被低估了。

2. 指标实战应用

（1）市净率能够直接反映公司估值的高低。邓普顿在 20 世纪 70 年代末进入美国股票市场除了市盈率较低的因素以外，市净率也跌破了 1 倍，而历史上道琼斯工业指数跌破 1 倍市净率只有两次，前一次是处于经济大萧条时期的 1932 年。如果根据通货膨胀对道琼斯工业指数成分公司持有资产的账面价值进行调整，当时的整体股票价格仅相当于重置净资产的 0.59 倍，站在重置价值的角度看，投资价值更为突出。而在 A 股市场，上证综指从未跌破过 1 倍市净率，最低是 2013 年的 1.34 倍，在刚刚过去的上一轮牛市中，由于小盘股偏好，倒是有众多业绩仍然出色的大盘蓝筹公司跌破过 1 倍市净率。

（2）市净率可以判断市场整体的风险和机会。对于不同行业的股票，其市净率的分析标准也不同。不同的公司在不同的发展阶段，会有不同的市净率。对于市场整体而言，市净率是衡量风险和机会的一个重要指标。对于成熟的市场来说，其整体的市净率保持在 1.5 倍到 3 倍之间是合理的区间。如果市场整体市净率大于 3 倍，则认为市场存在风险，向上偏离 3 倍越多，风险越大。而低于 1.5 倍，则说明市场有投资机会。如果从个股来看，个股市净率大面积跌破 1，也就是股价低于每股净资产，则认为市场整体进入低估区间，投资机会大。

（3）在估值分析中，市净率有时候比市盈率更加准确。无论行业处于周期的哪个阶段，上市公司的每股净资产都比较稳定，一般情况下都不会出现大幅波动。而公司的盈利则受很多因素的影响，所以用市净率指标去评价一家公司的估值高低，更能反映出这家公司或者行业的估值水平，如银行业，由于银行业是那种利润前置，风险后置的行业，所以有些时候利润增长虽然较快，但是风险却没有暴露。这时用市净率指标更能反映出一家公司的估值水平。

（4）市净率并不是越低越好。投资股票是对未来的一种盈利预期。一家公司的未来发展空间越大，投资者就愿意用更多的钱来购买该股票。因此当市场价格高于公司净资产时，说明公司的市场前景被看好，优质的上市公司市净率达到 3 倍，被认为是估值比较合理。同时处于快速成长中的上市公司市净率会在投资者的预期下变得较高，而没有发展前景的上市公司市净率则较低。所以市净率并不是越低越好，要结合具体情况具体分析。

3. 案例分析：保利地产和万通地产市净率指标分析

1）财务数据分析

根据保利地产（600048）和万通地产（600246）2007 ~ 2017 年公布的年度财务报告，可以得出该上市公司各年度的每股市价和每股净资产，以及通过计算获得两家公司各年度的市净率，如表 6-1 所示。从表中可以看出，2007 年保利地产的市净率为 0.65 倍，2017 年保利地产的市净率为 1.6 倍，市净率上涨的原因为每股市价从 6.28 元涨到了 13.75 元，而每股净资产从 9.73 元下降到了 8.6 元。股价越高，净资产越少，则市净率越高。而一般来说，市净率越高，则投资价值越低。同样的万通地产 2007 年的每股市价由 9.17 元降到了 3.96 元，每股净资产由 4.8 元下降到了 3.38 元，由于每股净资产和每股市价都出现了下降，同时万通地产的每股市价比每股净资产的下降幅度大，所以市净率由 1.91 倍下降到了 1.17 倍。

表 6-1　两家公司市净率分析对比图

年份	保利地产（600048）			万通地产（600246）		
	每股市价	每股净资产	市净率	每股市价	每股净资产	市净率
2007	6.28	9.73	0.65	9.17	4.8	1.91
2008	1.74	5.74	0.3	2.74	5.69	0.48
2009	5.49	7.13	0.77	7.66	2.94	2.61
2010	3.59	6.49	0.55	5.26	2.62	2.01
2011	3.81	5.93	0.64	2.84	2.71	1.05
2012	7.44	5.95	1.25	3.58	2.9	1.23
2013	4.03	7.25	0.56	2.82	3.07	0.92
2014	9.54	5.72	1.67	4.81	2.9	1.66
2015	9.58	6.65	1.44	7.57	2.4	3.15
2016	8.42	7.53	1.12	5.75	3.21	1.79
2017	13.75	8.6	1.6	3.96	3.38	1.17

2）每股市价分析

根据表 6-1 中保利地产（600048）和万通地产（600246）2007 ～ 2017 年各年度的每股市价，可以绘制出两家公司的折线图，如图 6-1 所示。从图中可以看出，2011 年以前万通地产的每股市价高于保利地产的每股市价，但是 2011 年以后保利地产的每股市价高于万通的每股市价。当然这样计算也有一定的局限性，比如两家公司的股票价格的取值都是每年的年末数。保利地产的股价高，不代表有投资价值，万通地产的股价低不一定有投资价值。当一家公司估值高后，很可能伴随着的是盈利的提高，即戴维斯双击，相反，估值和业绩的双向下降则被称为戴维斯双杀。

3）每股净资产分析

根据表 6-1 中保利地产（600048）和万通地产（600246）2007 ～ 2017 年各年度的每股净资产，可以绘制出两家公司的折线图，如图 6-2 所示。从图中可以看出，保利地产的每股净资产一直高于万通地产的每股净资产。尽管保利地产的美国净资产较 2007 年有所下降，但是其较 2014 年的低点已经有了较大的涨幅。但是看万通地产的每股净资产，其高点出现在 2008 年，之后一直在低位徘徊，并且上涨幅度也有限。每股净资产不仅仅受净资产增长的影响，也会受股本的影响。当股本扩大较大时，会造成每股净资产的减少。

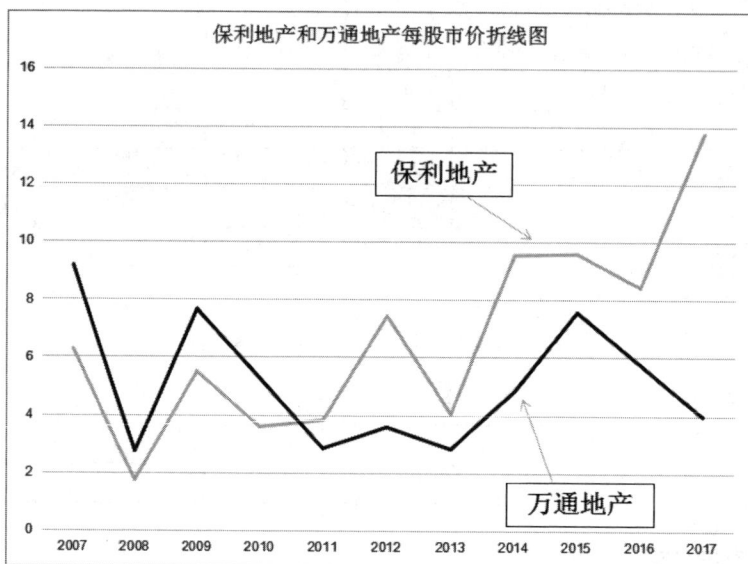

图 6-1　保利地产（600048）和万通地产（600246）每股市价折线图

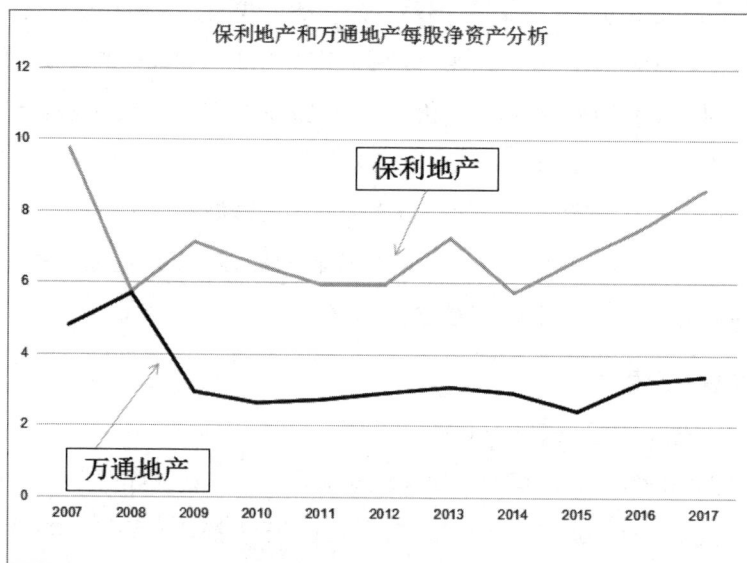

图 6-2　保利地产（600048）和万通地产（600246）
2007 ～ 2017 年每股净资产折线图

4）市净率分析

　　根据表 6-1 中保利地产（600048）和万通地产（600246）2007 ～ 2017
年各年度的市净率，可以绘制出两家公司的折线图，如图 6-3 所示。从图中
可以看出，2016 年之前保利地产的市净率一直低于万通地产的市净率。但
是 2017 年，保利地产的市净率超过了万通地产的市净率。原因是保利地
产的每股市价和每股净资产都有所上升，而万通地产的股价有所下降，每
股净资产有所上升，综合原因导致万通地产的市净率低于保利地产的市净
率。市净率能够比较直观地反映当前公司的投资价值，当市净率高时，一般
是该股被关注和热炒，其投资价值较小。当然，投资者在判断公司的投资价
值时，要结合所在行业的特点、公司经营情况和盈利能力等指标综合做出
判断。

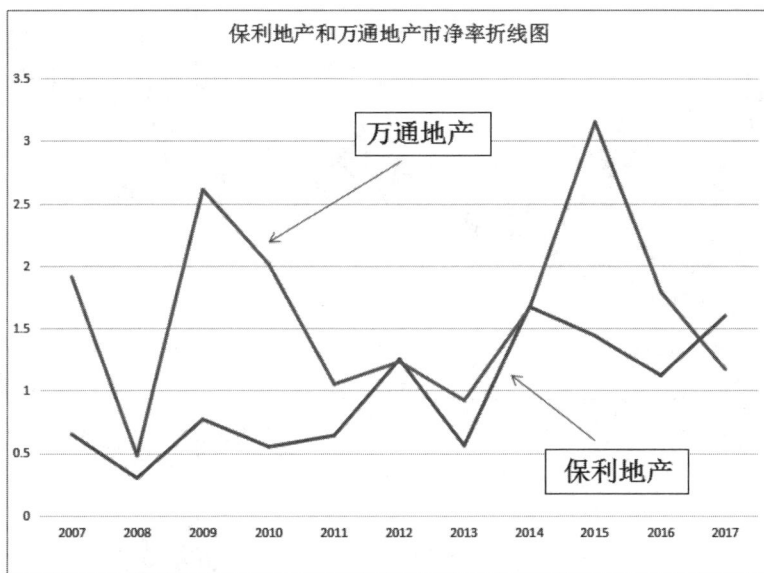

图 6-3　保利地产（600048）和万通地产（600246）
2007 ～ 2017 年市净率折线图

5）股价走势分析

　　图 6-4 所示为保利地产（600048）复权后 2007 ～ 2017 年股价日 K
线走势图，从图中可以看出，从 2007 年到 2017 年，保利地产（600048）
的股价在震荡中上行，2015 年到 2017 年的股价走势已经超过了 2007 年

的股价走势。而这 3 年间的每股净资产涨幅并没有超过 2007 年的每股净资产。当然由于股本扩增的因素，每股净资产被股本的增加摊薄了。保利地产 2017 年的市净率为 1.7，而 2007 年其市净率为 0.65，当然市净率低不一定没有投资价值，市净率高不一定有投资价值。当然一般情况下考虑多种因素的影响，当一家公司市净率低，同时又有较高的成长性时，公司是有投资价值的。

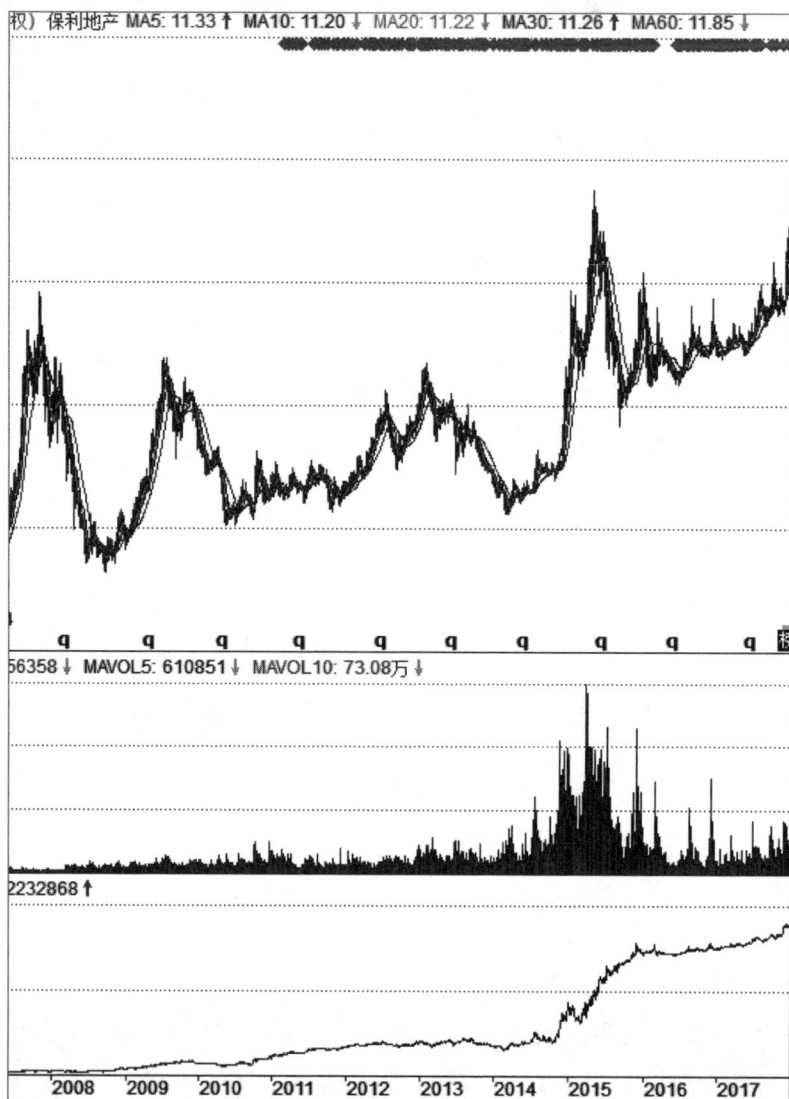

图 6-4 保利地产（600048）2007 ～ 2017 年股价日 K 线走势图

图 6-5 所示为万通地产（600246）复权后 2007 ～ 2017 年股价日 K 线
走势图，从图中可以看出，万通地产的股价 2007 年达到了最高点，之后震
荡到底部，2009 年又出现了一波大的行情，但是之后一路下跌，即使到了
2015 年的牛市也没有再创出新高，有时候股价会受到多种因素的影响，但是
好股票一定是时间的朋友，即随着时间的推移，好公司的股价会越来越高，
而基本面比较差的公司会随着时间的推移，股价越来越低，即使受到市场情
绪的影响有过短暂的上涨，也不能够持久。当然投资者在做出投资决策时，
要综合考虑多种因素。

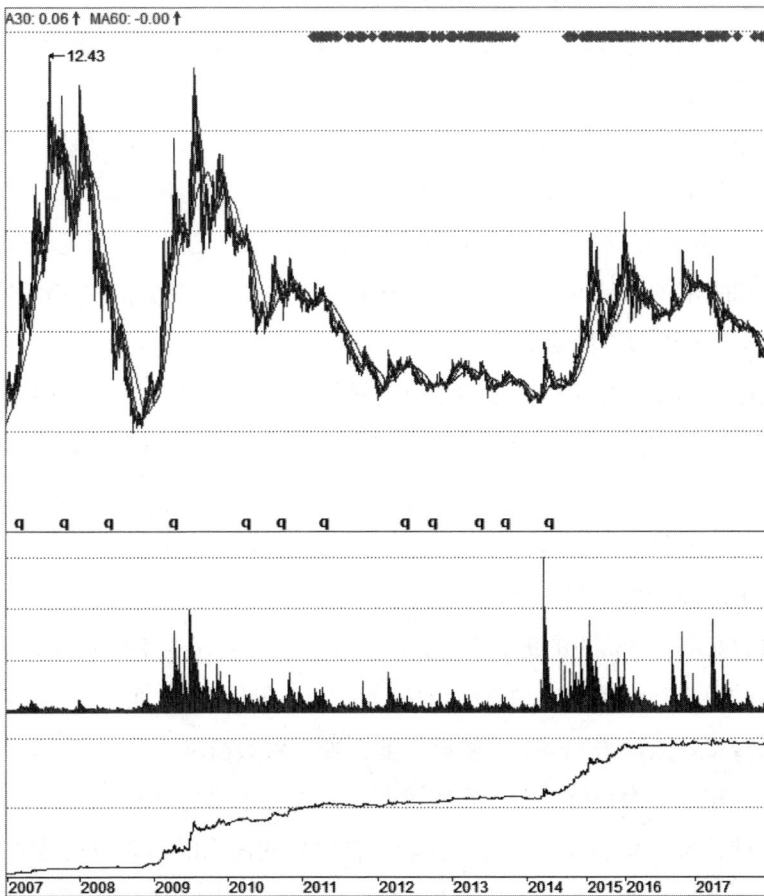

图 6-5　万通地产（600246）2007 ～ 2017 年股价日 K 线走势图

三十五、每股净资产

1. 指标释义

股东权益总额与普通股总股数的比值。净资产又称为股东权益，是总资产减去总负债的余额。该指标反映每一股股票所拥有的净资产的多少。每股净资产越多越好，每股净资产越多，证明投资者拥有的每股资产价值越多，每股净资产越少，证明投资者拥有的每股资产价值越少。

每股净资产的高低将直接决定市净率的高低，而作为估值的重要指标，市净率的高低将直接决定投资者收益的高低。所以每股净资产是一个非常重要的指标。

净资产由股本、资本公积、盈余公积和未分配利润组成，所以每股净资产能够反映公司资本的实力强弱。利用该指标进行横向和纵向对比，可以衡量上市公司股票的投资价值。如在公司性质相同、股票市价相近的条件下，某一公司股票的每股净资产越高，则公司发展潜力与其股票的投资价值越大，投资者所承担的投资风险越小。

但是也不能一概而论，在市场投机气氛较浓的情况下，每股净资产指标往往不太受重视。投资特别注重股票市价的变动，有的公司股票市价低于其账面价值，投资者会认为这个公司没有前景，从而失去对该公司股票的兴趣；如果市价高于其账面价值，而且差距较大，投资者会认为公司前景良好，因而甘愿承担较大的风险购进该公司股票。

通过对每股净资产的历史走势分析，可以衡量公司的盈利能力及成长性。该指标如果大起大落，说明公司的盈利能力波动性较大，未来存在的不确定性因素较多。这种情况下对于新兴产业，如果每股盈利总体向上，是前进中的曲折，可以认为该公司有较好的发展，如果总体趋势是向下，那么即使是新兴产业，该公司的未来也值得怀疑。有较好的盈利能力和成长性的公司，其每股收益的表现应该相对平稳且趋势向上。

每股净资产可以反映公司在行业中的地位，虽然单次每股净资产不能判断公司的真实情况，如果在行业里进行纵向的历史比较，投资者就会发现那些每股净资产较高且稳定的公司，这类公司往往就是该行业里的龙头公司。

每股净资产是跨行业分析的通用指标，不同行业间也可以对比公司的净资产多寡，每股净资产考虑的是公司的最终净资产和股本之间的关系，至于公司是哪个行业并不重要，该指标只关注最终结果，就是公司的股东每股能拥有多少净资产。

要留意公司的股本变化和潜在的可转化为普通股的构成情况，在对比分析时一定要将这些因素考虑进去，不然每股净资产就会失去真实性。对于股本结构简单的公司，或者在财报期间内股本没有任何变化的公司，可以直接全面摊薄每股净资产。对于期间内股本发生改变的公司，要采用加权平均每股净资产的计算方法。而对于那些有着多元化、复杂的资本结构的公司，比如公司发行的权证、可转债、即将执行的股权激励等，这些项目意味着公司股份有潜在增加的可能，为了准确评估每股净资产，就应该稀释每股净资产。

投资者可以关注每股净资产走出低点，逐步向上转变的公司。每股净资产出现向上的趋势变化，说明公司的盈利能力正在明显提高，这会推动股价的稳定上涨。投资者可以留意那些历史盈利能力并不突出的公司，特别是通过几年的产业扩张努力，新产品或者产能刚刚上马投产，他们的盈利能力慢慢显现出来，逐步提升每股净资产。

2. 指标实战应用

（1）每股净资产是公司股票价格高低的重要支撑。每股净资产越高，证明公司股东拥有的财富越多，支撑股票价格上涨的动力越足。相反，每股净资产越低，说明公司的资本实力不够雄厚，那么公司股价必然上涨动力不足，因为长期来看价格会围绕价值波动，价格和价值不会偏离太多。

（2）每股净资产是影响市净率的重要因素。市净率是市价和净资产的比值，所以当股价没有变化时，每股净资产越高，则市净率越低，每股净资产越低，则市价越高。而市净率的高低，将决定投资者建仓成本的高低。

（3）每股净资产比每股收益更能反映公司的实际价值高低。由于每股收益更易受到公司盈利状况的影响，所以每股净资产相对于每股收益能更好地反映公司的资本实力。每股净资产是公司历年经营成果的长期累积。无论公司成立时间有多长，也不管公司上市有多久，只要净资产是不断增加的，尤其是每股净资产是不断提升的，则表明公司正处在不断成长之中。

（4）每股净资产并不会对公司股价产生直接影响。在判断公司的成长性或者预估股价的未来走向时，可以将该指标作为辅助性的指标来判断公司盈利的真实情况和持续能力。特别是要结合其他指标，如公司的成长性等来判断公司的投资价值。

3. 案例分析：顺鑫农业和酒鬼酒每股净资产指标分析

1）财务数据分析

根据顺鑫农业（000860）和酒鬼酒（000799）2007 ~ 2017 年公布的年度财务报告，可以得出该上市公司各年度的每股市价和每股净资产，以及通过计算获得两家公司各年度的每股净资产，如表 6-2 所示。从表中可以看出，顺鑫农业的股本大于酒鬼酒的股本，一般股本大了之后，每股净资产就会减少，但是从表中可以看出，尽管顺鑫农业的股本一直大于酒鬼酒的股本，但是顺鑫农业的每股净资产仍然大于酒鬼酒的每股净资产。顺鑫农业的净资产总额增幅最大的一年为 2013 年，其他时间的增幅并没有那么大。酒鬼酒的净资产总额每年的增幅也较小。

表 6-2　两家公司每股净资产分析对比图

年份	顺鑫农业（000860）			酒鬼酒（000799）		
	净资产总额	股本	每股净资产	净资产总额	股本	每股净资产
2007	22.24	4.39	5.07	5.77	3.03	1.90
2008	23.93	4.39	5.45	6.18	3.03	2.04
2009	25.46	4.39	5.8	6.78	3.03	2.24
2010	27.96	4.39	6.37	7.56	3.03	2.50
2011	29.94	4.39	6.82	13.72	3.03	4.53
2012	29.86	4.39	6.8	18.91	3.03	6.24
2013	31.76	4.39	7.23	17.87	3.03	5.90
2014	51.85	5.71	9.08	16.84	3.25	5.18
2015	55.04	5.71	9.64	17.58	3.25	5.41
2016	68.22	5.71	11.95	18.55	3.25	5.71
2017	71.27	5.71	12.48	20.06	3.25	6.17

2）净资产总额分析

根据表 6-2 中顺鑫农业（000860）和酒鬼酒（000799）2007 ～ 2017 年各年度的净资产总额，可以绘制出两家公司的折线图，如图 6-6 所示。从图中可以看出，顺鑫农业的净资产总额一直高于酒鬼酒的净资产。顺鑫农业的净资产总额上涨速度较快，而酒鬼酒的净资产总额上涨幅度并没有那么大，净资产总额上涨得越快，说明公司成长性越好。当然投资是讲究辩证性的，比如有很多刚投产的公司开始可能不盈利，净资产增长没那么快，甚至负增长，经过几年后会发现这些公司也能发展得很好，但是投资不是要追求确定性么，那么这样的公司的确定性在哪里呢，很难看清楚，所以对于上市 5 年以下的公司基本都不在本书的讨论范围内，尽管可能有很多公司会有不错的成长性和投资收益。

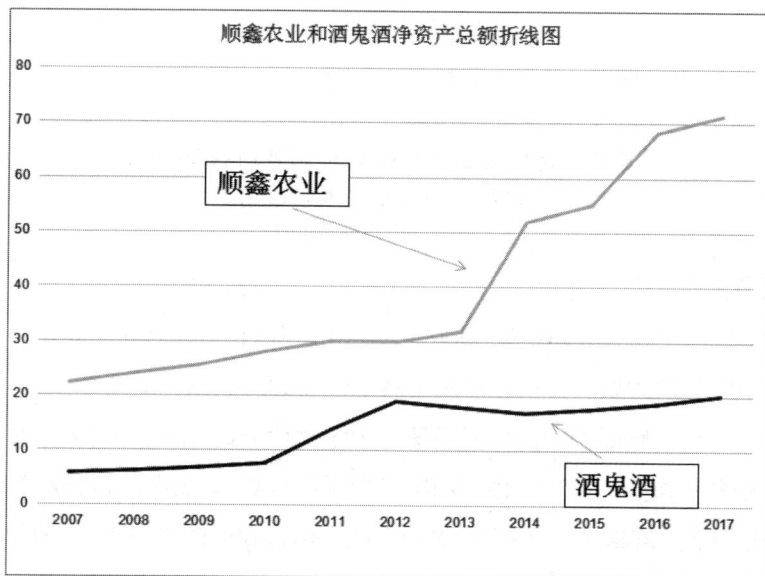

图 6-6　顺鑫农业（000860）和酒鬼酒（000799）
2007 ～ 2017 年净资产总额折线图

3）股本分析

根据表 6-2 中顺鑫农业（000860）和酒鬼酒（000799）2007 ～ 2017 年各年度的股本，可以绘制出两家公司的折线图，如图 6-7 所示。顺鑫农业的股本大于酒鬼酒的股本，一般情况下，股本越多，每股净资产更少，当然股本多不仅会摊薄每股净资产，同时也会摊薄每股收益。同时股本越多，公司的每股市价也会减少，但是公司的总市值并不会发生变化，这也是股价复权的原因。

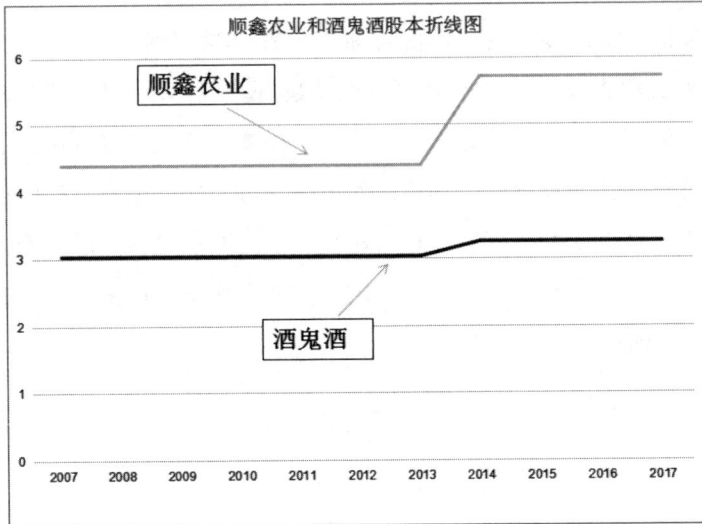

图 6-7　顺鑫农业（000860）和酒鬼酒（000799）
2007 ～ 2017 年股本折线图

4）每股净资产分析

　　根据表 6-2 中顺鑫农业（000860）和酒鬼酒（000799）2007 ～ 2017 年各年度的每股净资产，可以绘制出两家公司的折线图，如图 6-8 所示。从图中可以看出，顺鑫农业的每股净资产大于酒鬼酒的每股净资产，每股净资产是一个非常重要的指标，由于市净率指标的计算基础是每股净资产，所以每股净资产的高低决定了公司估值的高低，顺鑫农业的每股净资产增长幅度较大，而酒鬼酒的每股净资产增幅没有那么大。甚至在 2014 年出现了回撤，但是从 2014 年之后，每股净资产又开始逐年上涨。

5）股价走势分析

　　图 6-9 所示为顺鑫农业（000860）2007 ～ 2017 年股价日 K 线走势图，从图中可以看出，顺鑫农业的股价呈上升趋势，同时可以看出，顺鑫农业的股价走势回撤幅度相对来说比较稳健，回撤幅度和上涨幅度尽管都没有那么

大，甚至在牛市中上涨幅度和下跌幅度都没有那么大。但是顺鑫农业的股价总体上是上涨的，这也是好公司和差公司的区别。好公司是时间的朋友，时间越长，涨得越高，而差公司是时间的敌人，短期内虽然会在资金的助推下走出一波行情，但是当炒作资金离去，将是一地鸡毛，所以巴菲特说，当潮水退却，才知道谁在裸泳。大师能把投资中很复杂的事情用简单而又通俗易懂的语言讲出来。结合其每股净资产分析，顺鑫农业的每股净资产也是持续上涨的，由于每股净资产是公司基本面分析的重要组成部分，所以当每股净资产持续上涨的话，也一定会间接地影响公司股价的走势。

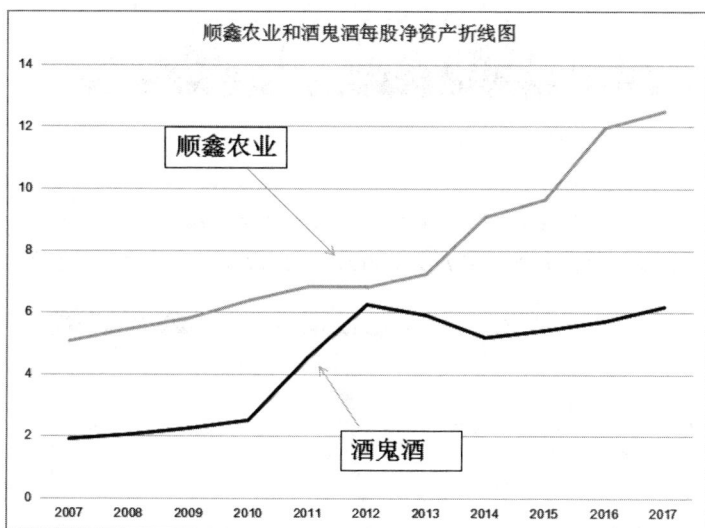

图 6-8 顺鑫农业（000860）和酒鬼酒（000799）
2007 ～ 2017 年每股净资产折线图

图 6-10 所示为酒鬼酒（000799）2007 ～ 2017 年股价日 K 线走势图，从图中可以看出，酒鬼酒的股价走势最高点为 2012 年，尽管 2007 年的牛市，以及 2016 年、2017 年涨幅都不错，但是股价涨幅都不如 2013 年。结合其每股净资产指标发现，酒鬼酒的每股净资产最高点也是出现在 2012 年，尽管公司基本面只是影响公司股价走势的一个因素，但是同时也能够看出当公司基本面向好时，公司股价才能向好，这只是影响公司股价的一个因素。酒鬼酒的每股净资产在其他年份涨幅都较慢，当然公司的股价也是在 2014 年以后，逐渐在震荡中上涨。

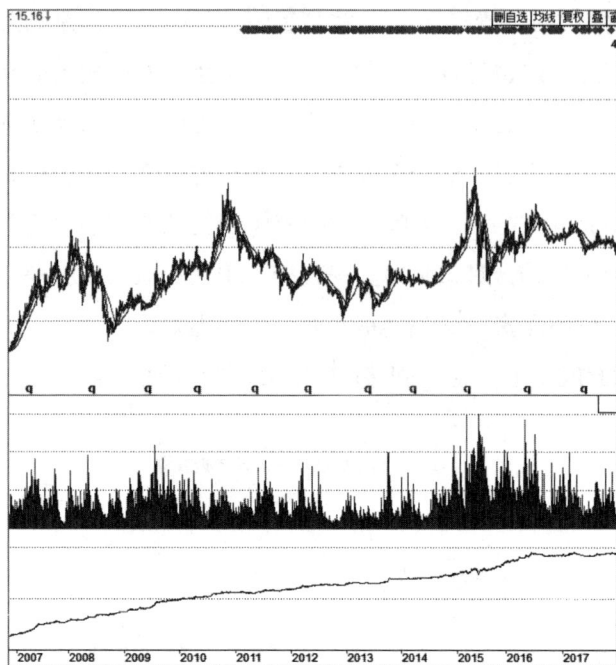

图 6-9　顺鑫农业（000860）2007 ～ 2017 年股价日 K 线走势图

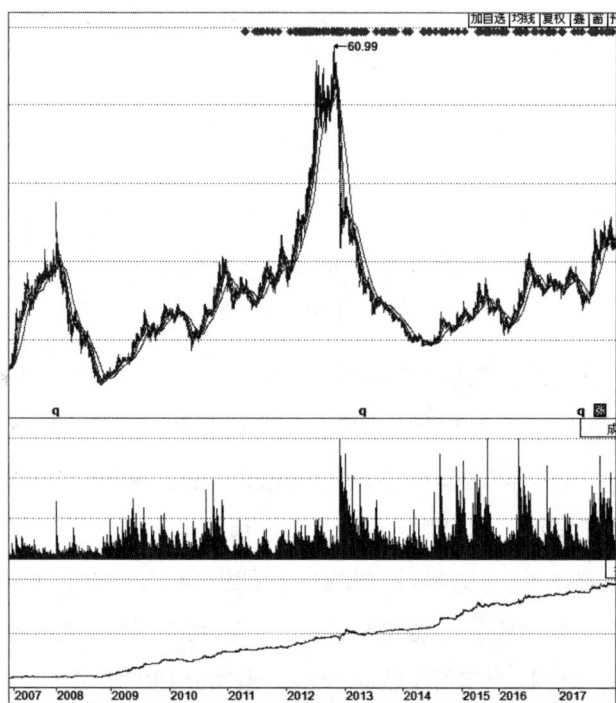

图 6-10　酒鬼酒（000799）2007 ～ 2017 年股价日 K 线走势图

三十六、市现率

1. 指标释义

每股市价与每股经营现金净流量的比率。该指标可以用于对公司进行估值，可以评价公司的价格水平和风险水平。市现率越小，说明公司的每股市价越小，每股现金流越大，公司的经营状况越良好。

每股经营现金流量就是每股经营现金流，是上市公司经营活动产生的现金流量净额与发行在外的普通股总数的比值。每股经营现金流是最具实质性的指标，用来反映该公司经营流入的现金是多少。一个公司的每股收益很高，或者每股未分配利润很高，如果现金流差的话，意味着该上市公司没有足够的现金来保障分红派息，每股收益就只能是报表上的数字而已，所以从这个角度来说的话，市现率比市盈率更能够反映公司真实的估值状况。

市现率越低，说明公司的估值越低，公司越有投资价值。市现率越低，说明市价里含有的现金流量越多。比如市现率为 1，说明公司一年的每股现金流量与股价相等。如果市现率为 2，说明公司两年的现金流量才能达到股价。如果股价在每股经营现金流增加的情况下却没有相应地上涨，那么市现率就会变小，说明当前股价较原来的股价低估了，股票的投资价值随之增加。如果股票的上涨幅度等于或者大于公司每股现金流的上涨幅度，即市现率不变或者变大，说明公司的内在价值虽然增加，但已经体现于股票价格的上涨中，当前股票的投资价值并没有提高。同样如果公司的每股经营现金流量下降，股价却没有相应地下跌，市现率变大，说明该公司的投资价值降低。

市现率弥补了市盈率的缺陷。市现率的特性稳定，不容易被操纵。在评估公司的盈利能力上，由于每股经营现金净流量反映的是上市公司每股经营收入的指标，是真实的现金流入流出，所以每股经营现金净流量比每股收益更能反映一家公司真实的经营状况。因此市现率更能反映一家公司真实的估值情况。同时上市公司股价的高低是由公司未来每股收益和每股现金净流量净现值决定的，只从公司目前的盈亏并不能够单方面确定股价的未来表现。

在评估股价的合理性，预估未来股价高低时，既要考虑每股收益，也要考虑每股经营现金流的大小。

利用市现率衡量公司的成长性和股价的上涨动力。市现率与市盈率在判断市场整体投资机会的作用上有相似之处。市现率是从公司的现金流入角度进行分析，市盈率则是从公司的最终获利与股价的关系出发来评估股价的估值水平。在评估公司的成长性方面，市现率要好于市盈率。因为有些公司虽然没有盈利，像很多高科技公司，或者账面表现为亏损，无法用净利润或者市盈率等指标来评价，但可以通过市现率来分析公司主营业务的现金流入流出情况。如果公司的销售能力仍然很强，并且不断地上涨，说明公司具有非常强的增长潜力，最终会达到盈利的目的。

通过市现率来选股。根据市现率的计算方法，有两个变量会促使市现率降低，一是每股经营现金净流量提升，分母大了；二是股票价格下降，分子减小。从这个角度来看，依据低市现率进行选股，可以从两个方面进行跟踪，一是寻找那些销售额快速增长的公司，也就是成长型公司；二是寻找那些股票价格非常便宜的公司，也就是不被市场看好的公司。

使用市现率寻找未来的黑马股，现金流量大幅提升，股票价格很低，他们虽然暂时不被市场认可，但在良好的销售带动下，公司业绩也会很快显现，导致股价出现飙升。有经验的投资者知道，最能带来丰厚利润的公司并不是那些大盘蓝筹，或者说不是那些已经相当成熟的上市公司，而是年轻的快速成长的公司。这些有着巨大成长潜力的公司，由于管理经验不足，营业成本包括研发费用、推广费用等占比比较重，波动较大等原因，致使公司的利润出现大起大落，股价也会大幅震荡。投资者可以撇开利润，直接利用市现率来判断公司的估值情况。如果市现率没变化，但是市盈率出现了恶化，说明公司的运营能力并没有明显的下降。如果市现率下降是股价下跌导致的，那么这类公司具有中长期的投资价值。如果市现率的下降是因为现金流的问题，那投资就要提高警惕了。

2. 指标实战应用

（1）市现率弥补了利用市盈率进行估值的不足。市现率提供了一个新的角度来认识估值和市场中估值差形成的内在原因；看起来很低的市盈率以未来的现金创造能力来看未必便宜；而看起来较高的市盈率，以未来的现金创造能力来看未必很贵。所以利用市现率指标可以弥补市盈率只注重盈利多少的缺陷。

（2）低市现率可以带来更高的安全边际。比如按照板块轮动的思路，如果一个板块在整个市场上处于较低的水平，说明该板块相对其他高市现率的板块安全边际更大，在板块内再选择市现率低于行业平均水平的个股，这样在熊市中也许可以避开市场不景气时所造成的巨大损失，获利的概率会加大，当然在确定板块是否有投资价值时，要从板块自身特性出发，了解行业板块整体市现率的历史最低水平和历史平均水平，以及目前市现率的变化趋势，如果行业板块的市现率接近或者低于历史水准，可以认为该板块出现投资价值。前提是该行业不是被历史淘汰的夕阳行业。

（3）习惯于利用市现率评估股价高低的投资者，可以结合市现率指标来分析，鉴别公司的利润是不是来源于公司的主业。如果市现率高而市盈率低，这说明公司的利润来源可能不是主业，而是其他渠道，那么投资者就需要了解其中的原因，不要被表面的低市盈率所误导。同样的，如果市盈率偏高，也不要认为这样的股票就失去了投资价值，而是要看市现率是否与市盈率一样出现高估。如果公司的现金流量同比增长更快，那么这样的公司即使市盈率上涨也值得关注。

（4）投资者一般对市现率的重视程度不够，更多的是关注市盈率、市净率指标的变化情况，而市现率作为结合现金流量来估值的指标，理应受到投资者更多的重视，从多角度多维度来评价一家公司，这对于投资者获取超额收益有一定的帮助。市现率对于投资者全面了解公司管理能力、运营效率以及盈利能力起着重要作用。

3. 案例分析: 长江电力和国投电力市现率指标分析

1) 财务数据分析

根据长江电力（600900）和国投电力（600886）2007 ~ 2017 年公布的年度财务报告，可以得出该上市公司各年度的每股市价和每股经营现金净流量，以及通过计算获得两家公司各年度的市现率，如表 6-3 所示。从表中可以看出，长江电力的市现率和国投电力的市现率相差不大，但是长江电力的每股股价和每股经营现金净流量却都比国投电力的每股市价和每股经营现金净流量多。由此看出，该指标也有一定的局限性，如果仅仅看这一个指标的话，并不能够反映出公司的经营状况和估值水平。同时在计算两家公司的市现率时，并没有反映出投资活动产生的现金流量和筹资产生的现金流量的变化。

表 6-3　两家公司市现率分析对比图

年份	长江电力（600900）			国投电力（600886）		
	每股市价	每股经营现金净流量	市现率	每股市价	每股经营现金净流量	市现率
2007	9.1	49.24	0.18	5.52	24.24	0.23
2008	5.87	67.1	0.09	2.43	54.69	0.04
2009	5.35	81.89	0.07	2.86	50.45	0.06
2010	4.26	173.26	0.02	1.84	50.76	0.04
2011	3.31	154.5	0.02	1.34	57.15	0.02
2012	4.07	214.61	0.02	2.46	86.06	0.03
2013	3.86	180.91	0.02	2.85	151.98	0.02
2014	8.49	212.99	0.04	10.5	214.41	0.05
2015	11.76	397.93	0.03	7.7	228.97	0.03
2016	11.26	389.9	0.03	6.3	190.67	0.03
2017	14.91	396.93	0.04	6.28	181.41	0.03

2）每股市价分析

根据表 6-3 中长江电力（600900）和国投电力（600886）2007～2017 年各年度的每股市价，可以绘制出两家公司的折线图，如图 6-11 所示。从图中可以看出，除了 2014 年国投电力的股价超过了长江电力，其他的每个时间节点，长江电力的每股市价一直大于国投电力的每股市价。由于每股市价的取值为每年年末的时点数，可能并不能够反映公司整体的股价走势。因为在计算市现率的时候，现金流量是一个时期概念，而每股市价是一个时点概念，也就是说在那一个时点上，两家公司多年以来的市现率走势到底是什么样的。

图 6-11　长江电力(600900)和国投电力(600886)
2007 ～ 2017 年每股市价折线图

3)每股经营现金净流量

　　根据表 6-3 中长江电力（600900）和国投电力（600886）2007 ～ 2017 年各年度的每股经营现金净流量，可以绘制出两家公司的折线图，如图 6-12 所示。从图中可以看出，国投电力的每股经营现金净流量在 2014 年超过了长江电力的每股经营现金净流量，但是在其他大部分时间段里，长江电力的每股经营现金净流量都大于国投电力的每股经营现金净流量。同时从每股市价的分析来看，2014 年国投电力的每股市价也超过了长江电力的每股市价，如果从这个角度来看的话，每股经营现金净流量在某种程度上也会间接影响公司的股价，毕竟一家公司现在的价值就是经营现金流量的折现。

4)市现率分析

　　根据表 6-3 中长江电力（600900）和国投电力（600886）2007 ～ 2017 年各年度的市现率，可以绘制出两家公司的折线图，如图 6-13 所示。从图中可以看出，长江电力的市现率和国投电力的市现率走势基本一致，一般情况下，市现率越低越好，市现率越低，说明公司在创造更多的现金流的情况下，公司的估值更低，但是也不能一概而论，从两家公司每股市价和每股经营现金流来看，长江电力的每股市价和每股经营现金流量比国投电力的更大，也即估值和业绩的双驱动。

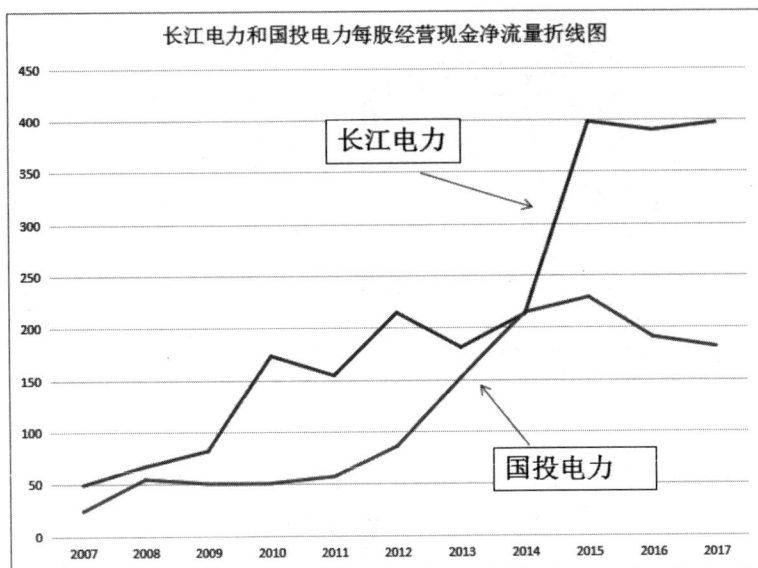

图 6-12　长江电力（600900）和国投电力（600886）

2007～2017 年每股经营现金净流量折线图

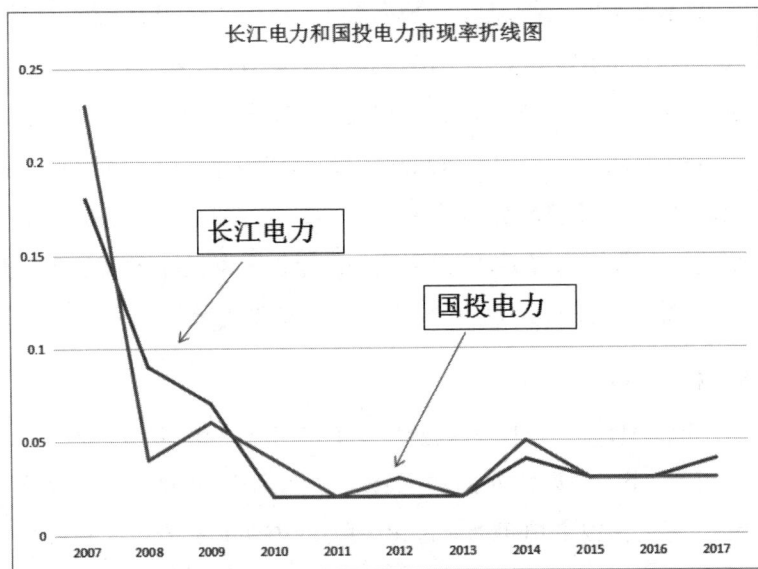

图 6-13　长江电力（600900）和国投电力（600886）

2007～2017 年市现率折线图

5）股价走势分析

图 6-14 所示为长江电力（600900）2007 ～ 2017 年复权后股价日 K 线
走势图，从图中可以看出，长江电力的股价在 2007 年创出了新高，之后一
路震荡下跌，直到 2014 年都处于横盘状态。2015 年的牛市又超越了 2007
年的最高点，股价创出了新高。同时在牛市结束后，长江电力的股价回撤幅
度并不大，并且在 2017 年继续坚挺地走高。结合其市现率和每股经营现金
净流量来分析，发现其每股经营现金净流量从 2007 年到 2013 年尽管有较大
的涨幅，但是在这个过程中涨幅并不是特别的大，从 2014 年到 2017 年，每
股经营现金净流量有较大的涨幅，其股价走势启动也是在 2014 年，但是在
过去这 3 年中，其市现率却并不是最低的时候，这说明市现率对股价的影响
有限。同时股价不仅会受到基本面的影响，还会受到市场情绪和政策走向的
影响。

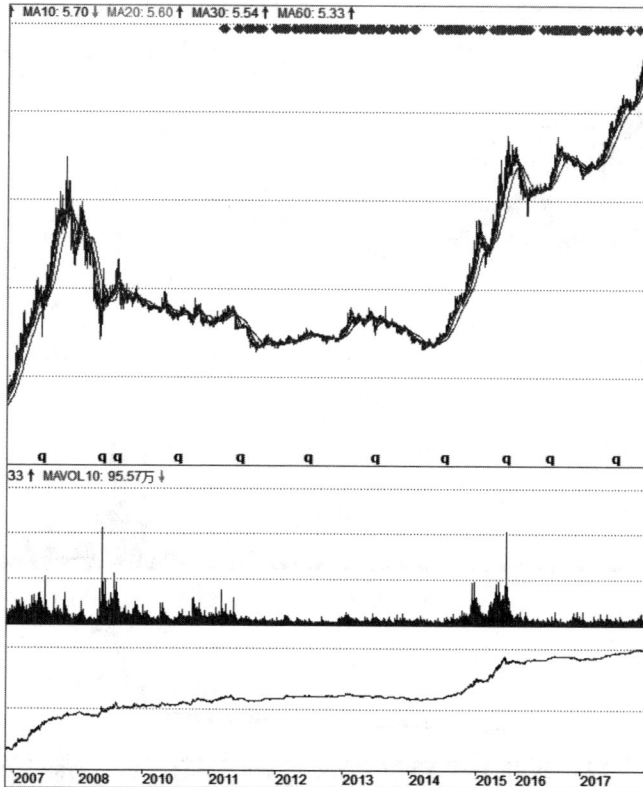

图 6-14　长江电力（600900）2007 ～ 2017 年股价日 K 线走势图

图 6-15 所示为国投电力（600886）2007 ～ 2017 年复权后股价日 K 线
走势图，从图中可以看出，国投电力的股价在 2015 年创出了历史新高，但是
相比长江电力，国投电力的股价回撤幅度较大，当然其每股经营现金净流量
在 2016 年和 2017 年中也有所下滑，而其市现率并不低。综合分析发现，如
果仅仅通过一个指标的分析就对投资标的做出判断是不明智的，特别是只从
市现率这个指标来看的话，而每股经营现金净流量在某种程度上也会对公司
股价的走势产生影响。

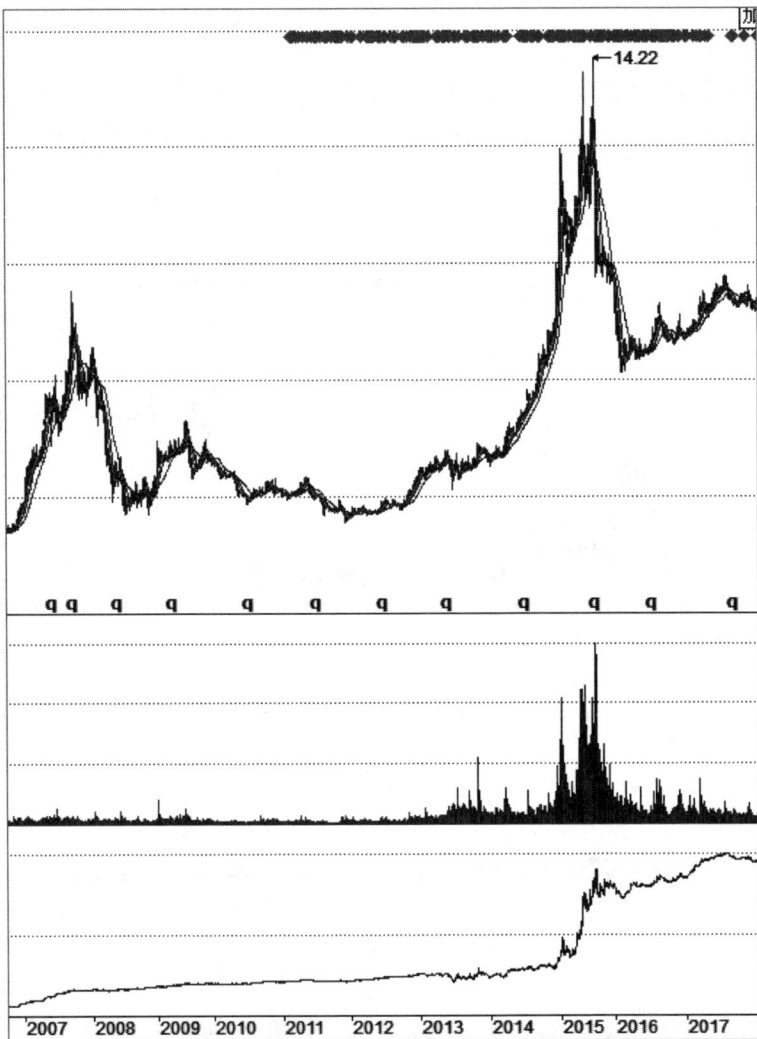

图 6-15　国投电力（600886）2007 ～ 2017 年股价日 K 线走势图

三十七、营业利润率

1. 指标释义

营业利润率指营业利润和营业收入之间的比率。表明公司通过生产经营获得利润的能力，它是衡量公司经营效率的指标，反映了在不考虑营业外收入支出的情况下，公司管理者通过经营获取利润的能力。该项比率越高，说明公司通过经营获取利润的能力越高，公司的经营获利能力越强。同时也说明公司的产品越具有竞争力，未来发展动力越强，股价上涨空间也越大，持续性越好。

营业利润 = 营业收入 − 营业成本 − 营业税金及附加 − 销售费用 − 管理费用 − 财务费用 − 资产减值损失 + 公允价值变动收益（−公允价值变动损失）+ 投资收益（−投资损失）+ 资产处置收益（−资产处置损失）+ 其他收益

在衡量公司的盈利能力时，营业利润率和毛利率的性质相似，但也有差别。营业利润率相对毛利率稍微笼统，它是评估与主要业务有关的整体盈利能力，包括产品竞争力、销售管理控制能力等。而销售毛利率更关注公司产品带来的差价收益，该项指标直接反映了产品销售价格与买进的成本价格之间的差别幅度，更能反映公司产品的竞争力。毛利率越大，就为后续的营业利润和最终的净利润留下了更大的空间。

对比营业利润率和毛利率的历史变化情况，投资者可以评估该公司盈利能力的发展趋势。与竞争对手对比这两项指标，如果公司营业利润率和毛利率相对竞争对手高，且保持稳定，说明公司的盈利能力和未来发展前景好于竞争对手，反之则差。

为了弥补营业利润率对公司主业的评估缺陷，也可以采用主营业务利润与主营业务收入的比值来评估公司主营业务的盈利能力以及核心竞争力。采用这项比率的好处是可以撇开与公司核心业务无关的其他非持续稳定的收入与开支，能够更客观地了解上市公司核心竞争力的大小，从而评估公司股价的未来趋势。

不同的行业之间的营业利润率各不相同，一般竞争激烈、科技含量较低的行业，营业利润率较低。垄断行业和科技含量较高的行业，营业利润率较高。在分析营业利润率时，要注重变化趋势和稳定性，最好是结合销售毛利率来分析。上市公司的业绩出现大起大落很常见，这里面有各种原因，这种业绩的变化也导致股价剧烈的波动，给投资者带来较大的投资风险。一家优秀的上市公司，其获利能力应该是稳定而且连续的，营业利润率和毛利率稳定在一个合理的区间内，而不是大起大落。

营业利润率或者毛利率的高低是相对的，许多有经验的投资者认为营业利润率低于 20% 或者毛利率低于 30% 时，公司的盈利能力不足，营业利润率高于 50% 或者毛利率高于 70%，则属于较高的盈利能力了。

营业利润率可以帮助投资者寻找更有投资价值的股票。利用该项指标进行选股时，需要从两个方面进行比较，一个是行业间的横向比较。对某一板块的个股进行营业利润率和毛利率的比较筛选，可以选择那些保持较高水准且持续稳定的个股，一般可以采集 3 到 5 年的数据。二是公司自身的比较，除了对营业利润率的历史趋势分析外，还要关注公司主营业务盈利状况、资产结构、现金流量等其他关键指标，评估公司的财务风险状况和未来发展趋势。

营业利润率可以帮助投资者寻找龙头股。在股市中，龙头股总是被投资者所青睐，市值或者资产最多的不一定是龙头股。股市里真正意义上的龙头股是能够带来板块或者行业其他个股上涨的股票。龙头股首先自身要具备支撑股价持续上涨的动力，该上市公司的营业利润率和毛利率等反映盈利能力的指标一定要强于其他股票，因此，龙头股往往出现在营业利润率和毛利率较高的个股中。

利用营业利润率和毛利率可以防范风险。投资者如果已经持有某只股票，公司的营业利润率或者毛利率出现下滑，就要留意其中的原因，分析是整个宏观经济的影响还是公司本身出了问题，并谨慎做出决策。

2. 指标实战应用

（1）可以利用营业利润率来选股。投资者在选择投资标的时可以选择营业利润率高的股票来投资，营业利润率越高，说明公司越具有投资价值，公司的产品越具有竞争力。当然连续稳定的营业利润率才有价值，引起某次净利润增长率变化的因素有很多，正常情况下，该项指标的变化应该是连续稳定的。事实上，公司在经营过程中面临各种各样的因素，有来自经营中的因素，也有人为的因素，从而影响营业利润率大幅变化。无论哪种情况，这种大幅度的急剧变化都不符合正常逻辑，需要深入了解其中的原因。

（2）要注意行业内的对比分析。行业内也存在自身的变化，也有成长、繁荣和衰退等发展阶段。不同行业间的营业利润率也有较大的区别。比如周期类的行业与消费类的行业就不一样，医药行业、食品行业不像钢铁、煤炭等行业那样受宏观经济周期的影响较大。只有在行业内比较，营业利润率才会有效。在行业处于上升阶段时，一般公司利润都会出现正增长，一旦行业步入成熟期，那些没有实质竞争力的公司就会被淘汰，而继续发展生存的公司才是好公司。这些公司的营业利润率往往能够超越行业平均水平。

（3）要结合销售毛利率来分析。毛利率是反映公司销售售价与成本关系的指标，它与营业利润率同样可以反映公司的竞争情况，营业利润率是从营业利润质的增长角度来描述，毛利率是从营业收入质量的角度来描述。如果公司的营业利润率出现较大幅度的增长，但是毛利率却下降，那么该公司的营业利润增长质量就令人怀疑。只有毛利率保持在合理的水平或与营业利润率出现同向增长时，营业利润率的增长才有意义。

（4）营业利润率是反映公司经营发展状况的核心指标之一。营业利润率的历史走势可以反映一家公司的发展状况。如果一家公司的营业利润率呈现稳定上升趋势，说明公司处于发展壮大中，如果营业利润率出现数年的下降，则说明公司或者行业可能进入衰退，公司必须开发新产品，提高竞争力。

3. 案例分析：白云机场和上海机场营业利润率指标分析

1）财务数据分析

根据白云机场（600004）和上海机场（600009）2007 ～ 2017 年公布的年度财务报告，可以得出该上市公司各年度的营业利润和营业收入，以及通过计算获得两家公司各年度的营业利润率，如表 6-4 所示。从表中可以看出，从 2007 年到 2017 年，白云机场的营业利润和营业收入都有较大的涨幅，同时上海机场的营业利润和营业收入都远超白云机场。并且上海机场的营业利润率也大幅高于白云机场的营业利润率。

表6-4　两家公司营业利润率对比图（单位：亿元）

年份	白云机场（600004）			上海机场（600009）		
	营业利润	营业收入	营业利润率（%）	营业利润	营业收入	营业利润率（%）
2007	5.94	26.83	22.13	19.48	31.44	61.96
2008	7.08	30.5	23.21	10.73	33.51	32.02
2009	7.56	33.06	22.87	8.74	33.38	26.18
2010	8.33	38.65	21.55	16.68	41.86	39.85
2011	9.54	42.39	22.51	19.44	46.11	42.16
2012	11.48	46.73	24.57	20.57	47.2	43.58
2013	13.15	51.41	25.58	25.11	52.15	48.15
2014	15.76	55.28	28.51	28.06	57.51	48.79
2015	17.47	56.33	31.01	33.25	62.85	52.9
2016	19	61.67	30.81	37.16	69.51	53.46
2017	21.65	67.62	32.02	48.42	80.62	60.06

2）营业利润分析

根据表 6-4 中白云机场（600004）和上海机场（600009）2007 ~ 2017 年各年度的营业利润，可以绘制出两家公司的折线图，如图 6-16 所示。从图中可以看出，上海机场的营业利润大幅高于白云机场的营业利润，尽管白云机场的营业利润也有较大涨幅，但是上海机场的营业利润涨幅更大。营业利润越高，说明公司的经营状况越好，发展前景越大，当然机场作为基础设施，一定是和一个城市的客流量有较大关系的，除了经营因素，由此看出上海的客流量应该是大于广州的客流量。

3）营业收入分析

根据表 6-4 中白云机场（600004）和上海机场（600009）2007 ~ 2017 年各年度的营业收入，可以绘制出两家公司的折线图，如图 6-17 所示。从图中可以看出，2009 年、2012 年和 2013 年，上海机场的营业收入和白云机场的营业收入相近，但是在其他年份上海机场的营业收入都大于白云机场的营业收入。营业收入是衡量一家公司经营状况的重要指标，当一家公司是行业龙头公司时，这家公司的营业收入会高于其他公司的营业收入，但是由于机场作为基础设施，以及经营的抵御性，并不会构成绝对的龙头。

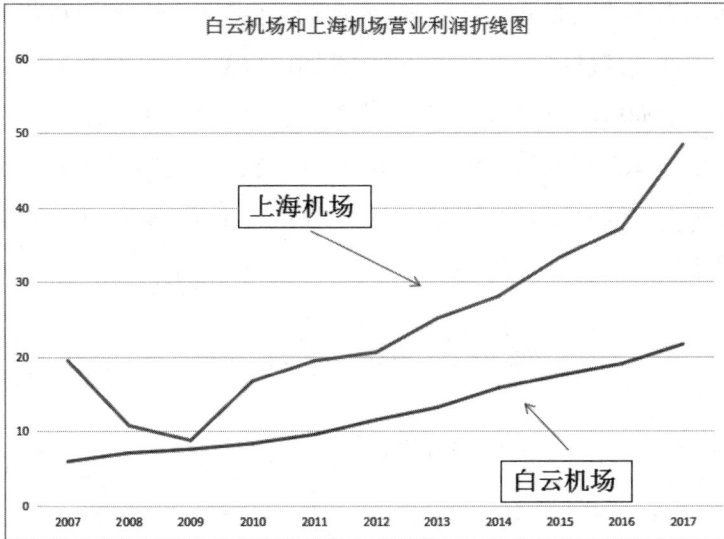

图 6-16　白云机场（600004）和上海机场（600009）
2007 ～ 2017 年营业利润折线图

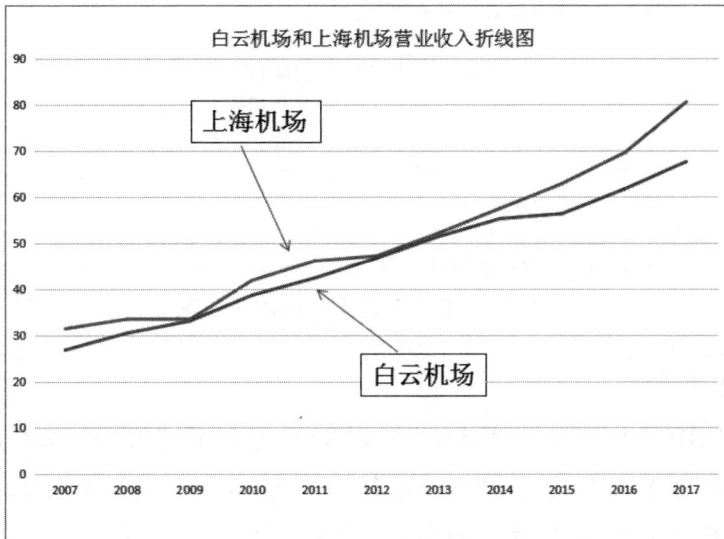

图 6-17　白云机场（600004）和上海机场（600009）
2007 ～ 2017 年营业收入折线图

4）营业利润率分析

根据表 6-4 中白云机场（600004）和上海机场（600009）2007 ～ 2017
年各年度的营业利润率，可以绘制出两家公司的折线图，如图 6-18 所示。

从图中可以看出，上海机场的营业利润率高于白云机场的营业利润率。但作为投资时，要选择那些营业利润率高的公司，特别是那些营业利润率稳定增长的公司。上海机场 2017 年的营业利润率为 60.06%，并且已经连续 3 年高于 50%，当一家公司的营业利润率超过 50%，就说明这家公司的盈利能力较强。白云机场的营业利润率连续 3 年高于 30%，说明这家公司的营业利润率处于中等水平。

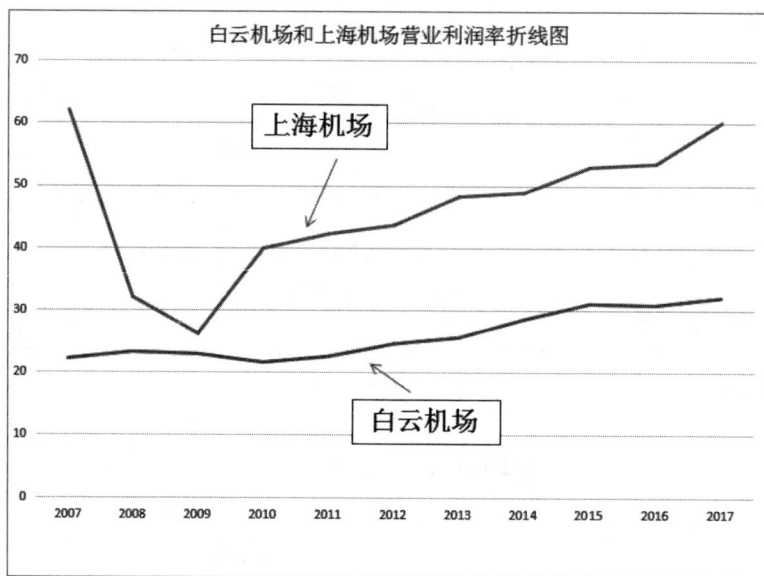

图 6-18　白云机场（600004）和上海机场（600009）
2007 ～ 2017 年营业利润率折线图

5）股价走势分析

图 6-19 所示为白云机场（600004）2007 ～ 2017 年股价日 K 线走势图，从图中可以看出，白云机场的股价在 2015 年的牛市中上涨幅度较大，甚至超过了 2007 年的大牛市，同时其股价回撤幅度并不大，并在 2016 年和 2017 年中不断地创出了新高。结合其营业利润率发现，白云机场的营业利润率也处于上升过程中，营业利润率尽管不如上海机场的高，但是白云机场仍然实现了 30% 以上的利润率，在分析中多次说过，股价会受到多种因素的影响，比如资金助推、政策导向等因素，不过从图中可以看出，白云机场在价值投资行情火爆的 2017 年上涨幅度较大。

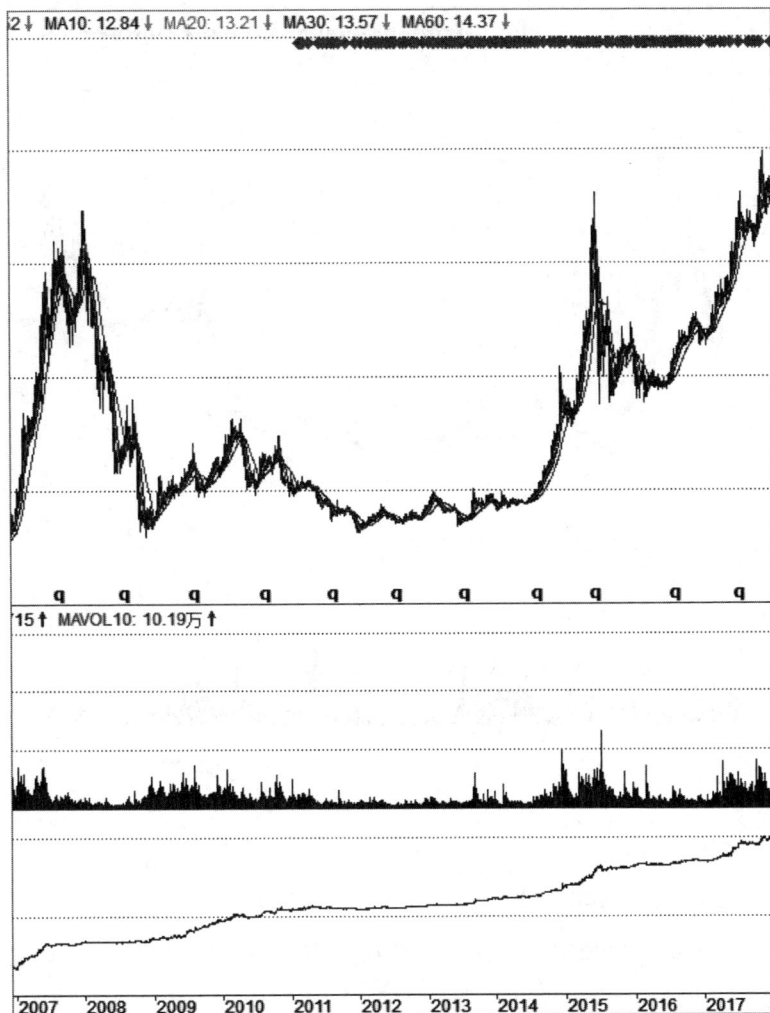

图 6-19　白云机场（600004）2007 ～ 2017 年股价日 K 线走势图

　　图 6-20 所示为上海机场（600009）2007 ～ 2017 年股价日 K 线走势图，从图中可以看出，上海机场的股价从 2015 年的牛市开始到 2017 年，股价上涨幅度较大，即使是回撤幅度也较小，结合其营业利润率看，其营业利润率持续地改善，在 2017 年甚至达到了 60% 以上，而过去 11 年中只有 2007 年的营业利润率到达过 60% 以上，也就是说仅从这个角度来看的话，上海机场的基本面已经接近历史最好水平，同时其股价也创出了新高，投资者可以通过营业利润率来分析公司的经营状况。

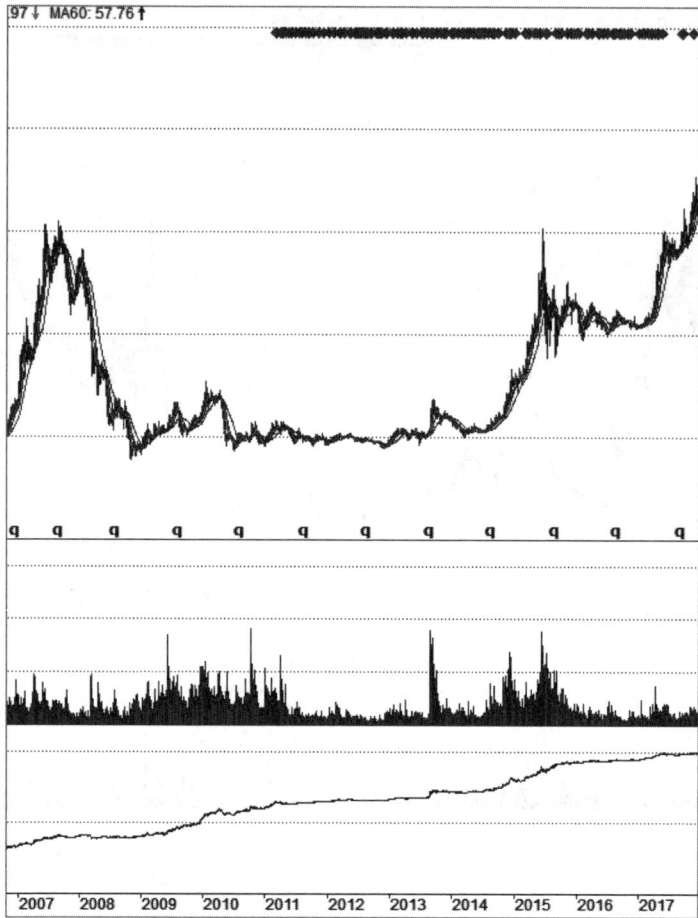

图 6-20　上海机场（600009）2007 ～ 2017 年股价日 K 线走势图

三十八、成本费用利润率

1. 指标释义

　　成本费用利润率指一定期间内的利润总额与成本费用的比率。该指标表明每付出一元成本费用可获得多少利润，体现了经营耗费所带来的经营成果。该项指标越高，利润就越大，反映企业的经济效益越好。利润总额和成本费用总额来自企业的损益表。成本费用一般指主营业务成本及附加和销售费用、管理费用、财务费用。

它是衡量公司经营效率的指标，反映了在不考虑其他因素的情况下，公司管理者通过经营获取利润的能力。该项比率越高，说明公司的获利能力越强，公司的竞争力和未来发展动力也越大。

通过对成本费用利润率的历史走势分析，可以衡量公司的盈利能力以及成长性。该项指标如果大起大落，说明公司的盈利能力波动性较大，未来存在的不确定性因素较多。在这种情况下，对于新兴行业如果成本费用利润率总体趋势向上，可以说是前进中的曲折，该公司可以认为有较好的发展，如果总体趋势向下，那么即使是新兴行业，该公司的未来也值得怀疑。有较好的盈利能力和成长性的公司，其成本费用利润率的表现应该相对平稳且趋势向上。

成本费用利润率可以反映公司在行业中的地位。虽然单次的成本费用利润率无法判断公司的真实情况，如果在行业里进行纵向的历史比较，投资者可以从中发现那些有较高利润和收益稳定的公司，这类公司往往是行业里的龙头公司。

成本费用利润率是跨行业分析的通用指标，不同行业之间也可以对比公司的盈利能力。成本费用利润率考虑的是公司的成本费用的消耗和利润总额之间的关系，至于公司是哪个行业并不重要，该指标关注的是最终结果，就是每一元利润消耗多少成本费用。

通过成本费用利润率，可以了解一家公司的未来经营思路。影响成本费用利润率的因素主要是公司的盈利状况和成本费用的高低，如果公司想要扩大再生产，公司的成本费用必然增加，结果就是成本费用利润率不高。

要注意行业的发展周期，任何公司或者产品都有成长期、成熟期以及衰退期，在不同的时期里成本费用利润率的表现各不相同。处于成长初期的公司和处于衰退期的公司，成本费用利润率都可能出现小于 1 的情况，但是这两种类型的公司有着本质的区别，前者拥有发展空间，后者则步入末日。因此在分析成本费用利润率时，不要只看该项指标的大小，要注意趋势的变化，结合公司的发展状况具体分析。

成本费用利润率同时也反映了公司的财务风险程度。如果成本费用利润率急剧下降，说明公司的销售能力或者成本费用急剧增加，资金运转得不通畅，财务风险程度也会快速增长。如果想要看清这一点，要看公司扩大再生产时是否动用了大量资金，公司其他的运行效率指标是不是发生了变化。

在实际投资分析中，投资者不可能对几千家上市公司分别进行成本费用率的计算，如果采用更加复杂的计算方式，对于一般普通投资者是不可能的事情。因此，投资者可以利用股票交易软件对于那些已经公布的指标进行筛选，比如市盈率、市净率、净资产收益率等，然后根据投资者的风险偏好，利用这些指标的变化情况，做出投资决策。

2. 指标实战应用

（1）选择成本费用利润率高的个股。成本费用利润率对股票价格没有直接影响，但它可以从侧面反映公司的经营效率和管理能力，从而衡量公司当前和未来的发展趋势。如果一家公司的成本费用利润率一直较竞争对手低，说明公司在运用资产资源方面不如竞争对手，在其他条件相同的情况下，该公司的盈利能力就赶不上竞争者，股票一般也不会有好的表现，投资时还要尽量选择成本费用利润率高且稳定的公司。

（2）在投资股票时，成本费用利润率要与其他关键财务指标配合使用，不能仅凭该指标对投资进行决策。比如对股价产生直接影响的净资产收益率和资产回报率，成本费用利润率都起着较重要的作用。特别是对于那些毛利率不高，单位产品创造的利润不足，需要靠成本费用利润率来弥补。

（3）成本费用利润率是全面了解公司的管理能力、运营效率以及盈利能力的重要指标之一。在分析公司的基本面时，成本费用利润率、营业利润率、销售毛利率，都是非常重要的指标。它们是衡量公司管理能力和运营效率，评估公司的盈利能力及真实性的重要指标。比如如果公司的利润大幅度提升，而成本费用利润率等出现下降，说明公司的盈利能力缺乏真实性。

（4）要和资产周转率结合起来进行分析。提高资产周转率的目的是为了提高资产的创收效率。资产周转得快，只是说明公司运营资产周转的速度快，但效果如何，还要看收益率的大小。公司的最终目的是获得净利润，达到这样的目的，途径因公司的经营策略不同而各不相同。比如大家熟知的薄利多销，是采取降低价格和收益率，加快资金周转速度。也有的公司注重毛利率或者利润率的高低，周转率则在其次。孰优孰劣，要看公司的最终成绩，投入相同的情况下，看谁赚的钱更多。因此，收益率是根本，资产周转率只是手段。

3. 案例分析: 贵州茅台和五粮液成本费用利润率指标分析

1) 财务数据分析

根据贵州茅台（600519）和五粮液（000858）2007 ～ 2017 年公布的年度财务报告，可以得出该上市公司各年度的利润总额和成本费用，以及通过计算获得两家公司各年度的成本费用利润率，如表 6-5 所示。从表中可以看出，贵州茅台的利润总额显著高于五粮液的利润总额，而只有 2016 年和 2017 年这两年贵州茅台的成本费用高于五粮液的成本费用，在其他的年份中其成本费用都低于五粮液的成本费用，贵州茅台的成本费用利润率高于五粮液的成本费用利润率，并且贵州茅台的成本费用利润率达到了惊人的 100%，要知道这里的成本费用可是包括了营业成本、销售费用、管理费用和财务费用。

表 6-5　两家公司成本费用利润率对比图（单位：亿元）

年份	贵州茅台（600519）			五粮液（000858）		
	利润总额	成本费用	成本费用利润率	利润总额	成本费用	成本费用利润率
2007	45.22	45.56	99.25	21.78	69.2	31.47
2008	53.85	49.25	109.34	23.99	73.9	32.46
2009	60.81	62.41	97.44	46.06	92.53	49.75
2010	71.62	78.96	90.7	60.7	140.08	43.33
2011	123.35	105.9	116.48	85	151.98	55.93
2012	187	132.09	141.57	137.39	189.87	72.47
2013	214.32	163.37	131.39	112.47	199.51	56.37
2014	218.82	178.36	122.68	80.16	202.09	39.67
2015	220.02	199.72	110.16	82.87	201.97	41.03
2016	239.58	282.33	84.86	93.37	233.54	39.98
2017	387.4	381.78	101.47	133.92	254.52	52.62

2) 利润总额分析

根据表 6-5 中贵州茅台（600519）和五粮液（000858）2007 ～ 2017 年各年度的利润总额，可以绘制出两家公司的折线图，如图 6-21 所示。从图中可以看出，贵州茅台的利润总额高于五粮液的利润总额，贵州茅台的利润增长较快，尽管中间有增幅放缓的迹象，但是一直在正增长。2012 年之前，五浪液的利润增幅较快，但是 2012 年之后，五粮液的利润增幅开始下滑，直到 2017 年才达到 2012 年的水平。从一家公司的盈利能力能够看出一家公司的经营状况，所以选公司第一步应该是先看利润，选那些能够赚钱的公司，股东才会有回报。

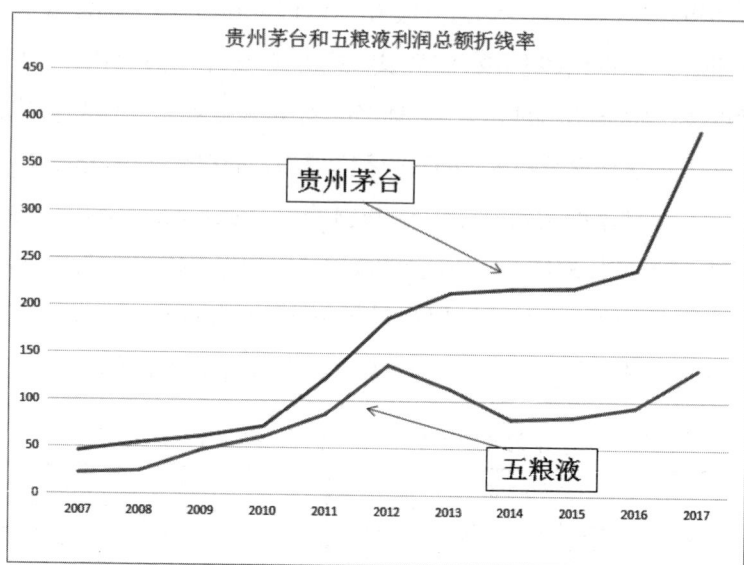

图 6-21　贵州茅台（600519）和五粮液（000858）2007 ～ 2017 年利润总额折线图

3）成本费用分析

根据表 6-5 中贵州茅台（600519）和五粮液（000858）2007 ～ 2017 年各年度的成本费用总额，可以绘制出两家公司的折线图，如图 6-22 所示。从图中可以看出，在 2015 年之前，五粮液的成本费用高于贵州茅台的成本费用，但是 2015 年之后，五粮液的成本费用开始低于贵州茅台，贵州茅台的成本费用有了一个较大的提升，但是结合其利润总额的增长情况看，五粮液的成本费用在增加的同时，利润并没有显著的增加，而贵州茅台的成本费用在增加之后，利润也有了更大幅度的提高。

4）成本费用利润率分析

根据表 6-5 中贵州茅台（600519）和五粮液（000858）2007 ～ 2017 年各年度的成本费用利润率，可以绘制出两家公司的折线图，如图 6-23 所示。从图中可以看出，贵州茅台的成本费用利润率高于五粮液的成本费用利润率。同时从贵州茅台的成本费用利润率走势看，贵州茅台的成本费用利润率最高点出现在 2012 年，之后开始下滑，2016 年到底、2017 年又有所回升。

五粮液的成本费用利润率高点也是出现在 2012 年，之后下滑后企稳，2017
年其成本费用利润率也有所回升。

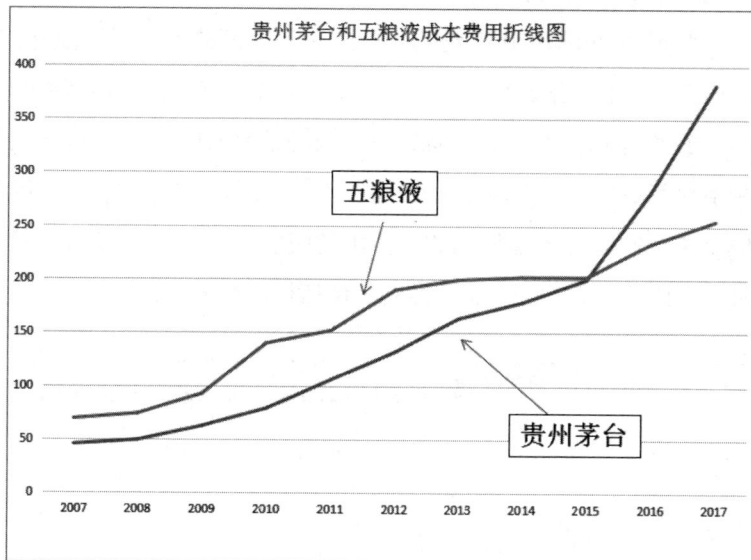

图 6-22　贵州茅台（600519）和五粮液（000858）
2007 ～ 2017 年成本费用折线图

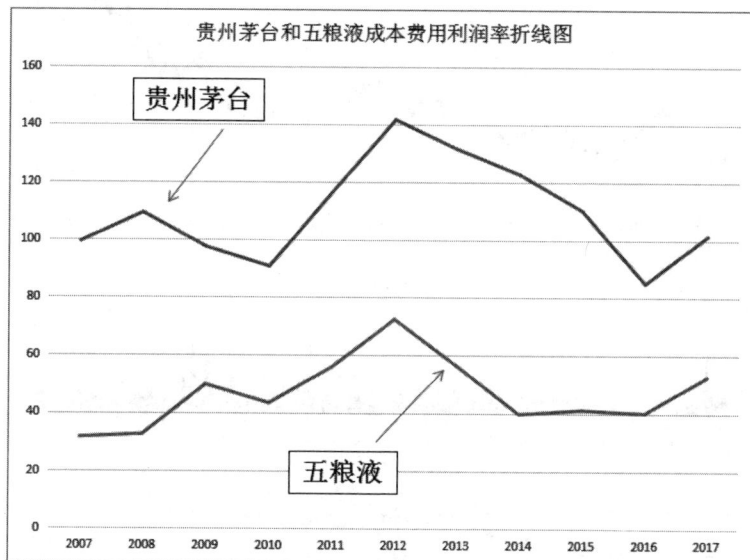

图 6-23　贵州茅台（600519）和五粮液（000858）
2007 ～ 2017 年成本费用利润率折线图

5）股价走势分析

图 6-24 所示为贵州茅台（600519）复权后 2007 ～ 2017 年股价日 K 线走势图，从图中可以看出，贵州茅台的股价在一直在震荡中上行，但是上涨幅度不大，直到 2016 年贵州茅台的股价才有了大幅的上涨，特别是 2016 年和 2017 年这两年。结合其利润总额和成本费用利润率看，贵州茅台的利润总额在这两年都创出了新高，同时其成本费用利润率也在 2017 年有所改善。当然成本费用利润率最高点出现在 2012 年，但是看其股价，在那一年尽管有所上涨，但是整个涨幅并不是特别的大。由此可以看出，成本费用利润率并不是决定股价走势的决定性因素，要结合其他指标进行分析。

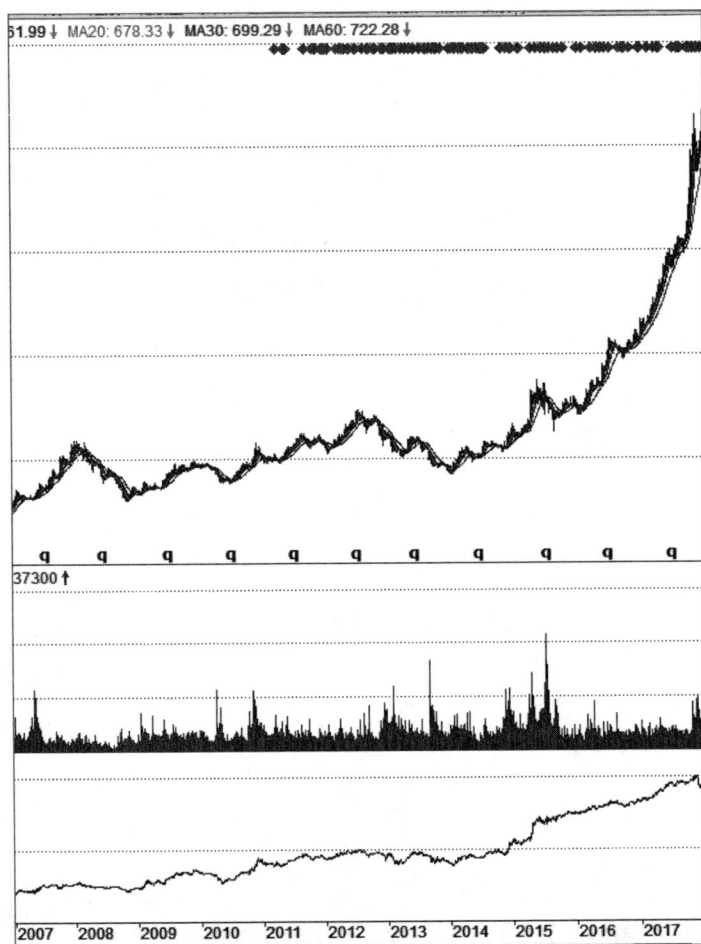

图 6-24　贵州茅台（600519）2007 ～ 2017 年股价日 K 线走势图

图 6-25 所示为五粮液（000858）2007 ～ 2017 年估计日 K 线走势图，从图中可以看出 2007 牛市时，五粮液的股价较高，后来震荡下行，2009 年至 2014 年股价走势较强劲，之后震荡下行，从 2015 年到 2017 年，股价又创出了新高。结合其成本费用利润率以及利润总额的涨幅看，五粮液的成本费用利润率高点出现在 2012 年，其股价尽管在高位震荡，却并没有较大的提高，但是 2016 年、2017 年股价却有了较大幅度的上涨，由此也能看出股价会受到多种因素的影响，成本费用利润率只是其中一个因素，还是会受到资金面和市场情绪，以及市场风格等因素的影响。

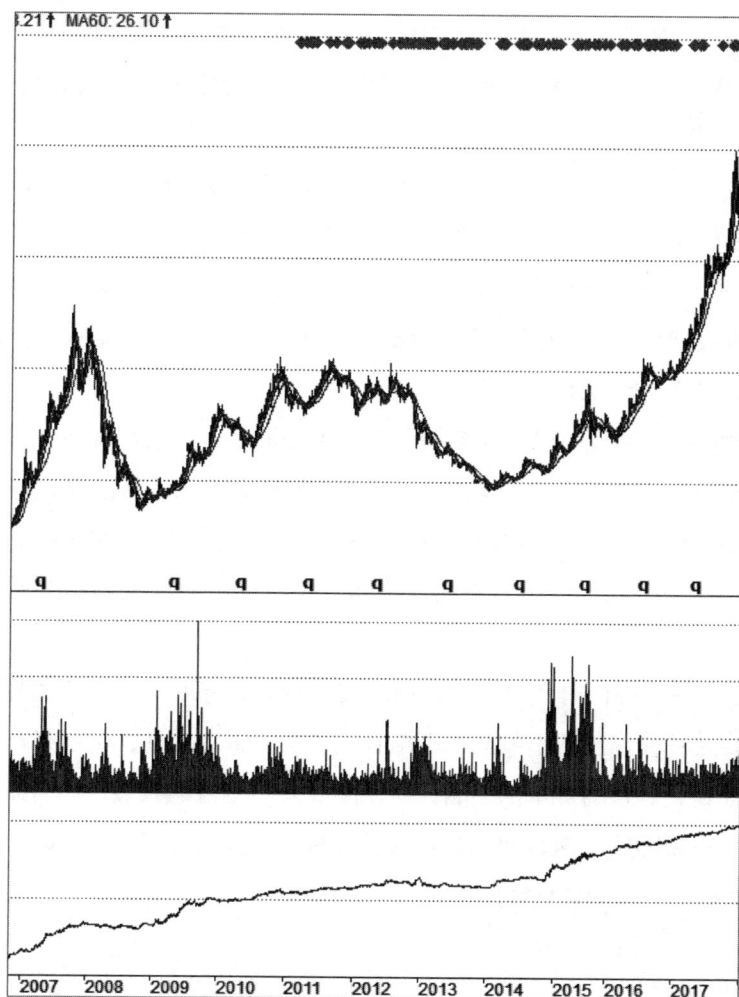

图 6-25　五粮液（000858）2007 ～ 2017 年股价日 K 线走势图

三十九、每股收益

1. 指标释义

　　每股收益在利润表中主要有两个名称，一个是基本每股收益，一个是稀释每股收益。基本每股收益是公司净利润与当期发行在外的普通股加权平均数的比值。而稀释每股收益是在基本每股收益的基础上考虑到公司所有发行在外的稀释性潜在普通股因素。

　　期末净利润是指每年末或者会计期间末的公司净利润额。

　　当期发行在外普通股的加权平均数 = 期初发行在外普通股股数 + 当期新发行普通股股数 × 已发行时间 ÷ 报告期时间 − 当期回购普通股股数 × 已回购时间 ÷ 报告期时间

　　每股收益反映上市公司每股创造税后利润的大小。该指标一般是越高越好，该指标越高，证明公司创造的利润越多，获利能力越强。通过对每股收益的历史走势分析，可以衡量企业的盈利能力及成长性，如果每股收益每年都在稳定地增长，证明公司经营较稳定，而如果每股收益波动很大，证明公司经营的波动性也很大。

　　同时每股收益也可以反映公司在行业中的地位。一般情况下，行业龙头的每股收益都是高于行业平均值的，所以每股收益这个指标也是投资者选股的一个重要标准，选择那些每股收益高的公司，同时结合净资产收益率等指标来分析一家公司的可投资价值，这样比较容易判断一家公司的真实盈利情况。

　　由于每股收益的分母是股本，所以在分析该指标时一定要留意股本和潜在的可转化的普通股的影响，否则每股收益将失去真实性，特别是对于那些有着多元化、复杂的资本结构的公司，比如公司发行的权证、可转债、即将执行的股权激励等，这些因素会对每股收益产生较大的影响，所以为了准确评估每股收益，就应该稀释每股收益。

2. 指标实战应用

（1）每股收益的变化对于股价的影响是间接的，所以每股收益并不能完全反映上市公司的财务状况、经营成果及现金流量，如果完全按照每股收益来选股，很可能会对公司的成长性做出错误的判断，因此看每股收益指标时，一定要结合其他指标来判断。同时投资者不要只看每股收益表面上的数字，一定要看是否有潜在的可转债、期权、认股权证等潜在普通股。如果存在就要考虑这些因素对于每股收益的影响，尽量计算出较真实的反映公司盈利能力的每股收益指标。

（2）那些每股收益保持在较高和比较稳定水平的公司，一般是行业龙头，他们往往收益稳定，同时有固定的分红，所以这样的公司应该是投资者选择的标的。虽然很多投资者目前并不看重公司的分红，公司的分红派息有时候也并不吸引人，但是能够持续不断地分红派息的公司财务造假的可能性还是挺低的，所以这是一个很好的评价标准，这些公司的表现往往也会高于同行业中的其他公司。

（3）每股收益对于投资反转性的公司有一定的帮助，特别是那些过去几年一直保持低位，然后逐步转变向上的公司。当每股收益出现向上的变化趋势时，说明公司的盈利能力在增强，公司的股价也可能会随之提高。所以对于选择反转性的公司，每股收益可以作为评判标准之一。当然如果投资者持有某只股票，当公司的每股收益出现下滑时，投资者要多关注公司的经营变化，是不是公司经营状况出了问题，如果提前看到了这样的信息，就要关注公司股价的走势了，若是做短线的，此时完全可以做一个波段。

（4）每股收益对于选择成长股有一定的帮助。成长股的特征就是每年都在快速地增长，当选择成长股时，就可以关注每股收益指标，看每股收益是不是每年都在趋势性地向上，若是每股收益增长较快，那么就认为该公司有较好的发展势头，有一定的投资价值，若是每股收益在下降，那投资者在投资这家公司时就要慎重。

3. 案例分析: 天士力和必康股份每股收益指标分析

1) 财务数据分析

根据天士力（600535）和必康股份（002603）2007 ～ 2016 年的年度财务报告，可以分别取出其各年度的期末净利润和股本数值，以及通过计算获得的该公司各年度基本每股收益数值，如表 6-6 所示。从表中可以看出天士力的净利润基本处于增长状态，股本在 2013 年扩股后保持在恒定状态，而必康股份 2016 年的净利润虽有较大涨幅，但是其股本扩张太大，导致其每股收益低于天士力。

表 6-6　两家公司每股收益对比图（单位: 元）

年份	天士力（600535）			必康股份（002603）		
	净利润	股本	基本每股收益	净利润	股本	基本每股收益
2007	1.86 亿元	4.88 亿股	0.37 元	3316.43 万元	6420 万股	0.59 元
2008	2.56 亿元	4.88 亿股	0.52 元	3914.88 万元	6420 万股	0.61 元
2009	3.17 亿元	4.88 亿股	0.65 元	4025.69 万元	6420 万股	0.63 元
2010	4.5 亿元	5.16 亿股	0.92 元	3919.77 万元	1.29 亿股	0.34 元
2011	6.11 亿元	5.16 亿股	1.18 元	6257.45 万元	2.32 亿股	0.27 元
2012	8.5 亿元	5.16 亿股	1.49 元	6159.92 万元	2.32 亿股	0.27 元
2013	10.98 亿元	10.33 亿股	1.07 元	2688.71 万元	3.48 亿股	0.08 元
2014	13.68 亿元	10.33 亿股	1.32 元	4.84 亿元	9.66 亿股	0.08 元
2015	14.79 亿元	10.8 亿股	1.38 元	5.65 亿元	15 亿股	0.63 元
2016	11.76 亿元	10.8 亿股	1.09 元	9.54 亿元	17.78 亿股	0.65 元

2) 期末净利润分析

根据表 6-6 中天士力（600535）和必康股份（002603）2007 ～ 2016 年各年度的期末净利润数值，可以绘制出折线图，如图 6-26 所示。从图中可以看出天士力（600535）的净利润从 2007 年开始一直处于稳定上升状态，只有 2016 年有所下滑。而必康股份（002603）的净利润 2007 年至 2013 年一直处于增长较为缓慢的状态，从 2014 年开始 3 年增长较快。由于两家公司的股本也处于扩张阶段，所以单纯地只是看其净利润并不能够看出对每股收益的影响有多大，还要结合股本的变化情况来分析基本每股收益。

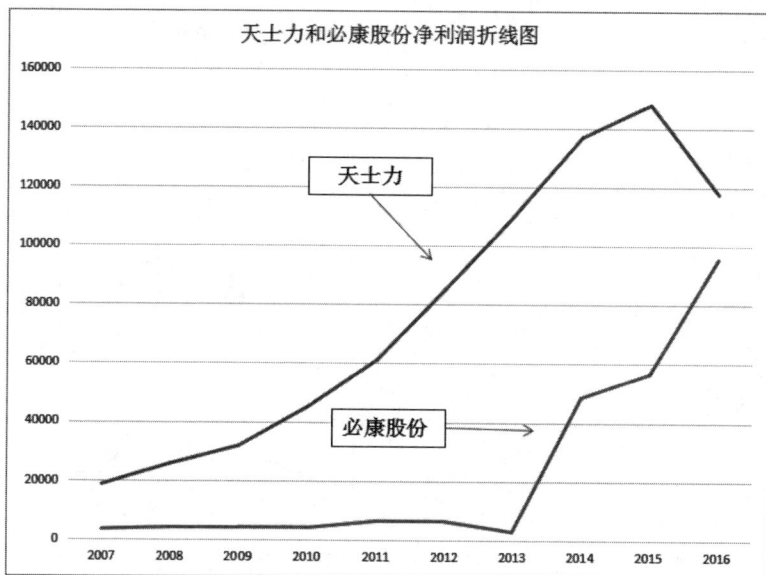

图 6-26　天士力（600535）和必康股份（002603）净利润折线图

3）股本分析

根据表 6-6 中天士力（600535）和必康股份（002603）2007 ～ 2016 年各年度的普通股股本数值，可以绘制出折线图，如图 6-27 所示。从折线图中可以看出，天士力的股本在增加后一直保持比较稳定，而必康股份的股本一直处于上升状态。股本的增加导致每股收益减少，即使每股收益增加了，大家也要注意这样的公司，结合其他指标来分析是不是公司的内在价值提升了。

4）基本每股收益分析

根据表 6-6 中天士力（600535）和必康股份（002603）2007 ～ 2016 年各年度的基本每股收益数值，可以绘制出折线图，如图 6-28 所示。从图中可以看出，2009 年之后天士力（600535）的每股收益开始向上走，而必康股份(002603)的每股收益开始往下走，从两家公司每股收益的走势看，天士力（600535）的盈利能力更强，确定性更高。必康股份（002603）多年处于下跌状态，这两年企稳回升，所以若是投资必康股份（002603），就要认真分析其企稳的原因。

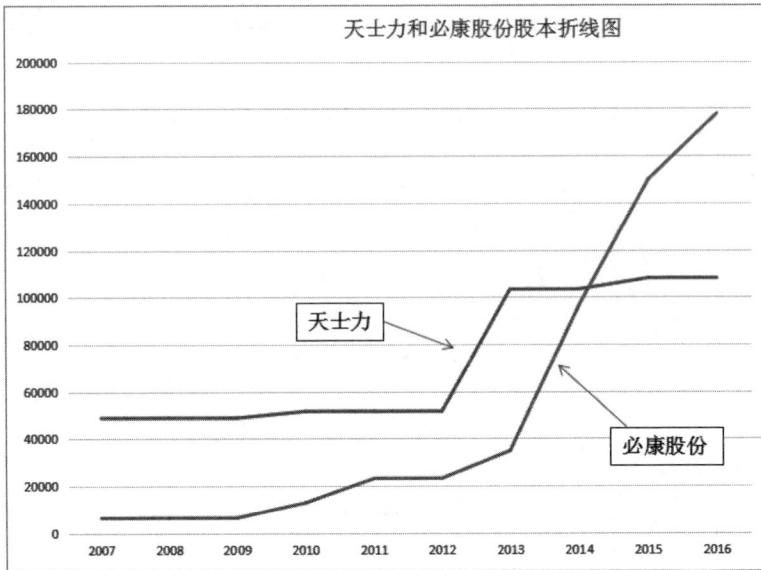

图 6-27　天士力（600535）和必康股份（002603）股本折线图

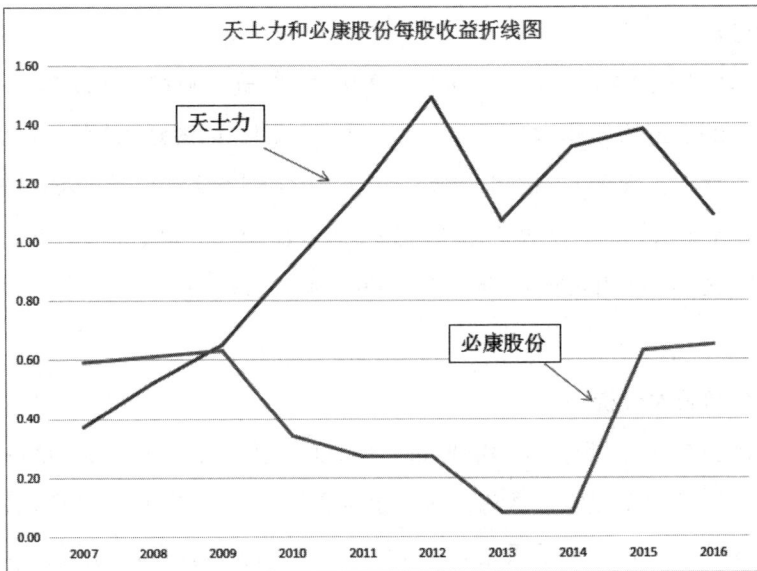

图 6-28　天士力（600535）和必康股份（002603）每股收益折线图

5）股价表现分析

图 6-29 所示为天士力（600535）日 K 线图，从图中可以看出天士力的股价峰值出现在 2013 年，而从 2009 年开始一直处于爬坡状态，虽然中间有

波动，但是却一直处于上升状态，其股价的表现与每股收益有着极其相似的地方，虽然股价有一定的延迟，但是市场对于每股收益的反映还是会体现在股价上，所以当选择股票时，每股收益是必看的一个财务指标。

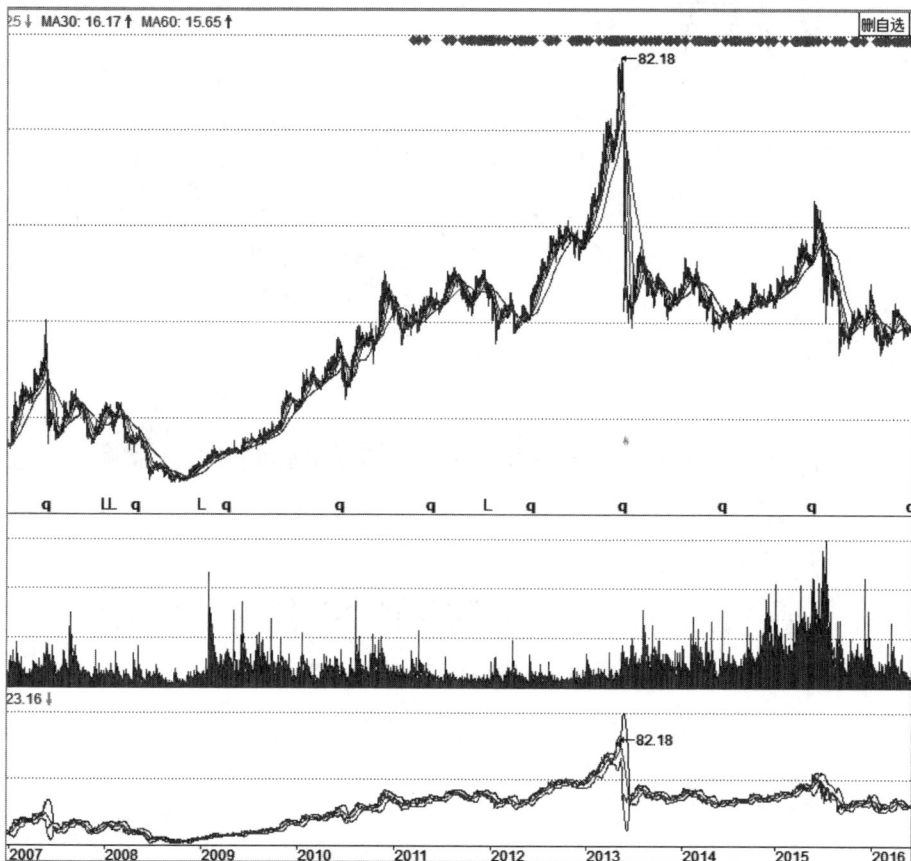

图 6-29　天士力（600535）2007～2016 年日 K 线图

　　接下来看必康股份（002603），如图 6-30 所示。由于必康股份上市时间为 2010 年，看其股价在 2011 年之后有一个断崖式的下跌，之后一直在低位徘徊，当然 2015 年受市场情绪影响又创出了新高。但是从图中可以看出，当股价在 2013 年和 2014 年低位徘徊时，每股收益是在最低点的。这也从侧面说明了每股收益的重要性，所以作为投资者一定要关注每股收益的变化，为自己的投资决策提供投资依据。

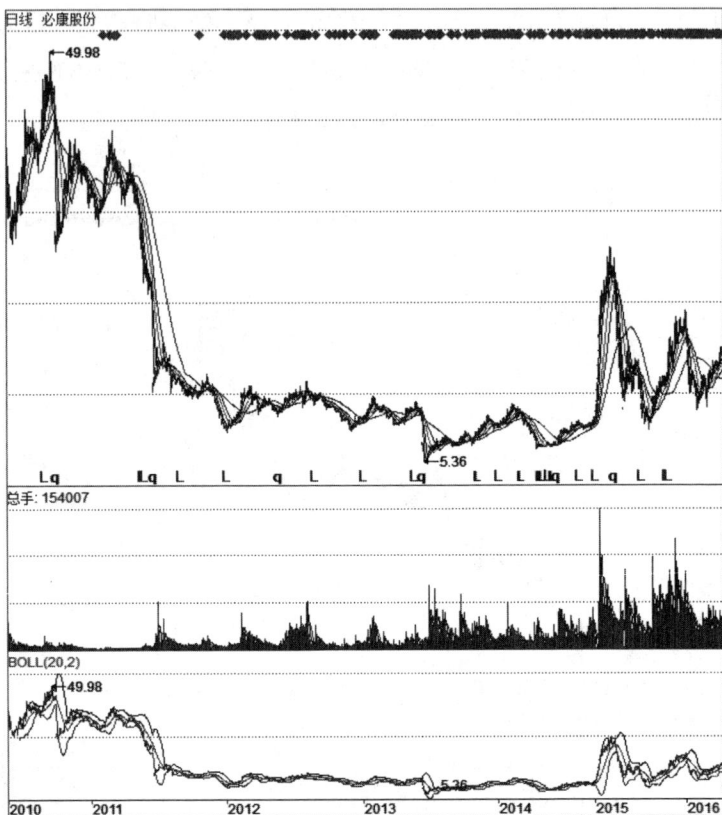

图 6-30　必康股份（002603）2010 ～ 2016 日 K 线图

四十、每股股利

1. 指标释义

　　股利总额与普通股股份总数的比值。它反映的是每一普通股股东所能获得的实际股息，同时也能反映出普通股的投资价值和获利能力。

　　对于投资者来说，每股股利越高越好，当每股股利越高时，说明投资者获得的收益也越大。在具体分析每股股利时，还要结合其他指标如每股收益和股利支付率指标来分析。每股收益是每一普通股股东所能够获得的净利润。但是上市公司的净利润不会全部用于分配股利，还要留下足够的资金用于扩大再生产，所以每股股利与公司的股利分配政策也有很大的关系。一般情况下，每股股利小于每股收益。

每股股利与股利支付率也有很大的关系，股利支付的多少决定了每股股利的大小。股利总额是用于对优先股和普通股进行分配的现金股利的总额，普通股股利是股利总额扣除优先股股息后的数额。在 A 股公司分配方案公告中，每股股利通常描述为每 10 股发放现金股利多少元，所以投资者需要将分配方案中的现金股利再除以 10 才可以得到每股股利。

有的公司一年中会有两次股利发放，如中国平安，计算每股股利时需要将两次股利相加除以流通股股数得出年度每股股利。根据上市公司的信息披露管理条例，我国的上市公司必须在年度结束的 120 天内公布年度财务报告，且在年度报告中公布利润分配方案，所以上市公司的分红派息工作一般都集中在次年的二三季度进行。

每股股利可以反映公司的盈利能力和未来发展预期。如果该比率维持在一个稳定的较高的水准，说明公司有着较好和较稳定的盈利能力，敢于给股东分红，管理层对未来充满了信心。如果公司能够坚持定期给股东分红派息，也说明公司经营者对股东负责，愿意回报股东。

投资者通过每股股利可以了解一家上市公司的经营思路。影响每股股利的因素主要是公司的盈利状况和利润分配政策及股利发放政策。如果公司想要扩大再生产和增强公司发展后劲，就会减少股利的发放，这样每股股利就会减少。

2. 指标实战应用

（1）每股股利是投资者获得收益的方式之一。投资者投资上市公司，主要有两块收益，一块是上市公司的分红派息，一块是公司股价的价差，也就是低买高卖所赚的钱。对于很多大盘蓝筹来说，比如国有银行股，他们的股价波动是非常小的，但是分红派息即每股股利却非常大，投资者投资于他们所获得的收益也非常大。监管层一直致力于培养价值投资理念，建立一套完整的上市公司分红体系，培养上市公司的分红文化，虽然一直在路上，但是收效却是显著的。

（2）上市公司公布每股股利的分配政策将在短期内对股价产生较大影响。由于分红派息会影响每股净资产以及每股收益等指标，所以上市公司的股价也会剔除这部分权益，所以才有了前复权和后复权之说。当上市公司公布了股利分配政策后，当没有达到投资者的预期时，股价一般会出现下跌。如贵州茅台公布了 2017 年的股利分配方案后，股价接着出现了跳水。所以说每股股利是一个非常重要的指标。

（3）实际投资中，股价会受到信息的影响而产生波动，公司股利发放政策的变动，代表着信息的传递，市场会通过公司每股股利分配方案的变化来判断公司的未来盈利能力。一家过去从来不分红的公司，今年突然实现高送转分红，市场通过这种变化判断该公司未来盈利能力会提高，从而给予该公司股票更高的估值。如果一家长期高分红的公司，股利政策突然变成低分红甚至不分红，如今年的格力电器，突然宣布不分红，那市场就会判断该公司未来盈利能力降低，从而影响该公司股票价格走势。所以作为一家上市公司的决策者，往往会保持稳定的股利政策来防止股票价格的异常波动。

3. 案例分析：中国银行和建设银行每股股利指标分析

1）财务数据分析

根据中国银行（601988）和建设银行（601607）2007 ~ 2017 年的年度财务报告，可以分别取出其各年度的股利总额和股本数值，以及通过计算获得的该公司各年度每股股利数值，如表 6-7 所示。

从表中可以看出，中国银行的股利政策较稳定，发放的股利总额变化不大，同时其股本虽然有所变化，但是变化不大。同时还可以看出建设银行的每股股利大于中国银行的每股股利。每股股利高的公司，说明投资者投资这家公司的回报性高。银行股的股利分配还是很稳定的，从表中可以看出两家国有银行的股利分配政策基本上是较稳定的，股利分配常年保持在固定的水平。

表 6-7　两家公司每股股利对比图（单位：万元）

年份	中国银行（601988）			建设银行（601607）		
	股利总额	股本	每股股利	股利总额	股本	每股股利
2007	228.46	2538.39	0.09	232.52	2336.89	0.0995
2008	296.99	2538.39	0.117	175.97	2336.89	0.0753
2009	351.73	2791.47	0.126	454.52	2500.11	0.1818
2010	366.8	2791.47	0.1314	564.33	2500.11	0.191

年份	中国银行（601988）			建设银行（601607）		
	股利总额	股本	每股股利	股利总额	股本	每股股利
2011	389.41	2791.47	0.1395	532.02	2500.11	0.2128
2012	464.58	2793.65	0.1663	636.53	2500.11	0.2546
2013	537.62	2887.31	0.1862	712.53	2500.11	0.285
2014	531.37	2943.88	0.1805	715.03	2500.11	0.286
2015	515.18	2943.88	0.175	685.03	2500.11	0.274
2016	494.57	2943.88	0.168	695.03	2500.11	0.278
2017	518.12	2943.88	0.176	727.53	2500.11	0.291

2）股利总额分析

根据表 6-7 中中国银行（601988）和建设银行（601607）2007 ~ 2017年各年度的股利总额数值，可以绘制出折线图，如图 6-31 所示。从图中可以看出中国银行（601988）的股利总额顶峰出现在 2013 年，从 2013 年之后其每股股利有所下降，虽然降幅不是很明显，但是中国银行的股利分配确实是有所下降。同时从图中可以看出，建设银行的每股股利增幅较中国银行更快。特别是 2009 年之后，建设银行的股利分配一直高于中国银行。如果仅仅从股利这个角度来说的话，应该投资建设银行，因为建设银行的股利高，能给投资者带来更大的回报。

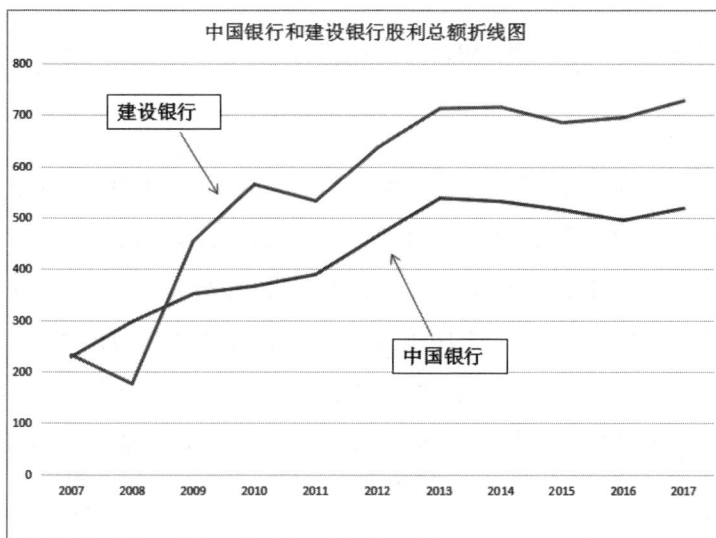

图 6-31　中国银行（601988）和建设银行（601607）每股股利折线图

3）股本分析

根据表 6-7 中中国银行（601988）和建设银行（601607）2007 ～ 2017 年各年度的股本总额数值，可以绘制出折线图，如图 6-32 所示。从图中可以看出，中国银行（601988）的股本一直大于建设银行的股本。当股本大了之后，其股价一般就涨不动了。原因很简单，股本大了，总市值就会缩水，只能用股价来稳定。所以基本上股本大的公司，估值都低。

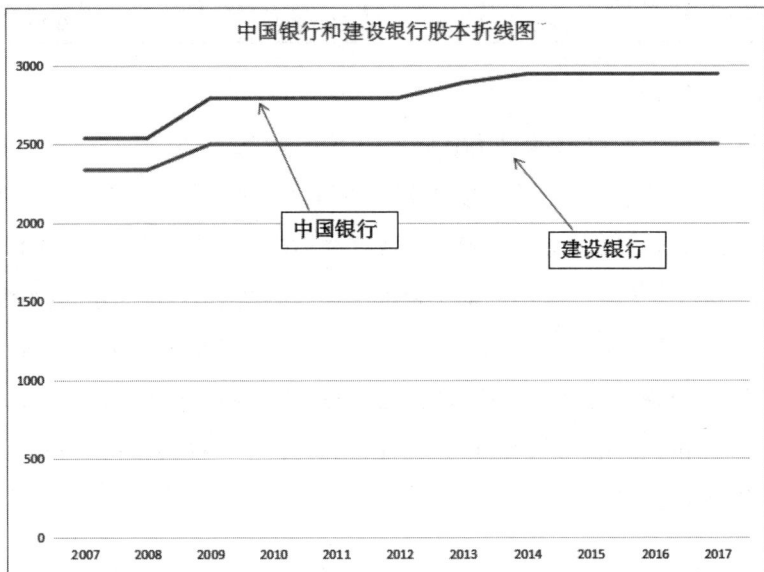

图 6-32　中国银行（601988）和建设银行（601607）股本折线图

4）每股股利分析

根据表 6-7 中中国银行（601988）和建设银行（601607）2007 ～ 2017 年各年度的每股股利数值，可以绘制出折线图，如图 6-33 所示。从图中可以看出，其每股股利的折线图走势和股利总额的折线图走势基本一致。2009 年之后，建设银行的每股股利一直大于中国银行的每股股利。每股股利高，说明投资者从建设银行这家公司获得的回报高于从中国银行这家公司所获得回报。所以每股股利对于投资者来说是一个重要的分析指标。

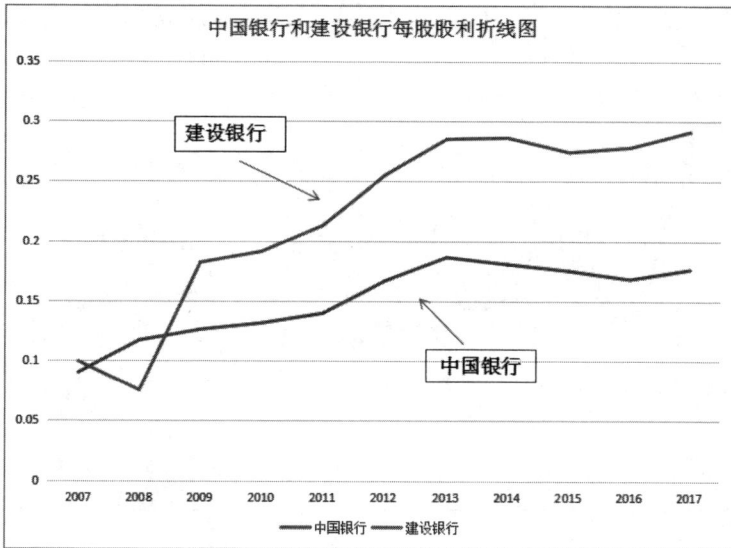

图 6-33　中国银行（601988）和建设银行（601607）每股股利折线图

5）股价走势分析

图 6-34 所示为中国银行（601988）2007 ～ 2017 年日 K 线走势图，从图中可以看出中国银行（601988）的股价最高点出现在 2007 年，之后开始下跌，除 2015 年的牛市有较大涨幅外，其他时间并没有太大的上涨。结合每股股利指标来分析，中国银行在 2007 年的每股股利并不高，但是其股价却涨幅较大，之后每股股利逐年创出新高，而股价却没有涨。同时中国银行的股本变化并不大，所以股价在除权除息之后并没有上涨。由于银行是强周期性行业，容易受到宏观经济的影响，同时因为市场风格的原因，银行股的表现并不是很好。由此可以看出，每股股利与股价的关系并不大。

图 6-35 所示为建设银行（601607）2007 ～ 2017 年日 K 线走势图，从图中可以看出，建设银行（601607）的股价走势和中国银行的股价走势有相似之处。这是因为市场资金总是会对相同板块的公司进行一个加仓，同时由于银行在经济向好的时候，一般会被投资人普遍看好，但是在经济不好的时候又会面临戴维斯双杀。所以银行股一定是经济上行期投资的佳品。建设银行的每股股利高于中国银行的每股股利，同时从图中也可以看出，建设银行的股本相对于中国银行的股本也更加稳定。所以如果从两家公司中必须选出一个的话，很显然是建设银行，当然也要结合其他指标作进一步的分析。

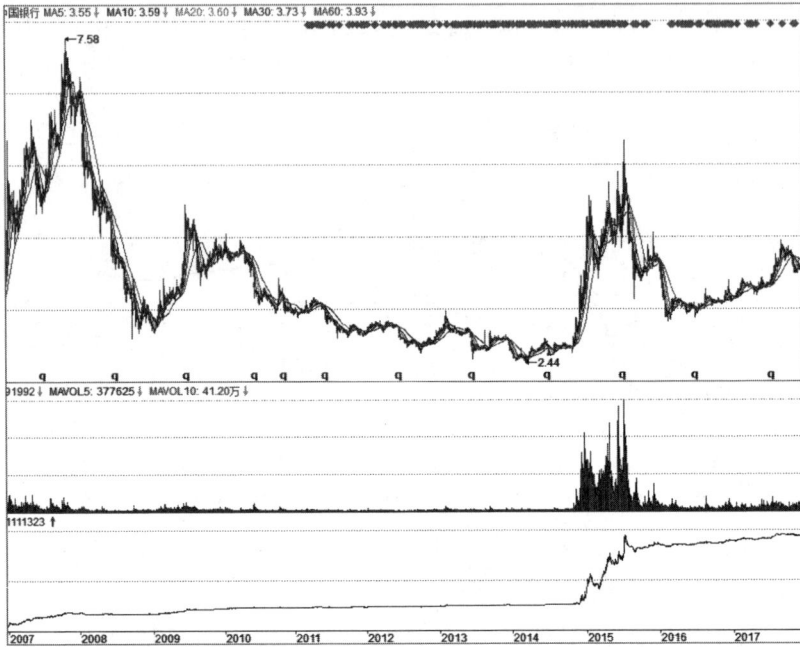

图 6-34 中国银行（601988）2007 ～ 2017 年日 K 线走势图

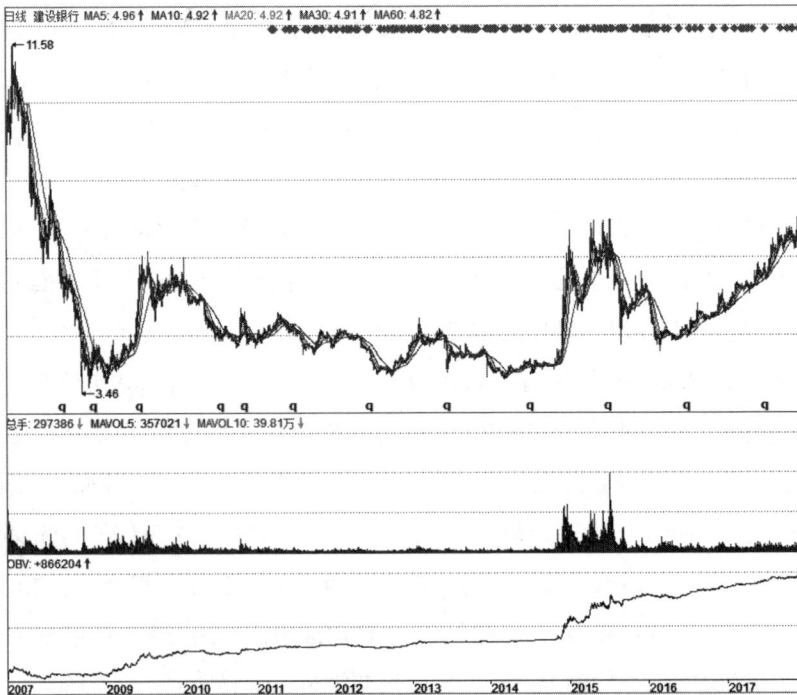

图 6-35 建设银行（601607）2007 ～ 2017 年日 K 线走势图